DE PAROCHO RELIGIOSO EIUSQUE SUPERIORE LOCALI

(STUDIUM HISTORICO-CANONICUM)

Auctore

FR. FRANCISCO J. GONZALEZ, O. S. A., J. C. L.
Sacerdote Provinciae Augustinianae
Mechoacanensis in Mexico

DISSERTATIO

Iudicio Facultatis Iuris Canonici Universitatis Catholicae Americae Septentrionalis Submissa tanquam Scriptum Publici Periculi Experimentum ad Lauream in Iure Canonico Assequendam

THE CATHOLIC UNIVERSITY OF AMERICA PRESS
WASHINGTON, D. C.
1950

NIHIL OBSTAT:

Fr. Raphael Almanza, O. S. A., S. T. D.

Censor librorum

Sancti Ludovici Potosiensis, die 16 iulii, 1950

IMPRIMI POTEST:

Fr. Augustinus Zamudio, O. S. A., S. T. L.

Prior Provincialis

Guadalaxarae, die 19 iulii, 1950

NIHIL OBSTAT:

Clemens Vincentius Bastnagel, J. U. D.

Censor Deputatus

Washingtonii, die 12 iunii, 1950

IMPRIMATUR:

† Aloysius Maria Martinez, D. D.

Archiepiscopus Mexicanus

Mexici, die 16 novembris, 1950

DEIPARAE · VIRGINI · MARIAE

QUAE · SUB · GUADALUPENSI · ADVOCATIONE

CATHOLICAM · FIDEM · ET · AFFECTUS · PATRIOS

MEXICANAE · REGIONIS · SUSCITAVIT

CONSERVAT · SALVABIT

IN · PERENNE · DEVOTIONIS

GRATI · ANIMI

FILIALISQUE · AMORIS · TESTIMONIUM

HOC · HUMILLIMUM · OPUS

REVERENTER · DICABAT

Auctor

INDEX RERUM

Pag.

PRAEFATIO XI

INTRODUCTIO XIII

CAPUT I

DE CAPACITATE RELIGIOSORUM AD CURAM ANIMARUM HABENDAM 1

ARTICULUS 1. STATUS RELIGIOSUS QUOAD CURAM ANIMARUM ANTE CONCILIUM TRIDENTINUM.... 1

ARTICULUS 2. LEGISLATIO AD REM A CONCILIO TRIDENTINO USQUE AD CODICEM HODIE VIGENTEM 11

ARTICULUS 3: DOCTRINA CODICIS 16

CAPUT II

DE NATURA ET EFFECTIBUS UNIONIS PLENO IURE PERACTAE DOMUM RELIGIOSAM INTER ET ALIQUAM PAROECIAM 23

ARTICULUS 1. EVOLUTIO HISTORICA 23

Paragraphus I. Legislatio et doctrina ante Suarezium 23

Paragraphus II. Legislatio et doctrina a Suarezio usque ad Codicem 28

ARTICULUS 2. LEGISLATIO ET DOCTRINA AD MENTEM CODICIS 40

Paragraphus I. Quid sit unio paroeciae pleno iure effecta 40

Paragraphus II. Effectus incorporationis pleno iure concessae 45

CAPUT III

DE DESIGNATIONE ET REMOTIONE PAROCHI RELIGIOSI 61

ARTICULUS 1. DE DESIGNATIONE 61
Paragraphus I. Notae historicae 61
Paragraphus II. Ius vigens 71

ARTICULUS 2. DE REMOTIONE 75
Paragraphus I. Notae historicae 75
Paragraphus II. Ius hodiernum 80

CAPUT IV

DE PAROCHO RELIGIOSO EIUSQUE SUPERIORE LOCALI QUOAD CURAM ANIMARUM 85

ARTICULUS 1. IURA ET OFFICIA PAROCHI RELIGIOSI QUA TALIS 85
Paragraphus I. Synopsis historica 85
Paragraphus II. Ius Codicis 88

I. *Iura simul et officia parochorum* 90
II. *Iura tantum parochorum* 95
III. *Obligationes tantum parochorum* 96

ARTICULUS 2. IURA ET OFFICIA SUPERIORIS LOCALIS QUOAD CURAM ANIMARUM 101
Paragraphus I. Notae historicae 101
Paragraphus II. Ius vigens 107

ARTICULUS 3. IURA PAROCHI ET SUPERIORIS IN RELIGIOSOS QUI VICARII COOPERATORIS MUNERE FUNGUNTUR 121

CAPUT V

DE SUBIECTIONE PAROCHI RELIGIOSI DISCIPLINAE SUI INSTITUTI 129

ARTICULUS 1. DE PAROCHO RELIGIOSO AC OBSERVANTIA VOTI OBEDIENTIAE ET OBLIGATIONUM SUI STATUS 129

Paragraphus I. Notae historicae 129

Paragraphus II. Legislatio hodierna 133

ARTICULUS 2. DE VOTO PAUPERTATIS ET PAROCHO RELIGIOSO 140

Paragraphus I. Doctrina auctorum ante Codicem .. 140

Paragraphus II. Doctrina Codicis quoad paupertatem parochi religiosi 148

Paragraphus III. De administratione bonorum in paroecia religiosa 151

CAPUT VI

TRES QUAESTIONES PRACTICAE 162

CONCLUSIONES 171

BIBLIOGRAPHIA 173

SIGLA 181

INDEX RERUM ALPHABETICUS 183

NOTAE BIOGRAPHICAE 187

CANON LAW STUDIES 189

PRAEFATIO

PARTICIPATIO activa religiosorum in regimine paroeciarum et cura animarum in genere, tanquam vivifica realitas, ab ecclesiastica legislatione agnita, hodie exsistit. In omnibus enim orbis partibus ubi Ecclesia Catholica radices suas salutiferas iecit, ibi tam Ordines quam Congregationes religiosae inveniuntur laudatissimis ministeriis curae animarum, magno cum profectu, operam suam navando. Hic tamen modus agendi ex parte religiosorum minime hodiernus est, sed originem ducit a remotis temporibus Monachismi; ab illis enim diebus monachi assumebantur ad ecclesiastica officia exercenda. Hac de causa, in confectione huius dissertationis quae pro scopo habet examen iuridicum participationis religiosorum in cura animarum, non in genere sed intra limites in Introductione descriptos, auctor opportunum et forte utile iudicavit fore si, praeter canonicum commentarium materiae, notae quoque historicae includerentur quibus melior cognitio obtineatur quaestionum expositarum.

Iam titulus, *De Parocho Religioso eiusque Superiore Locali*, indicat modo speciali auctoris intentionem esse relationes iuridicas inter memoratas personas considerare, discutere, illustrare. Faxit Deus ut talis scopus saltem partialiter adimpletus sit, et lectores, praesertim religiosi qui curam animarum exercent, aliquam utilitatem ex contentu huius opusculi consequi valeant.

Auctor hic et nunc grates omnimodas toto corde rependit tum suis Superioribus religiosis pro opportunitate ei praestita altiora studia canonica prosequendi, cum omnibus et singulis Professoribus Facultatis Iuris Canonici Universitatis Catholicae Americae, qui sua excelsa doctrina sapientibusque consiliis ipsum auctorem in diversis disciplinis scientiae canonicae illustrarunt et huic opusculo conficiendo inspiratricem et auxiliatricem apposuere manum.

INTRODUCTIO

Omnis religiosus qui munus accipit regendi paroeciam pleno iure eius religiosae communitati unitam vel simpliciter concreditam, iuridice constituitur in aliquo statu sui generis, quia munus parochiale ei iura concedit et onera imponit quae a simplici religioso non habentur. In tali casu proinde peculiares esse debent, et de facto sunt, relationes inter illum religiosum eiusque Superiores et modo speciali inter illum eiusque Superiorem immediatum seu localem; quae peculiaritas varia et non spernenda problemata gignit. Expositio historico-canonica, et quantum exigua capacitas auctoris sinit, solutio canonica praecipuorum saltem talium problematum in sequentibus paginis invenietur. Dicitur *praecipuorum saltem* quia auctor minime praesumit se exhausisse materiam, sed utique credit quaestiones maioris momenti in suo opusculo inclusas esse.

Ante omnia tamen animadvertendum est scopum huius dissertationis limitari ad paroecias pleno iure alicui communitati religiosae unitas ideoque nonnisi per accidens aliquid dicetur de paroeciis saecularibus religiosis concreditis vel eis ad temporalia tantum incorporatis. Hac de causa quamvis in totius operis decursu voce *parochus* ad designandum religiosum qui dictas paroecias regit utatur auctor, tali voce *vicarium actualem* significare intendit, nisi textus ipse vel contextus aliud suadeant. Ratio cur auctor solummodo hanc praecisam materiam tractare intendat est imprimis brevitas temporis ad hoc opus praesentandum concessa et enormitas materiae si omnes species parochi religiosi includeret. Insuper natura sua unio vel incorporatio pleno iure effecta ea est quae maiorem numerum controversiarum suscitavit et suscitat. Praeterea, de solo Superiore locali hic sermo erit quia ipse ratione sui muneris convivere cum parocho religioso debet et cognoscere tum iura propria tum illa religiosi parochi ad hoc ut simul de dicto religioso quantum ad observantiam religiosam curet et ei non impediat liberum et integrum exercitium facultatum sui muneris;

iamvero, experientia docet valde necessarium esse iura et officia utriusque determinare ad hoc ut tum Superior localis tum parochus religiosus illa cognoscendo melius possint mutuas obligationes adimplere.

Scopo operis iam praefinito, pergere licet ad expositionem notionum fundamentalium in materia inclusarum, nempe, notionum Superioris localis, parochi religiosi, paroeciae et eiusdem incorporationis pleno iure peractae.

1. Definitio proprie dicta Superioris localis non invenitur nec in fontibus iuris nec in ipso Codice; hic autem definiri posse videtur tanquam Superior qui in quacumque domo religiosa potestate directa et immediata gaudet in omnes et singulos religiosos ipsi adscriptos. [1]

In iure veteri Superior localis varia nomina accepit in distinctis Religionibus; communiora fuerunt: Abbas, Prior, Praesul, Praepositus, etc. Codex actualis ad designandum Superiorem localem sequentia nomina adhibet: *Superior localis* (can 509, §2), *domus Superior* (can. 472, 2°) et *Superior minor localis* (can. 505). Ad scopum autem huius thesis nomen parvi refert, dummodo agatur de Superiore qui includi possit in definitione superius data.

2. Parochi in genere erant, secundum gentiles, *qui legatis publice Romam missis salem et ligna praeparabant,* scilicet, qui omnia necessaria ministrabant legatis regum, principum et rerum publicarum, quibus hospitalitas offerebatur. [2]

In Ecclesia autem Catholica nomen parochi accipiebant sacerdotes qui, auctoritate Episcopi, alicui ecclesiae praeficiebantur,

[1] Adhibetur vox *potestas* in genere, ad includendum tum illos Superiores qui iurisdictionem ecclesiasticam proprie dictam exercent, tum illos qui tantum administrativa potestate gaudent.

[2] Cf. Ferraris, *Prompta Bibliotheca Canonica, Iuridica, Moralis, Theologica, necnon Ascetica, Polemica, Rubricista, Historica* (ed. noviss., 9 voll., Romae, 1885-1899), s. v. *Parochus,* art. 1, n. 1 (posthinc hoc opus citabitur *Bibliotheca*); Barbosa, *De Officio et Potestate Parochi Descriptio* (ed. U. Giraldi a S. Caietano, Romae, 1774), pars I, cap. I, n. 1 (posthinc hoc opus citabitur *De Officio Parochi*).

ad hoc ut populo administrarent omne id quod necessarium est ad oves pascendas. [3]

Aliqui horum parochorum vocabantur *plebani,* [4] quia curam animarum exercebant in plebania, id est, in ecclesia quae sub sua cura alias ecclesias vel cappellas habebat. [5]

Alii vocabantur *rectores,* vel *qui populum regunt,* [6] vel etiam *qui plebem regunt.* [7]

In aliis locis appellabantur: *sacerdotes paroeciales, presbyteri paroeciales.* [8]

Aliquando denique designabantur tanquam *sacerdotes proprii,* [9] vel simpliciter *curati;* ratio istius ultimi nominis est quia a *cura* derivatur et cura animarum a parochis accipiebatur. Praeterea, dicti *curati* aliquando dicebantur *archipresbyteri* vel etiam *praepositi.* [10]

De iure Codicis religiosus qui paroeciam pleno iure incorporatam regit *vicarius actualis* appellatur, [11] et quamvis explicite non definiatur, hoc facile ex ipso Codice et praesertim ex can. 471 quis facere potest dicendo esse religiosum qui paroeciam pleno iure eius communitati unitam regit, et ad quem exclusive pertinet tota animarum cura cum omnibus parochorum iuribus et obligationibus ad normam iuris communis et secundum probata statuta dioecesana vel laudabiles consuetudines.

3. Notio paroeciae etymologice ab omnibus auctoribus deri-

[3] Barbosa, *ibid.,* n. 2; Ferraris, *ibid.,* n. 2.

[4] Cf. c. 1, *ne clerici vel monachi saecularibus negotiis se immisceant* III, 24, in VI°

[5] Barbosa, *ibid.,* n. 4; Ferraris, *ibid.,* n. 5.

[6] Cf. c. 1, X, *de cappellis monachorum et aliorum religiosorum,* III, 36.

[7] Cf. c. 3, X, *de vita et honestate clericorum,* III, 1.

[8] Cf. c. 30, X, *de praebendis et dignitatibus,* III, 5.

[9] Cf. c. 12, X, *de poenitentiis et remissionibus,* V, 38.

[10] Cf. Barbosa, *ibid.,* n. 11; Ferraris, *ibid.,* n. 10.

[11] Hoc nomen de facto a Codice non datur, sed efformari potest ex eo quod quando de illis religiosis agit hoc facit sub capite X libri II: *de vicariis paroecialibus,* et praeterea dicit ipsos *actualem* curam animarum habere. Cf. can. 471 una cum can. 452, §2.

vatur ex verbo graeco **παροικέω** (vivere in), et **παροικία** (paroecia) ut locus habitationis ab ipsis intelligitur. [12]

Hoc nomen iam primis Ecclesiae saeculis adhibebatur, sed tunc totam dioecesim significabat, et non aliquam tantummodo eius partem, sicut hodie fit. Dicta significatio generalis perduravit usque ad saec. VI in regionibus ruralibus, et in civitatibus usque ad XII. [13]

Post vero Concilium Tridentinum (1545-1563) extensio significationis verbi *paroecia* magis ac magis limitata fuit ita ut longe ante Codicem hodiernum iam acceptata fuerit notio quae hodie in Codice sancitur mediante can. 216, §1.

Institutum ipsum paroeciale certitudine historica [14] non constat exstitisse ante saec. IV. [15]

In principio, paroeciae inveniebantur tantum in civitatibus sub unica et directa iurisdictione Episcopi. Quando autem numerus fidelium crevit, necesse fuit ut etiam in regionibus ruralibus aliquae paroeciae fundarentur, et tunc presbyteri modo stabili de istis curare coeperunt. Valde difficile est vero cum praecisione determinare tempus quo ista organizatio paroecialis initium habuit. Scitur tantum primum in Oriente et aliquantulum postea in Oc-

[12] Pro completo studio etymologico huius verbi cf. Wernz, *Ius Decretalium* (6 voll., Vol. II, 3. ed., Prati, 1913-1914), II, n. 821, nota 6; Bouix, *Tractatus de Parocho* (3. ed., Parisiis, 1880), pp. 5-12; Rossi, *De Paroecia* (Romae: Pustet, 1923), p. 1; Coady, *The Appointment of Pastors*, The Catholic University of America Canon Law Studies, n. 52 (Washington, D. C.: The Catholic University of America, 1929), pp. 1-3.

[13] Ita Bouix, *Tractatus de Parocho*, pp. 7-17, ubi per longum et latum hoc probat.

[14] Pro ampliori expositione historiae paroeciarum cf. Bastnagel, *The Appointment of Parochial Adjutants and Assistants*, The Catholic University of America Canon Law Studies, n. 58 (Washington, D. C.: The Catholic University of America, 1930), pp. 3-22; Bouix, *Tractatus de Parocho*, pp. 16-42; Rossi, *De Paroecia*, p. 1.

[15] Cf. Thomassimus, *Vetus et Nova Ecclesiae Disciplina in Tres Tomos seu Partes Distributa* (3 voll., Parisiis, 1691), pars I, lib. II, cap. XXI, n. 2; Devoti, *Institutionum Canonicarum Libri IV* (7. ed. Romana, 4 voll., Romae, 1829), lib. I, tit. II, sect. 10; Bouix, *Tractatus de Parocho*, pp. 16-22; Maroto, *Institutiones Iuris Canonici*, (2 voll., Vol. I, 3. ed., Vol. II, 1. ed., Matriti, 1918-1921), II, n. 762.

cidente tales paroecias exstitisse. Affirmari autem posse videtur, quamvis cum relativa tantum certitudine, paroecias rurales iam in saec. IV exstitisse; illis attamen non applicatum fuit nomen paroeciae nisi circa saec. VI.

In civitatibus vero Episcopi soli directe de parochiis curarunt per plurima saecula quia, etiam quando fideles valde numerosi erant, fundabantur ecclesiae quas *titulares* vocabant et quae auxilium Episcopis in aliquibus actibus cultus praestabant, non autem in omnibus, quia e. gr. obligatio audiendi Missam diebus dominicis in ecclesia Episcopi semper adimpleri debebat. Itaque, si exceptuantur Roma et Alexandria, paroeciae non inveniuntur in civitatibus nisi circa saec. XI. Ab illo tempore iam plures civitates paroecias habebant, non autem omnes, quia adhuc in saec. XVI, quando Synodus Tridentina celebrata fuit, nonulla loca divisionem parochialem non habebant, et hoc occasionem praebuit Patribus Concilii edendi decretum vi cuius in illis locis ubi paroeciae fundatae non erant sine dilatione fundari debebant. [16]

Denique Sacra Congregatio de Propaganda Fide per litteras encyclicas ad Delegatos Apostolicos pro Oriente, die 8 novembris, anni 1882, et ad Episcopos Indiarum, die 28 augusti, anni 1893, missas, praecepit ut in regionibus suae iurisdictioni subiectis, ad mentem Concilii Tridentini, sine dilatione paroeciae stabilirentur. [17]

Canon 216, §1, Codicis quoad rem haec habet: "Territorium cuiuslibet diocesis dividatur in distinctas partes territoriales; unicuique autem parti sua peculiaris ecclesia cum populo determinato est assignanda, suusque peculiaris rector, tanquam proprius eiusdem pastor, est praeficiendus pro necessaria animarum cura." [18]

Ex hac paragrapho conceptus canonicus paroeciae deducitur, et canonistae varias ex illo efformarunt definitiones. Pro clara autem notione obtinenda, optima videtur definitio a Maroto propo-

[16] Conc. Trident., sess. XXIV, *de ref.*, c. 13.

[17] Cf. *Collectanea S. Congregationis de Propaganda Fide* (2 voll., Romae, 1907), nn. 1578 et 1848 (posthinc hoc opus citabitur *Collectanea*).

[18] Pro commentario ampliori huius § cf. Mundy, *The Union of Parishes*, The Catholic University of America Canon Law Studies, n. 204 (Washington, D. C.: The Catholic University of America Press, 1945), pp. 6-12.

sita dum docet: "*Paroecia* vel *parochia*, ad sensum novi Codicis est in genere unaquaque ex distinctis partibus minoribus in quas dividitur dioecesis aliqua vel quasi-dioecesis ad peculiarem et immediatam animarum curam gerendam, cum sua peculiari ecclesia assignata, determinato populo adscripto, suoque peculiari rectore, tanquam proprio eiusdem pastore, praefecto, qui sane peculiaris rector dicitur *parochus*." [19]

4. Cum evolutio historica et legislatio canonica notionis et effectuum incorporationis pleno iure peractae partem maximi momenti pro scopo huius dissertationis constituant, integrum caput eorum disceptationi dicabitur; ideoque hic, ad vitandas inutiles repetitiones, nihil de tali notione dicetur. Lector vero qui de his rebus expositionem ab auctore factam cognoscere velit, faveat legere caput II huius opusculi.

[19] Cf. *Institutiones Iuris Canonici,* II, n. 771.

CAPUT I

DE CAPACITATE RELIGIOSORUM AD CURAM ANIMARUM HABENDAM

Capacitas religiosorum ad curam animarum exercendam hodie, aliquibus interpositis restrictionibus, ab ecclesiastica legislatione agnoscitur, uti infra videbitur. Historice vero, etiamsi constet illos qui vitam religiosam profitebantur iam a fundatione monachismi etiam in exercitio officiorum ecclesiasticorum et parochialium participavisse, quia auctoritates ecclesiasticae hoc approbabant, non desunt tamen aliquae quaestiones ab auctoribus praesertim suscitatae quae notatu dignae sunt, praetereaque evolutio iuridica participationis religiosorum in cura animarum, quae eorum capacitas supponit, magna cum utilitate cognosci potest. Hac de causa brevis synopsis historica de hac re hic exponetur.

Ad faciliorem reddendam expositionem historiae et legislationis canonicae huius capacitatis duo in hoc capite praecedentes articuli dedicabuntur, et in tertio articulo de legislatione Codicis agetur.

Articulus 1. Status Religiosus quoad Curam Animarum ante Concilium Tridentinum

In primis Ecclesiae saeculis et quando Monachismus etiam novus erat, qui tale vitae genus colebant activam etiam participationem habuerunt in officiis ecclesiasticis. Hoc constat imprimis ex epistola quam S. Siricius (384-389) ad Himerium, Episcopum Tarraconensem, misit anno 385; ibi enim Pontifex expresse dixit se optare et velle monachos, quos morum gravitas et vitae ac fidei institutio sancta commendabat, clericorum officiis incumbere. [1]

[1] Cf. c. 29, C. XVI, q. 1; Mansi, *Sacrorum Conciliorum Nova et Amplissima Collectio* (53 voll. in 60, Parisiis, 1901-1927), III, 660 (posthinc hoc opus citabitur s. v. Mansi); Migne, *Patrologiae Cursus Com-*

A tempore S. Siricii ordinationes quorundam saltem monachorum locum habere perrexerunt et qui sacerdotio initiati erant ministerium sacrum inter populum exercebant, teste. S. Hieronymo in sua epistola ad Rusticum monachum, scripta anno 411. Hoc vero faciebant solummodo quando aliqua ecclesia eorum participatione vel auxilio indigebat, [2] et secundum textum huius epistolae videtur talem necessitatem exstitisse tanquam conditionem pro monachis, non solum quoad exercitium ministerii, sed etiam quoad ipsam ordinationem obtinendam.

Saeculo vero insequenti iam non solum necessitas sed et utilitas ministerii monachorum pro aliqua ecclesia sufficiebat ad hoc ut monachi sacris initiarentur. Hoc supponitur in canone tertio Concilii Ilerdensis anni 546, ubi sequentia verba inveniuntur: "Cum pro utilitate Ecclesiae aliquos monachorum in clericatus officio Episcopus probaverit promovendos. . ." [3]

Quae cum ita fuerint, incipienti saec. VII, magna surrexit oppositio contra ordinationem et participationem monachorum in officiis ecclesiasticis. Fautores huius oppositionis illam fundare tentabant in eo quod monachi, vi ipsius vitae quam amplexi erant, mundo mortui considerabantur et Deo tantum vivere debebant, ideoque sese inmiscere nequibant in operibus propriis status sacerdotalis; immo non defuerunt qui illos indignos tali statu vocarent. Omnibus illis qui ita cogitabant Bonifacius IV (608-615), ut

pletus, Series Latina (221 voll., Parisiis, 1844-1864), XIII, 1116 (posthinc hoc opus citabitur siglis *MPL*); Jaffé, *Regesta Pontificum Romanorum ab condita Ecclesia ad annum post Christum natum MCXCVIII* (2. ed. correctam et auctam auspiciis Gulielmi Wattenbach, curaverunt F. Kaltenbrunner, P. Ewald et S. Loewenfeld, 2 voll. in 1, Lipsiae, 1885-1888), n. 255 (posthinc hoc opus citabitur mediantibus siglis JK, JE, JL).

[2] Cf. *Corpus Scriptorum Ecclesiasticorum Latinorum Editum consilio et impensis Academiae litterarum Cesareae Vindobonensis.* Voll. LIV-LVI S. Eusebii Hieronymi Opera (Sectio I, Partes I-III), recensuit Isidorum Hilberg (Vindobonae Lipsiae, 1910-1918), LVI, 136-137; *MPL*, XXII, 1077 et 1082. Friedberg in notulis ad c. 41 C. VII, q. 1, dicit citatam epistolam S. Hieronimi scriptam fuisse anno 400.

[3] Cf. c. 34, C. XVI, q. 1; Bruns, *Canones Apostolorum et Conciliorum Saeculorum* IV-VII (2 voll., Berolini, 1839), II, 21 (posthic hoc opus citabitur s. v. Bruns).

videtur, die 27 februarii, anni 610, responsum dedit, monachorum ad ordines sacros suscipiendos capacitatem et dignitatem vindicando prohibendoque ne ulterius tales doctrinae sustinerentur. [4]

Postquam igitur haec controversia in favorem capacitatis monachorum soluta est, Episcopi illos ordinando perrexerunt et quidem non solum ad hoc ut populo sed etiam ipsis monachis inservirent. [5]

In primis Medii-Aevi saeculis multa Concilia particularia ca-

[4] "Sunt nonnulli nullo dogmate fulti, audacissime quidem, zelo magis amaritudinis quam dilectionis inflammati, asserentes monachos, quia mundo mortui sunt et Deo vivunt, sacerdotalis officii potentia indignos, neque poenitentiam neque christianitatem largire, neque absolvere posse per sacerdotalis officii divinitus sibi iniunctam potestatem. Sed omnino labuntur... §2. Tantorum igitur Patrum instituti exemplis (quibus periculosissimum est refragari) credimus a sacerdotibus monachis ligandi solvendique officium Deo operante digne administrari, si eos digne contigerit hoc ministerio sublimari... Omnimodo praecipimus, ut huiuscemodi ausibus reprimantur in posterum, quia quanto magis quisque est celsior tanto illis erit potentior."—c. 25, C. XVI, q. 1. Cf. JE, n. 1996.

Acris controversia exsistit circa identitatem huius textus, dum enim aliqui affirmant eum Concilio Nemausensi anni 1096 tribuendum esse, alii Bonifacio IV illum tribuunt. Friedberg, inter alios, in suis notulis ad canonem supra citatum, primam opinionem amplectitur, et praeterea contendit illam opinionem communem inter doctores esse. De facto in Mansi, XX, 934-935, invenitur aliquis textus Concilii Nemausensis valde similis isti de quo quaestio movetur. Inter propugnatores secundae opinionis numerari possunt moderni Bollandistae, qui in opere *Examen Canonicum et Historicum Libri Mariani Verhoeven* (Bruxellis, 1847), p. 403, probant dictum textum ad Concilium Nemausense non pertinere. Attamen, quia non probant modo aliquo positivo dictum textum adscribendum esse Bonifacio IV, eorum argumentum ut mere negativum manet. Caeterum, Bouix (1808-1870) in suo opere *Tractatus de Jure Regularium* (3. ed., 2 voll., Parisiis, 1882-1883), II, 6 (posthinc hoc opus citabitur *De Jure Regularium*), fundatus in argumentis a Bollandistis evolutis, sine haesitatione affirmavit Concilium Nemausense nihil aliud fecisse quam doctrinam Bonifacii IV confirmare, et hoc modo explicare sategit exsistentiam textus inter Concilii documenta. Res vero adhuc valde dubia manet, et tantum textus in JE, n. 1996, recensitus uti genuinus haberi potest.

[5] Cf. Dom. U. Berlière, "L'exercice du Ministère Paroissial par les Moines dans le Haut Moyen-Age," *Revue Benedictine* (Lille, rue Royale, 26, et Bruges, Belgique, 1884-), XXXIX (1927), 228.

nones aliquos promulgarunt in quibus monachis exercitium sacrorum ministeriorum prohibebatur. Inter alios, citari possunt Synodus Parisiensis anni 829 [6] et Concilium Aquisgranense, anni 839. [7]

E contra vero et quidem prima vice eodem tempore invenitur documentum aliquod conciliare quod de monachis ministeriis parochialibus fungentibus loquitur. Tale documentum est caput 13 Concilii Moguntini anni 847, sub Rabhano Archiepiscopo et Pontificatu Leonis IV (847-855) habito. Cum agatur de textu maximi momenti, eius integra transcriptio hic fit:

> Nullus monachorum parochias Ecclesiarum accipere praesumat, sine consensu Episcopi. De ipsis vero titulis quibus constituti fuerint, rationem Episcopo vel etiam Vicario reddant, et convocati ad Synodum veniant. [8]

Hoc igitur capite evidenter probatur saec. IX iam exstitisse recognitionem legalem capacitatis monachorum ad munera parochialia obtinenda, et quidem non solum in uno vel alio loco sed in pluribus paroeciae illis concedebantur, quia etiamsi Thomassimus (1619-1695) in commentario huius capitis affirmaverit tales concessiones raras fuisse in illo tempore et nonnisi aliquibus saeculis transactis frequentiores factas fuisse, [9] contrarium verum erat,

[6] Cf. Mansi, XIV, 566.

[7] Cf. *Monumenta Germaniae Historica, Legum Sectio III, Concilia Aevi Karolini* (ed. A. Werminghoff, 2 voll., Hannoverae et Lipsiae, 1906-1908), Tom. II, pars II, p. 711 (posthic hoc opus citabitur: *MGH, Conc.*).

[8] Cf. Mansi, XIV, 907.

[9] Cf. *Vetus et Nova Ecclesiae Disciplina in Tres Tomos seu Partes Distributa,* pars I, lib. II, cap. XXV, n. 8.

Argumenta ab isto auctore lata ad probandum monachos a tempore S. Hieronymi parochias accepisse solido fundamento carere videntur, quia constat e contra de lenta evolutione parochiarum. Quoad hoc cf. Bouix, *Tractatus de Parocho,* pp. 1-5. Admitti vero debet quod, etiamsi tempore S. Hieronimi valde improbabile sit monachos rexisse paroecias paulum postea, tempore scilicet ecclesiarum baptismalium, doctrina Thomassimi applicabilis est, quia constat saeculis VI-IX monasteria habuisse sub sua cura plurimas huiusmodi ecclesias, quamvis legislatio quoad hoc desideretur.

uti probatur a Berlière (1862-1932), [10] et confirmatur a Berardi (1719-1768) dum evolutionem nominis *cappellae* monachorum exponit. [11]

Concilium Nemausense anni 1906 non solum capacitatem monachorum ad munera parochialia sancivit sed illos digniores quam alii presbyteri considerabat ad hoc ut omnibus illis officiis fungerentur. [12]

Hic erat status canonicus monachorum circa curam animarum in saec. XI, sed antequam ulterius procedatur, notare hic oportet Canonicos Regulares, iam per plurima saecula in Eccelsia exsistentes, activam participationem habuisse in regimine parochiarum. Legislatio canonica ostendit in evolutione dictae participationis Canonicorum Regularium plus minusve eadem stadia dari quam in evolutione participationis monachorum; [13] differentia tamen magni momenti exstitit inter illos, ex eo quod omnes Canonici sacris initiati erant, quod dici nequit de monachis, ideoque primi minorem vel nullam oppositionem invenerunt ad hoc ut ipsis parochiae commendarentur, ita ut non defuissent monasteria Canonicorum Regularium quae plures paroecias simul sub sua directa cura haberent. [14] Ita explicatur cur Paschalis II (1099-1118), in

[10] Cf. "L'exercice du Ministère Paroissial par les Moines dans le Haut Moyen-Age," et "Exercice du Ministère Paroissial par les Moines du XIIe au XVIIIe Siècle," *Revue Benedictine,* XXXIX (1927), 227 sqq. et 340 sqq.

[11] Cf. *Commentaria in Ius Publicum Universum* (2 voll., Mediolani, 1846-1847), I, 243-244.

[12] "...monachi sacerdotali ministerio rectius fungi possint quam presbyteri... ideoque videtur nobis, ut ii qui sua relinquunt pro Deo, dignius liceat baptizare, communionem dare, poenitentiam imponere, necnon peccata solvere. Unde considerare nos oportet quantae virtutis apud Deum sint qui saeculum relinquentes Domini obediunt praecepto dicentis: *Relinque omnia quae habes et veni, sequere me."* Cf. Mansi, XX, 934-935. Cf. etiam c. 24, C. XVI, q. 1.

[13] Cf. Berlière, "L'exercice du Ministère Paroissial par les Moines du XIIe au XVIIIe Siècle," *Revue Benedictine,* XXXIX (1927), 343.

[14] Dicitur monasterium S. Floriani in Austria sub sua cura 40 parochias una simul habuisse. Cf. *The Catholic Encyclopedia* (15 voll., Index et 2 Supplem., New York, 1907-1922), III, 289, s. v. *Canons and Canonesses Regular.*

Bulla quam Priori et communitati monasterii Colchesteriensis anno 1118 misit, Canonicos laudavit et commendavit pro suo efficaci adiutorio in regimine fidelium et parochiarum. [15]

In Decretalibus Gregorii IX invenitur quidam textus qui, si litteraliter interpretatur, clare prohibet ne monachi curam animarum suscipiant in ecclesiis ubi communitas monachorum sedem habet. [16] Sed, quia de facto res alio modo sese habebant, Glossatores aliam interpretationem de eo fecerunt, dicendo applicandum esse solum monachis qui neque electi erant a populo nec ab Episcopo instituebantur. [17]

In saeculo tandem XIII iterum alia oppositio contra participationem religiosorum in ministeriis ecclesiasticis surrexit. Famosissima est quoad hoc controversia habita inter Ordines Mendicantes et Professores Universitatis Parisiensis. [18] Inter oppositores mentione speciali meretur Gulielmus a S. Amore († 1272), qui omnibus viribus religiosos ab illis ministeriis expellendos esse probare sategit in opusculis *De Periculis Novissimorum Temporum* (1256) et *Liber de Antichristo* (circa 1266). [19] Sed S. Thomas Aquinas (1225-1274), mediante suo libello *Contra Impugnantes*

[15] Cf. *The Catholic Encyclopedia, loc. cit.*

[16] "In Ecclesiis, ubi monachi habitant, populus per monachum non regatur; sed Cappellanus, qui populum regat, ab Episcopo per consilium monachorum instituatur, ita tamen, ut ex solius Episcopi arbitrio tam ordinatio eius quam depositio, et totius vitae pendeat conversatio."—c. 1, X, *de cappellis monachorum et aliorum religiosorum,* III, 37. Cf. Mansi, XX, 820.

Hic textus tribuitur Concilio Claromontano anni 1095. Secundum Labbaeum-Cossartium in eorum opere *Sacrosancta Concilia ad Regiam Editionem Exacta* (17 voll., Lutetia Parisiorum, 1671-1672), X, 509-510, S. Raymundus textum ex I Compilatione Antiqua a Bernardo Paviensi peracta sumpsit. De facto dictus textus invenitur in citata Compilatione in c. 1, *de cappellis monachorum* etc., III, 32.

[17] Cf. *Glossa Ordinaria* ad c. 1, *de cappellis monachorum* etc., III, 37, s. v. *per monachum.*

[18] Pro integra narratione huius controversiae cf. Rossi, *De Paroecia,* pp. 61 et sqq.

[19] Cf. *Encyclopedia Italiana* (36 voll., 1929-1938), s. v. *Guiglielmo de Saint Amour.*

Religionem, et S. Bonaventura (1221-1274) [20] Gulielmum refutarunt, et denique Alexander IV (1254-1261) damnavit librum *De Periculis Novissimorum Temporum* die 5 octobris, anni 1256, mediante Bulla *Romanus Pontifex.* [21]

A saec. XIII usque ad Concilium Tridentinum nulla alia controversia vel discrepantia circa capacitatem religiosorum ad munera clericalia vel parochialia exercenda habita fuit, et proinde concludere licet illam, durante hac temporis periodo sicut et antea, in genere agnitam et admissam fuisse a legislatione ecclesiastica. Quaeri autem adhuc potest utrum talis capacitas ad omnia ministeria et ad omnes parochias sese extenderit, vel utrum potius aliquo modo limitata fuerit. Responsum in sequentibus lineis invenietur.

In primis saeculis monachi paroeciis tantum saecularibus praeficiebantur vel in illis adiuvabant. Hoc scitur quia, etiamsi legislatio nihil expresse dicat, constat tamen monachos qui in illo tempore ordines sacros acceperant et illos inter populum exercebant ab eorum monasteriis separatos fuisse, quin in posterum aliquid cum eis agere potuerint. Hoc deducitur ex duabus epistolis S. Gregorii Magni (590-604) Maximiano Episcopo Ravennatensi missis. In eius enim epistola, data mense aprilis, anni 598, legitur dictos monachos post ordinationem in suo monasterio nec aliquam potestatem nec licentiam habitandi habere, [22] et in altera, data mense augusti, anni 597, declaratur rationem legislationis huiusmodi esse ad vitandum ne occasione promotionis monachi monasterium aliquod damnum patiatur. [23]

In saec. IX, Concilium Moguntinum relate ad paroecias mo-

[20] Cf. S. Bonaventurae, *Opera Omnia* (11 voll., Prope Florentiam ad Claras Aquas, 1882-1902), V, 149; VIII, 233 et 373.

[21] Cf. *Bullarum Diplomatum et Privilegiorum Sanctorum Romanorum Pontificum Taurinensis Editio* (24 voll. et Appendix, Augustae Taurinorum, 1857-1872), III, 644-646 (posthinc hoc opus citabitur *Bull. Rom.*).

[22] Cf. *Monumenta Germaniae Historica, Gregorii I Papae Registrum Epistolarum* (4 voll., ed., L. M. Hartmann post Ewaldi obitum Berolini, 1887-1899), Tom. II, lib. VIII, n. 18 (posthinc hoc opus citabitur: *MGH, Reg. Ep.*); *MPL,* LXXVII, 919.

[23] Cf. c. 37, C. XVI, q. 1; JE, n. 1486; *MGH, Reg. Ep.,* Tom. I, lib. VII, n. 40; *MPL,* LXXVII, 902.

nachis concessas non determinavit utrum tales paroeciae uti saeculares manerent, vel potius regulares seu religiosae fierent. Silentium hac de re perduravit usque ad saec. XIII, quando Decretistae sua commentaria publici iuris fecerunt et ibidem distinguebant varias species parochiarum quibus monachi praefici poterant. Inter Decretistas Ioannes Teutonicus († 1245 vel 1246), auctor *Glossae Ordinariae* in Decretum Gratiani, sequentia in dicto opere docuit: Monachus adscribi potest: a) ecclesiae saeculari absolute independenti a suo Abbate. In hoc casu monachus etiam liberatur modo absoluto a iurisdictione Abbatis, uti contingebat in antiquitate; b) ecclesiae saeculari, quae Abbati subest quoad temporalia; c) ecclesiae Abbati subiectae quoad spiritualia et temporalia. [24]

Canonici Regulares praeterea parochias etiam saeculares regere poterant, quin a suo statu discedere deberent. Hoc illis concessit Innocentius III (1198-1216) mediante epistola missa anno 1216 Plebano S. Gavinii. Ratio huius concessionis, iuxta verba Pontificis, erat in eo quod, etiamsi Canonici Regulares religiosi quidem erant, regulae tamen laxiori inserviebant, ideoque maiori cum libertate servitio parochiarum saecularium incumbere poterant. [25] Ibidem etiam Romanus Pontifex mentionem fecit de antiquis canonibus, secundum quos "etiam monachi possunt ad Ecclesiarum parochialium regimen in presbyteros ordinari."

Disputabatur inter auctores illius temporis de fundamento iuridico vi cuius monachi parochiali servitio dicari poterant in paroeciis saecularibus. Aliis verbis, disputabatur utrum ipsum ius commune illis ad hoc potestatem fecerit, an potius illi aliqua dispensatione indigerent. Opiniones erant sequentes: a) In iure veteri dispensatio necessaria erat, quia ius commune monachos incapaces regendi parochias saeculares considerabat; hodie [saec. XIII] vero ipsum ius commune talem facultatem illis concedit, saltem utilitatis causa. [26] b) Etiam hodie [saec. XIII] dispensatio requiritur quin

[24] Cf. *Glossa Ordinaria* ad c. 3, C. XVI, q. 1, s. v. *discedere.*

[25] Cf. c.; 5, X, *de statu monachorum et canonicorum regularium,* III, 35; *MPL,* CXVI, 1256.

[26] Cf. Hostiensis, *Commentaria in Quinque Libros Decretalium* (3 voll., Venetiis, 1581), lib. III, tit. 35 *de statu monachorum et canonicorum regularium,* c. 5, n. 8 (posthinc hoc opus citabitur s. v. *Commentaria*);

admitti possit ratio utilitatis ab alia opinione exposita. c) Ius commune monachos reddit capaces regendi paroecias saeculares, sed illas tantum in quibus provideri potest sustentationi plurium monachorum quia, monachi soli seu sine sociis nequeunt in paroeciis habitare. [27]

Hostiensis († 1271) postquam praecedentes retulerat opiniones propriam addidit, quam modo sequenti exposuit: Episcopus potest regimen paroeciae saecularis alicui 'religioso committere de consensu Abbatis; Abbas vero consentire debet quando desunt presbyteri saeculares vel quando illi qui adsunt vitam honestam non servant, et e contra monachus illis qualitatibus gaudet et praeterea potest habiliter praedicare verbum Dei. [28]

Ex dictis constat illo tempore monachos capaces fuisse tres species paroeciarum regendi, videlicet, paroecias saeculares, paroecias unitas monasteriis quoad temporalia et paroecias unitas monasteriis quoad temporalia et spiritualia. Ad assumendum vero regimen paroeciarum saecularium aliquas limitationes et statuta specialia observare debebant et certitudine non constabat utrum ius commune illis facultatem fecerit, an illi potius dispensatione indigerent.

In saec. XV nonnulli canonistae stricte interpretarunt c. 1, X, *de cappellis monachorum et aliorum religiosorum,* III, 37, [29] ita ut vi eiusdem monachos excludere voluerint a regimine ecclesiarum monasteriis adnexarum. Contra illos vero Nicholaus de Tudeschis (1386-1453), magis notus tanquam Panormitanus, sic arguit: Si religiosus curare potest de aliqua ecclesia saeculari, saltem si so-

Glossa Ordinaria ad c. 5, X, *de statu monachorum et canonicorum regularium,* III, 35, s. v. *regimen in presbyteros.*

[27] Cf. Hostiensis, *loc. cit.; Glossa Ordinaria* ad c. 1, X, *de cappellis monachorum et aliorum religiosorum,* III, 37, s. v. *per clericos saeculares.*

[28] Cf. Hostiensis, *Commentaria,* lib. III, tit. 35, *de statu monachorum et canonicorum regularium,* c. 5, nn. 8-9.

[29] "In Ecclesiis ubi monachi habitant, populus per monachum non regatur, sed cappellanus qui populum regat, ab Episcopo per consilium monachorum instituatur, ita tamen, ut ex solius Episcopi arbitrio tam ordinatio eius quam depositio et totius vitae pendeat conversatio."

cium secum habere potest, [30] a fortiori potest nominari et de animabus curare in ecclesiis monasteriis unitis. Hoc enim in casu omnes conditiones requisitae adimplentur, nempe, adsunt utilitas ecclesiae, cura animarum et non unus sed plures socii. Caeterum, religiosus maiorem obligationem habet monasterio suo inserviendi quam ecclesiis saecularibus; ergo aptior censendus est ad curam animarum in propriis ecclesiis exercendam quando earum necessitas vel utilitas hoc exigat, quam in ecclesiis foris sitis. Conclusit postea Panormitanus dicendo: "Solvere contrarium est difficile, et difficultas magis ex eo oritur, quia non habemus in textu rationem decidendi..."

Inter contrariae sententiae propugnatores, aliquis (Antonius a Butrio [1338-1408], ut videtur) ad suam sententiam probandam sic arguebat: in communitate religiosa nemo distinctiones ullas accipere debet; atqui, si aliquis religiosus tanquam parochus nominatur, ipso facto distinctionem aliquam accipit; ergo... Praeterea, si ista sententia admittitur, magis providetur observantiae vitae religiosae, quia ita tollitur a religioso occasio vagandi per paroeciam.

Istis argumentis Panormitanus respondit: Secunda ratio non procedit, quia "eadem et fortior est ratio cum monachus praeficitur ecclesiae saeculari. Sed tenendo primam rationem, videtur inferendum contra praecedentem lectionem ut non sufficiat aliquem monachorum praefici per Episcopum, ne notetur diversitas inter eos. Sed ego concipere non possum quod haec facilis ratio sit sufficiens ad impediendum privilegium tributum curae. Nam maior videtur indecentia, ut monachus eximatur a monasterio, ut habitet inter saeculares, quam quod exsistens in monasterio exerceat curam in nomine collegii." Si hoc admittitur, iam ratio quoad distinctionem alicui religioso faventem evanescitur, quia in collegio *is facit cuius nomine fit.*

Postquam vero Panormitanus suam sententiam defenderat, clare animadvertit suam sententiam applicabilem solum esse quando sacerdotes saeculares desunt, vel si sunt indigni aut inhonesti sacerdotes qui adsunt. [31]

[30] Notetur quoad rem concordantia inter Panormitanum et Hostiensem. Cf. *supra*, p. 9.

[31] Quidquid hic Panormitano tribuitur inveniri potest in eius *Com-*

Notandum est tandem sententiam Panormitani confirmatam fuisse post aliquod tempus a RR. Pontificibus. Eugenius enim IV (1431-1447) in epistola missa Priori Dominicano de Todi, die 30 iunii, anno 1433, supposuit religiosos ipsos de animabus curare in ecclesiis a fratribus Praedicatoribus administratis. [32] Idem Pontifex die 9 octobris, anno 1440, Priori Dominicano de Fermo praecepit ut ipsi religiosi curam animarum gererent in paroecia suo monasterio unita. [33]

Articulus 2. Legislatio ad Rem a Concilio Tridentino usque ad Codicem hodie Vigentem

Quod religiosi capaces sint accipiendi curam animarum, a Concilio Tridentino non dicitur explicite, sed utique supponitur et implicite sancitur in canone ubi legitur:

> In monasteriis seu domibus virorum seu mulierum, quibus imminet cura animarum personarum saecularium. . . personae tam regulares quam saeculares huiusmodi curam exercentes. . . [34]

Ex hoc canone proinde implicita recognitio capacitatis religio-

mentaria in Quinque Libros Decretalium (5 voll. in 7, Venetiis, 1588), VI, 288, et sqq.

[32] ". . .domorum fratres Ecclesiarum suarum, quae similiter parochiales sunt, curam gerunt et exercent, libere gerere et exercere valeatis." Cf. *Bullarium Ordinis FF. Praedicatorum,* Opera Revmi. F. Thomae Ripoll, Magistri Generalis, Editum, et a R. F. Antonio Bremond S. T. M. Illustratum (8 voll., Romae, 1729-1740), III, 22 (posthinc hoc opus citabitur siglis *BOP*).

[33] "Nos. . . volumus et Apostolica auctoritate concedimus vobis, quod de cetero perpetuis futuris temporibus, singuli fratres in sacerdotio constituti praefatae domus praesentes et futuri, quos Prior pro tempore exsistens dictae domus, quoties sibi expedire videbitur, ad id simul, vel successive duxerit eligendos, seu deputandos, curam animarum omnium et singulorum parochianorum praesentium et futurorum Cappellae huiusmodi exercere. . . libere, et licite, possint et valeant." Cf. *BOP,* III, 130. Cf. praeterea *BOP,* III, 153 et 154.

[34] Conc. Trident., sess. XXV, *de regularibus,* c. 11.

sorum ad curam animarum a Concilio Tridentino facta evidenter apparet. Idem verum est, ex variis responsionibus a Congregatione Cardinalium Concilii Tridentini Interpretum latis cum quaedam dubia solverunt circa quasdam obligationes vicariorum et parochorum religiosorum.

Hoc tamen non obstante, saeculo XVII Iansenistae in Synodo Pistoriensi adunati (1786), inter alias erroneas propositiones, aliquam confecerunt quae talem capacitatem denegabat, renovantes ita illas doctrinas quae saeculis anteactis exstiterunt quin aliquod progressum obtinuerint. Attamen, si in saec. XIII S. Thomas Aquinas et S. Bonaventura [35] apodicticis argumentis falsitatem talium doctrinarum ostenderunt, hoc tempore ipse Romanus Pontifex, sua pontificia auctoritate ad defendendam institutionem quae iam per plurima saecula acceptata erat in organizatione ecclesiastica curae animarum, illam doctrinam aperte damnavit. Itaque Pius VI (1775-1799) in sua Constitutione *Auctorem Fidei* diei 28 augusti, anni 1794, damnavit propositionem octogesimam Synodi Pistoriensis, modo definitivo finem dando quaestionem quae variis temporibus agitata fuit. Textus damnationis est sequens:

> Regula I, quae statuit universe, et indiscriminatim *statum regularem seu monasticum natura sua componi non posse cum animarum cura, cumque vitae pastoralis muneribus, nec adeo in partem venire posse ecclesiasticae hierarchiae, quin ex adverso pugnet cum ipsiusmet vitae monasticae principiis, Falsa, perniciosa, in Sanctissimos Ecclesiae patres, et praesules, qui regularis vitae instituta cum clericalibus ordinis muneribus consociarunt, iniuriosa, pio, vetusto, probato Ecclesiae mori, Summorumque Pontificum sanctionibus contraria...* [36]

[35] Cf. *supra,* pp. 6-7.

[36] Cf. *Bullarii Romani Continuatio Summorum Pontificum* (19 voll. in 20, Prati, 1845-1857), X, 2722; (posthinc hoc opus citabitur *Bull. Rom. Cont.*); *Codicis Iuris Canonici Fontes,* cura Emmi. Petri Card. Gasparri editi (9 voll., Romae, 1923-1939), (Voll. VII-IX, ed. cura et studio Emmi. Iustiniani Card. Serédi), n. 475 (posthinc hoc opus citabitur s. v. *Fontes*); Denzinger-Bannwart, *Enchiridion Symbolorum Definitionum et*

Haec capacitas religiosorum praecipue et plene exercebatur in parochiis pleno iure domibus religiosis vel monasteriis unitis et etiam quando, mediante dispensatione pontificia, aliquis religiosus ad regimen alicuius saecularis paroeciae destinabatur.

Circa hanc institutionem religiosorum in paroeciis saecularibus notari debet ius commune antea vigens immutatum vel determinatum fuisse; iure enim veteri dispensatio minime necessaria erat (de hoc quidem disputabatur, sed probabilior opinio pro non necessitate stabat), et consensus tum Abbatis tum Episcopi tantummodo requirebatur ad hoc ut talis institutio locum habere potuisset. [37]

Haec mutatio vel determinatio iuris facta non fuit a Concilio Tridentino, sed potius introducta est a Sacra Congregatione Concilii in variis responsionibus, quarum duae a Garcia († 1613) referuntur [38] et alia a Hieronymo Gonzalez († 1609), qui eam modo sequenti narrat:

> Ssmus. D. N. Gregorius XIII [1572-1585] noluit licere Canonicis Regularibus Congregationis Lateranensis etiam de licentia sui Generalis, absque permissu Summi Pontificis assumere curam animarum etiam ad tempus, multoque minus beneficium curatum ad tempus. [39]

Haec decisio, uti patet, per se tantum Canonicos Regulares respiciebat, sed optime Fagnanus (1598-1678) dixit eam eodem modo ceteris religiosis applicatam fuisse, quia Canonici, ex eo quod regulae minus strictae inserviebant, aptiores erant ad parochias saeculares obtinendas, et tamen iisdem prohibebatur illas accipere sine dispensatione pontificia, ergo a fortiori tali dispensatione in-

Declarationum de Rebus Fidei et Morum (ed. 14. et 15, quam curavit I. B. Umberg, Friburgi Brisgoviae, 1922), n. 1580.

[37] Cf. *supra*, p. 8 sqq.

[38] Cf. *De Beneficiis Ecclesiasticis* (Coloniae Allobrogum, 1636), pars VII, cap. X, nn. 31-32.

[39] Cf. *Dilucidum ac Perutile Glossema, seu Commentarium ad Regulam Octavam Cancellariae, de Reservatione Mensium et Alternativa Episcoporum* (Romae, 1604), glos. 7, n. 53 (posthinc hoc opus citabitur *In Regulam 8 Cancellariae*).

digere et alios religiosos tenendum est, quia regulam strictiorem observabant. Sed praeter hoc argumentum per se sufficiens, idem auctor addidit aliam explicitam responsionem eiusdem Congregationis Concilii, iuxta quam, ad hoc ut parochiae saeculares religiosis conferri possint, requiritur apostolica dispensatio, quae praeterea non est concedenda "nisi instante Episcopo pro necessitate vel utilitate Ecclesiae." [40] Haec decisio vel responsio citata fuit a Benedicto XIV (1740-1758) in sua Constitutione *Quod inscrutabili,* diei 9 iulii anni 1745, ubi in §2 dicit annum 1585 esse annum in quo data fuit, et mentionem praeterea facit de aliis similibus responsionibus. [41]

Haec responsa, cum approbatione pontificia data, sunt proinde quae ius antiquum mutant vel determinant, ut notat Bouix (1808-1870). [42]

Rationes ad mutationem faciendam, uti in aliquibus responsis Congregationis Concilii afferuntur, [43] fundabantur in conventione inter Leonem Papam X (1513-1521) et Franciscum I regem Galliae (1515-1547) celebrata, uti apparet, in sessione Concordatorum V Concilii Lateranensis (1516) in Bulla *Primitiva illa ecclesia* diei 19 decembris anni 1516. [44]

Talis quidem conventio ius particulare constituit, sed cum iterum responsa facta sint accedente approbatione pontificia, iam ex eo sequitur voluntatem Pontificum fuisse illas normas particulares ad universam Ecclesiam extendere. [45]

Hoc non obstante, adhuc in saec. XVII fuerunt canonistae qui defendebant capacitatem religiosorum ad obtinenda beneficia et parochias saecularia sine dispensatione pontificia. Inter illos emi-

[40] Cf. *Commentaria in Quinque Libros Decretalium* (5 voll., Venetiis, 1709), lib. III, cap. V (*Quod Dei timorem*), n. 17 (posthinc hoc opus citabitur s. v. *Commentaria*).

[41] Cf. *Magnum Bullarium Romanum* (32 voll., Romae, 1733-1762), XVI, 306 (posthinc hoc opus citabitur siglis *MBR*); *Fontes,* n. 361.

[42] Cf. *De Jure Regularium* II, 47.

[43] Cf. Garcia, *loc. cit.*

[44] "Statuimus. . . e contra religiosos beneficia saecularia, petere et consequi minime posse." Cf. Labbaeus-Cossartius, *Sacrosancta Concilia ad Regiam Editionem Exacta,* XIV, coll. 299.

[45] Cf. Garcia, *ibid.,* n. 33.

net L. Engel, O. S. B. († 1674), qui, ut sententiam suam probet, sequentia argumenta offert: a) Maxime convenit talis institutio quia fideles praeferunt ut sacramenta a religiosis eis administrentur, et praeterea in illorum doctrina magis confidunt; b) haec sententia fundatur in communi doctorum doctrina; c) sessio XIV, *de ref.*, c. 11, Concilii Tridentini [46] uti incapaces beneficiorum saecularium habet illos tantummodo religiosos quia ab uno in alium Ordinem transeunt, at, cum exceptio firmet regulam, iam ex eo sequitur omnes alios religiosos utique capaces esse ad talia beneficia obtinenda; d) responsum vel decretum Gregorii XIII in contrarium allatum nunquam in praxi observatum fuit, uti asserit et testificat Tamburinus († 1666), q. 8, n. 11, sqq. [47]

Attamen haec omnia argumenta ab Engel evoluta nullum valorem habere potuerunt, quia contra ea exstitit factum positivum decisionis Gregorii XIII et responsionum Congregationis Concilii, quae omnia modo evidenti ius antea exsistens mutaverunt, et praeterea eaedem responsiones, iterum atque iterum in saeculis subsequentibus repetitae, probant exsistentiam praxis quam Engel in dubium vocavit. In favorem tamen talis sententiae dicendum est eius auctorem fortasse scripsisse quando de facto disputabatur utrum in praxi redactum fuisset responsum Gregorii XIII, necne. [48]

Canonici Praemonstratenses attamen a regula generali relate ad necessitatem pontificiae licentiae excludebantur vi alicuius privilegii a Benedicto XIV confirmati in sua Constitutione *Oneroso,* die 1 sept. 1750, in §4, ubi "conceditur ex integro privilegium assequendi et retinendi quascumque parochiales ecclesias et vicarias, tam saeculares quam regulares, absque dispensatione apostolica." [49]

[46] "...ac taliter translatus, etiamsi Canonicorum Regularium fuerit, ad beneficia saecularia, etiam curata, omnino incapax exsistat."

[47] Cf. *Collegium Universi Iuris Canonici* (7, ed., Venetiis, 1733), lib. III, tit. 37, c. 8. Engel citat opus A. Tamburini cuius titulus est sequens: *De Iure Abbatum et Aliorum Praelatorum* (Lugduni, 1640).

[48] Cf. Bouix, *De Jure Regularium,* II, 48.

[49] Cf. *MBR,* XVIII, 175.

ARTICULUS 3. DOCTRINA CODICIS

Capacitas iuridica religiosorum ad curam animarum habendam in parochiis pleno iure unitis hodie in dubium vocari nequit, cum Codex Iuris Canonici vigens illam agnoscat et sanciat, uti apparet ex capitibus IX et X libri II Codicis, et praesertim ex can. 471.

Praeterea, uti optime probat Delgado, [50] essentia status religiosi, uti ab ipso Codice consideratur et definitur in can. 487, [51] minime exercitio curae animarum ex parte religiosorum assumptae opponitur. Hoc verum est quia parochus religiosus, sicut omnes alii qui professionem religiosam emiserunt, tria vota observare debet et eorum iuridicis effectibus subiicitur, quamvis, ut postea videbitur, [52] quoad obedientiam et paupertatem ab aliquibus obligationibus accidentalibus eximatur.

Codex etiam loquitur de statu religioso tanquam "stabilis modus vivendi in communi"; iamvero haec vita communis a religiosis servanda non est incompatibilis cum cura animarum, quia etiam clerici qui ad nullam religionem pertinent et qui proinde in dioecesibus parochias saeculares regunt, illam servare debent, quantum fieri potest, in locis ubi viget, et in ceteris tanquam laude digna ab illis habenda est et suadentur ut illam colant. [53] Utique magna distinctio adest inter vitam communem ad cuius observantiam sacerdotes saeculares exhortantur in can. 134 et quae, uti concludit Deroux, ad cohabitationem reduci potest, [54] et eam quam religiosi observare tenentur vi can. 594, §1, quaeque includit regulam vel constitutionem communem, Superiorem, cohabitationem in domo

[50] Cf. *De Relationibus inter Parochum Religiosum et eius Superiores Regulares* (Editora Vozes Limitada, Petropolis, R. J., 1943), pp. 49-54 (posthinc hoc opus citabitur *De Relationibus*).

[51] "Status religiosus [est] stabilis in communi vivendi modus, quo fideles, praeter communia praecepta, evangelica quoque consilia servanda per vota obedientiae, castitatis et paupertatis suscipiunt..."

[52] Cf. *infra,* cap. V.

[53] Cf. can. 134.

[54] Cf. *La Vie Commune du Clergé Séculier et le Droit Ecclésiastique* (Nimes, Editions Nôtre-Dame, 1938), p. 101.

canonice erecta, participationem eiusdem victus, etc.; [55] sed haec distinctio fundatur praesertim in eo quod religiosi votum paupertatis habent una cum obligatione perficiendi certos actus in communi. Iamvero, votum paupertatis non impedit ministerium curae animarum, quia per se versat circa capacitatem vel modum proprias res acquirendi et administrandi. Obligatio autem perficiendi actus in communi, ad quam clerici saeculares observandam non tenentur, maiorem difficultatem gignere primo intuitu potest, quia impedire videtur quominus libertas actionis ad ministerium exercendum requisita habeatur; sed, quia tales actus de facto pauci sunt et reduci possunt ad opera pietatis, quae aliunde etiam plerumque clerici saeculares privatim ponere debent, e. gr. recitatio Officii divini, oratio mentalis, etc., non est in eo multum insistendum et adhuc paritas supra exposita sustineri potest.

Si ergo Ecclesia desiderat ut observetur vita communis alicuius generis etiam inter sacerdotes non religiosos, iam ex hoc patet talem vitam non solum non opponi exercitio curae animarum, sed ipsi valde consentaneam esse, quod et confirmatur practice ubi de facto viget inter sacerdotes saeculares, e. gr. in Statibus Foederatis Americae Septentrionalis.

Auctores docent vitam communem in religionibus esse institutum iuris positivi, [56] et hoc certe affirmari potest, quia in iure veteri doctores loquebantur de duobus modis quibus status religiosus constitui poterat, nempe, de uno in quo vita communis et de alio in quo vita solitaria servabatur; [57] immo et affirmabant

[55] Cf. Vermeersch-Creusen, *Epitome Iuris Canonici* (6. ed., 3 tomi, Mechliniae-Romae, H. Dessain, 1937-1946, tom. I, 7, ed., 1949), I, n. 581, pp. 432-433 (posthinc hoc opus citabitur *Epitome*); Maroto, "Consultationes," *Commentarium pro Religiosis* (ab anno 1935: *Commentarium pro Religiosis et Missionariis*, Romae, 1920-), V (1924), 344 (posthinc haec ephemeris citabitur siglis *CpR*).

[56] Cf. Coronata, *Institutiones Iuris Canonici* (5 voll., Voll. I-IV, 3, ed., Vol. V, 2, ed., Taurini-Romae: Marietti, 1947-1948), I, n. 500, p. 592 (posthinc hoc opus citabitur *Institutiones*); Larraona, "Commentarium Codicis," *CpR*, II (1921), 138; Vermeersch-Creusen, *Epitome*, I, n. 581, p. 433.

[57] "Suppono statum religiosum duobus modis constitui posse per se loquendo, et ipsa natura rei considerata: unus modus est in communitate

vitam communem non requiri nec ratione status qua talis nec ratione perfectionis persequendae. Haec est ratio cur casus fuerunt quibus etiamsi saeculo aliqui viverent, ex eo quod vota emiserant ut religiosi habebantur. [58]

Sed quidquid sit de iure veteri, hodie certum est ex canone 594 vitam communem ab omnibus omnino religiosis, et proinde etiam a parochis et aliis qui curam animarum habent, observandam esse. [59] De facto, teste experientia, ordinarie domus religiosa cum ecclesia parochiali coniuncta est, ideoque vita communis a parocho religioso in ipsa domo religiosa servatur. Si vero parochus habitat extra locum residentiae communitatis, tunc Superiores semper curant ut plures vel *saltem duo religiosi* una cum parocho religioso in eiusdem loco residentiae *commorentur.* Non desunt tamen loci ubi, ratione parcitatis sacerdotum in genere et religiosorum in specie, Superiores ad regendas paroecias eorum Provinciis unitas religiosum qui omnino solus vivere debet parochum nominare coguntur. In hoc casu vita communis pro illo religioso practice impossibilis est; sed cum ii casus sint exceptionales et non ordinarii, nequit ex illis deduci aliqua incompatibilitas quae capacitatem auferat religiosorum ad curam animarum obtinendam.

Hoc tamen non obstante, Superiores qui in specialibus adiunctis non possunt quin tales designationes faciant, in mente habere debent intentionem Ecclesiae esse ut nullus religiosus, etiamsi sit parochus, omnino solus extra domum religiosam habitet, et proinde obligationem habere sese menti Ecclesiae conformandi, quod facere possunt si curant ut, mutatis circumstantiis, dentur socii parocho religioso quibuscum vitam communem servet. Mens Ec-

religiosa, alius est in vita solitaria."—Suarez, *De Religione,* tr. VII, lib. II, cap. IV, n. 1, in *Opera Omnia,* XVI, 127.

[58] Cf. Victorius ab Appeltern, *Compendium Praelectionum Iuris Regularium* (2. ed., Parisiis-Tornaci, 1913), p. 9.

[59] Hoc verum est de iure Codicis, etiamsi disputetur inter auctores an vita communis hodie ad essentiam ipsam status religiosi pertineat, necne, ideoque utrum aliqui possint esse religiosi quin vitam communem servent. Verba enim can. 594, §1: "In omni religione vita communis accurate ab omnibus servetur..." valde explicita sunt. Pro diversis opinionibus controversiae citatae cf. Coronata, *loc. cit.;* Larraona, *loc. cit.;* Vermeersch-Creusen, *loc. cit.*

clesiae apparet ex eo quod, quamvis hodie nullibi in Codice explicite obligatio socios secum habendi urgeatur, sicut in iure antiquo fiebat, attamen S. Sedes in Indice Facultatum Nuntiis, Internuntiis, etc., concessarum ut possint Ordinariis locorum facultatem largiri praeficiendi religiosos paroeciis saecularibus, semper cavetur ut saltem duo alii religiosi cum parocho cohabitent. [60] Praeterea mens Ecclesiae quoad rem satis etiam apparere videtur ex can. 630, §1, ubi dicitur religiosum qui paroeciam regit, sive titulo parochi sive titulo vicarii, manere adstrictum ad observantiam votorum et constitutionum, quatenus haec observatio potest cum muneris sui officiis consistere. Vita enim communis non solum a constitutionibus sed etiam a iure communi exigitur, et indubitanter consistere potest cum muneribus officii parochialis.

Adhuc autem quaeri potest utrum, probata capacitate religiosorum ad curam animarum exercendam in paroeciis pleno iure unitis, religiosi semper esse debeant qui in illis paroeciis munere vicarii actualis fungantur. Non una est quoad hoc doctorum sententia. Aliqui, uti Beste, [61] Chelodi (1880-1922) [62] et Coronata [63] defendunt possibilitatem nominationis alicuius sacerdotis saecularis ad tale munus. E contra, Santamaria, [64] Wernz (1842-1914)—

[60] Cf. *Acta Apostolicae Sedis, Commentarium Officiale* (Romae, 1909-), XIII (1921), 17 sqq. (posthinc haec ephemeris citabitur siglis *AAS*).

[61] Cf. *Introductio in Codicem* (3, ed., Collegeville, Minn: St. John's Abbey Press, 1946), p. 302.

[62] Cf. *Ius Canonicum de Personis* (3, ed. curavit P. Ciprotti, Vicenza: Societá Anonima Tipographica, 1942), p. 361 (posthinc hoc opus citabitur *De Personis*).

[63] Cf. *Institutiones,* II, n. 981, p. 377. Delgado in *op. cit.,* p. 37, nota 63, huic auctori contrariam opinionem tribuit, sed improprie, quia Coronata, *loc. cit.,* dicit: "Non necessario debet designari vicarius religiosus, sed saltem in casu necessitatis, *potest* designari etiam sacerdos saecularis." Uti patet, non absolute, sed cum aliqua haesitatione suam doctrinam proponit, quod confirmatur ex eo quod in nota 5 citatae paginae scribit: "cfr. tamen c. 1411, n. 2."

[64] Cf. *Comentarios al Código Canónico* (6 voll., Madrid, 1920-1922), IV, 282.

Vidal (1868-1939), [65] Bastnagel, [66] Ayape [67] et Delgado [68] docent vicarium religiosum designari debere pro dictis paroeciis quin sacerdos saecularis possit aliquando tali munere fungi. Primam sententiam tenentes nullum argumentum offerunt et doctrinam suam fundare videntur in verbis "Superior potest sacerdotem suae religionis. . . nominare" can. 1425, §2, et illis "assignata eidem congrua fructuum portione" et "Vicarius si sit religiosus" § §1, 3, can. 471, quia talia verba possibilitatem nominationis sacerdotis non religiosi admittere videntur.

Pro secunda sententia Delgado sequentia argumenta offert: a) Quando agitur de paroecia pleno iure unita, beneficium est religiosum, ideoque a religiosis administrari debet iuxta can. 1442, in quo legitur: "Beneficia saecularia nonnisi clericis e clero saeculari conferenda sunt; religiosa sodalibus illius religionis, ad quam beneficia pertinent." b) Verbum *potest* in can. 1425, §2, adhibitum non significat Superiorem posse nominare non religiosum, sed interpretandum est ratione habita §1 et cum verbo *debet* eiusdem, ita ut sensus sit: in incorporatione facta semipleno iure, de qua in §1, Superior *non potest* nominare religiosum; in incorporatione vero pleno facta iure, de qua in §2, Superior *potest* talem nominare.

Quaenam sententia maiori probabilitate gaudet? Secunda, ut videtur, et ex sequentibus rationibus: Can. 1442 una cum can. 1411, 2º, clare praecipit ut beneficia religiosa nonnisi a religiosis administrari debeant; iamvero, paroeciam pleno iure unitam esse religiosum beneficium ab omnibus admittitur, [69] vel saltem admitti

[65] Cf. *Ius Canonicum* (7 voll. in 8, Romae: Apud Aedes Universitatis Gregorianae, 1923-1938. Voll. II [1943] et V [1946], 3, ed., a Ph. Aguirre recognita), II, 944.

[66] Cf. *The Appointment of Parochial Adjutants and Assistants*, pp. 163-166.

[67] Cf. *Ius Parochi Religiosi* (Bogotae: Pontificia Universitas Xaveriana, 1943), pp. 48-50.

[68] Cf. *De Relationibus*, p. 37.

[69] Mundy, e. gr., qui in quaestione utrum in unione pleno iure facta proprietas bonorum beneficii transeat ad domum religiosam, sententiam negativam tenet, etiam hoc admittit quando interpretatur verba *paroecia fit religiosa* can. 1425, §2, modo suae sententiae congruenti. Cf. *The Union of Parishes*, p. 83.

debet, quia verba "paroecia fit religiosa" can. 1425, §2, certe hoc indicant, quamvis aliunde disputetur an talis sit eorum vis ut etiam proprietatem bonorum beneficii, et non solum titulum perpetuum eiusdem, concedat; [70] ergo paroecia pleno iure unita nonnisi a religiosis administrari potest; ergo ibidem solummodo religiosus tanquam vicarius actualis constituendus est. Caeterum, auctori huius opusculi videtur hoc tam clare deduci ex canonibus citatis ut talis interpretatio tanquam principium in hac re considerari debeat, et si quae difficultates ex aliis canonibus surgere videantur, salva semper incolumitate talis principii, solvendae et explicandae sint. Haec opinio firmatur quia principium in can. 1442 et 1411, 2º contentum iam in iure veteri inveniebatur, [71] et proinde, ad mentem can. 6, 4º, non est ab eo recedendum nisi evidenter probetur illud mutatum fuisse a iure hodierno. Contra intentum autem probationis huiusmodi stat can. 1442.

Hoc admisso, valde rationabilis apparet interpretatio verbi "potest" can. 1425, §2, a Delgado proposita et adhuc melior illa a Bastnagel facta dum affirmat verbum "potest" can. 1425, §2, optionem Superiori religioso concedere quae versat circa ideam applicationis qualitativae iuris, praescindendo omnino a consideratione modi necessarii iuxta quem tale ius in praxi exerceri debet. Can. 1425, §2, ita prosequitur auctor, simpliciter non statuit utrum ius Superioris sit optativum vel imperativum. Consideratio huius rei relinquitur canonibus in quibus specificatio huius quaestionis est valde clara et errori non obnoxia. [72].

Verba autem "assignata eidem congrua portione," quae inutilia prorsus essent pro religioso qui omnia quae intuitu personae acquirit monasterio acquirit, et illa "vicarius si sit religiosus," nullam difficultatem pariunt, si in mente habetur canonem 471 non

[70] Pro hac controversia cf. *infra*, pp. 46 et sqq.

[71] "...Ecclesias..., beneficia huiusmodi, illa videlicet quae consueverunt per saeculares clericos gubernari, saecularibus clericis; alia vero quae religiosis dumtaxat committi sunt solita vel conferri, religiosis monasteriorum... conferendo."—c. un., *de supplenda negligentia praelatorum,* I, 5, in Clem.

[72] Cf. *The Appointment of Parochial Adjutants and Assistants,* pp. 165-166.

loqui dumtaxat de casibus in quibus paroecia pleno iure unitur alicui domui religiosae, sed etiam includere casus in quibus talis unio ecclesiae capitulari vel alii personae morali fit et in quibus perfecte applicari possunt dicta verba. Dici potest proinde sensum can. 471, §3, pro hac re esse: "Vicarius si sit religiosus [quia paroecia domui religiosae pleno iure unita est] est amovibilis. . .; ceteri omnes vicarii [nominandi ad normam §1 ex sacerdotibus saecularibus, quia parochia non est unita domui religiosae] ex parte. . ."

CAPUT II

DE NATURA ET EFFECTIBUS UNIONIS PLENO IURE PERACTAE DOMUM RELIGIOSAM INTER ET ALIQUAM PAROECIAM

Articulus 1. Evolutio Historica

Natura et effectus unionis paroeciarum pleno peractae iure paulatim in legislatione canonica prae-Tridentina evolvuntur, in scriptis praesertim Decretistarum, Decretalistarum et Glossatorum. Nec mirum quidem, quia ipsa unio nonnisi decursu saeculorum mediaevalium apparet, ut videbitur in paragrapho prima huius articuli. Quia Suarezius ampliori modo tractat de hac re, eius doctrina una cum legislatione post-Tridentina in secunda paragrapho succinte exponetur.

Paragraphus I. Legislatio et doctrina ante Suarezium.

In saec. IX, ac praecise anno 847, Concilium Moguntinum in suo capite 13 prima vice mentionem fecit de parochiis quae sub cura monachorum erant, uti iam dictum est. [1] Iamvero, in illo tempore in quo primum constat religiosos parochias rexisse, vel saltem in quo documenta inveniuntur quae de hac re loquuntur, aliquam speciem unionis exstitisse monasterium inter et paroeciam certum est, uti dixit Hinschius (1835-1898), [2] quocum concors est Delgado. [3] Isti auctores docent tres causas fuisse quarum vi relationes monachorum cum paroeciis ab ipsis administratis oriebantur, nempe: a) laici, qui ecclesias usurpaverant vel aedificaverant, illas monachis donabant; b) ipsi Episcopi ecclesiarum donationem

[1] Cf. *supra*, p. 4.

[2] Cf. *Das Kirchenrecht der Katholiken und Protestanten in Deutschland* (6 voll., Berlin, 1869-1897), II, 436.

[3] Cf. *De Relationibus*, p. 22.

monachis faciebant; c) monachi ipsi ecclesias aedificabant. Prima causa sine dubio communior erat in saec. IX, sed quia pluries illi ius patronatus addebatur, tunc sacerdos saecularis in ipsis de animis curabat. Attamen, verba Concilii Moguntini, "de ipsis vero titulis quibus constituti fuerint...," maiorem unionem quam solum ius patronatus insinuare videntur, quin tamen possibile sit eius naturam exacto modo determinare, quia documenta et fontes desiderantur.

Unio paroeciarum quoad temporalia facta clare definita iam invenitur in saec. XI. Concilium enim Claromontanum anni 1095, sub Urbano II (1088-1099) celebratum, expresse regulas statuit iuxta quas talis unio regi debebat. [4]

Unio pleno effecta iure parochiarum, prima vice et quidem modo incidentali ab Alexandro III in Concilio Lateranensi III (1179) referebatur. Ibi enim Pontifex indirecte aliquos effectus eiusdem indicavit quia, dum dixit "in ecclesiis vero suis [scilicet monachorum], quae ad eos pleno iure non pertinent, instituendos presbyteros Episcopis repraesentent ut eis de plebis cura respondeant. Ipsis vero pro rebus temporalibus rationem exhibeant competentem", [5] definivit quaedam iura Superiorum religiosorum in paroeciis monasteriis unitis quoad temporalia tantum, et simul insinuavit alia iura Superiorum in paroeciis pleno iure unitis. Attamen hoc non est clarum, et necesse est recurrere ad doctrinam Decretistarum primum, et postea Decretalistarum, ad hoc ut clarior doctrina de hac re inveniatur. Inter primos, Ioannes Teutonicus (†1245) explicite docuit monachum posse parochiae monasterio quoad temporalia et spiritualia unitae praeesse. Naturam istius unionis non descripsit, sed utique affirmavit monachum in tali

[4] "Sane... statuimus, ne in parochialibus Ecclesiis, quas tenent, absque Episcoporum consilio presbyteros collocent, sed Episcopi parochiae curam cum Abbatum consensu sacerdoti committant, ut eiusmodi sacerdotes de populi quidem cura Episcopis rationem reddant, Abbati vero pro rebus temporalibus ad monasterium pertinentibus debitam subiectionem exhibeant, et sic sua cuique iura serventur..."—c. 6, C. XVI, q. 2. Cf. Mansi, XX, 902. Hic canon invenitur etiam in fine canonis 1 Concilii Nemausensis anni 1096. Cf. Mansi, XX, 937.

[5] C. 3, §2, X, *de privilegiis et excessibus privilegiatorum,* V, 33. Cf. Mansi, XXII, 223.

casu Abbati subiectum manere et non liberari nisi ab observantia ieiuniorum, vigiliarum et silentii. [6] Praeterea, dum commentatur canonem Concilii Claromontani supra citatum, aperte declarat normas ibidem datas valere tantum pro paroeciis non pleno iure incorporatis; unde iuxta ipsum normae istae nullum valorem habuerunt pro paroeciis pleno iure unitis. [7]

Eodem saec. XIII iam aliqua controversia oriebatur circa effectus unionis pleno iure peractae, quia dum Bernardus Parmensis († 1263), auctor *Glossae Ordinariae* in Decretales Gregorii IX, asserebat Episcopum nullam habere potestatem supra sacerdotem in parochia pleno iure unita curam animarum exercentem, eiusdemque institutionem et destitutionem ad Abbatem pertinere, [8] Hostiensis († 1271) ab hac opinione dissensit, et docuit Episcopum ius sacerdotem instituendi et destituendi habere etiamsi ecclesia sit monasterio pleno iure unita, et ratio erat in eo quod principium: "quandocumque et ubicumque Episcopus concedit curam animarum sacerdoti, semper institutio et destitutio ad Episcopum spectat et non ad Abbatem," etiam in hoc casu valet, salvis delegationibus et privilegiis ab aliquibus, e. gr. Praemonstratensibus, habitis. [9]

Saeculo XIV ineunte, Clemens V (1305-1314) in Concilio Viennensi anni 1311 distinctionem fecit inter ecclesias solum a clericis saecularibus gubernandas et ecclesias religiosis dumtaxat conferendas. [10] Sed maioris momenti est epistola a Benedicto XI (1303-1304) Priori Dominicano conventus Perusini missa die 13 maii, anno 1304. Quia in illa continetur initium legislationis usque ad C. Tridentinum duraturae, hic transcribetur ad verbum illa epistolae pars quae directe thema huius paragraphi respicit:

Cura vero parochianorum dictae Ecclesiae S. Stephani,

[6] Cf. *Glossa Ordinaria* ad c. 3, C. XVI, q. 1, s. v. *discedere.*

[7] Cf. *Glossa Ordinaria* ad c. 6, C. XVI, q. 2.

[8] Cf. *Glossa Ordinaria* ad c. 3, §2, X, *de privilegiis et excessibus privilegiatorum,* V, 33, s. v. *pleno iure.*

[9] Cf. *Comentaria,* lib. III, tit. 37, *de cappellis monachorum et aliorum religiosorum,* c. 1, n. 1.

[10] Cf. c. un., *de supplenda negligentia praelatorum,* I, 5, in Clem.

tibi, fili Prior, et successoribus tuis, Prioribus dicti loci, qui pro tempore fuerint, immineat ; ipsamque per Cappellanum exerceatis eundem, cuius institutionem, et destitutionem, quoties videritis opportunum, ad vos decernimus pertinere. Nolumus tamen, quod venerabili Fratri nostro Episcopo Perusino, vel eius successoribus, qui pro tempore fuerint, sitis in aliquo vos, vel idem Cappellanus, ratione dictae curae, subiecti, vel sibi teneamini de cura Plebis aliquatenus respondere, aut aliquam de spiritualibus, vel temporalibus reddere rationem. [11]

Notetur imprimis, iuxta textum istius epistolae, Priori habitualem animarum concessam fuisse curam, quam tamen actualiter per vicarium vel cappellanum exercere debebat. Notetur praeterea absoluta independentia cappellani vel vicarii ab auctoritate episcopali, et consequenter absoluta competentia in curam animarum Superiori locali concessa.

Caeterum, easdem concessiones Pontifices plures fecerunt religiosis in decursu saeculorum subsequentium, ita ut absoluta cum certitudine affirmari possit tales concessiones ius commune constituisse ab hoc tempore usque ad C. Tridentinum. Hoc facile probatur ex epistola Eugenii IV (1431-1447) Priori Dominicano conventus Firmani missa die 9 octobris, anno 1440, [12] ex litteris Sixti IV (1471-1484) datis die 10 maii, anno 1477, [13] ex epistola quam Innocentius VIII (1484-1492) scripsit Episcopo Cordubensi die 26 aprilis, anno 1487, et illa diei 28 octobris eiusdem anni, [14] et denique ex declarationibus Iulii II (1503-1513) die 29 iunii, anno

[11] Cf. *BOP,* II, 101.

[12] "Nos... volumus et Apostolica auctoritate concedimus vobis, quod de cetero perpetuis futuris temporibus, singuli fratres in sacerdotio constituti praefatae domus praesentes et futuri, quos Prior pro tempore exsistens dictae domus, quoties sibi expedire videbitur, ad id simul, vel successive duxerit eligendos, seu deputandos, curam animarum omnium et singulorum parochianorum praesentium et futurorum Cappellae huiusmodi exercere... libere et licite, possint et valeant." Cf. *BOP,* III, 130. Cf. praeterea *BOP,* III, 153 et 154.

[13] Cf. *BOP,* III, 571.

[14] Cf. *BOP,* IV, 24 et 70.

1509, et Clementis VII (1523-1534) die 12 iunii, anno 1526, in quibus omnibus eadem semper doctrina continetur. [15]

Ioannes Andreas (1272-1348) duos distinxit modos secundum quos religiosi regimini paroeciarum (saecularium, ut videtur) dedicari poterant, unus, nempe, in quo *in perpetuum,* et alius, in quo *ad nutum* tali ministerio fungebantur. In primo casu religiosi ab auctoritate Abbatis liberabantur, in secundo sub ea manebant et in quolibet momento revocari poterant ad monasterium, et hac de causa *obedentiarii* appellari consueverant. [16]

Haec distinctio, duobus saeculis transactis, applicabatur etiam paroeciis pleno iure unitis a Martino de Azpilcueta seu Navarro (1493-1586). Iste enim auctor, quando tractavit quaestionem de bonis a parocho religioso acquisitis et suam doctrinam exposuit circa religiosum regentem paroeciam non pleno iure unitam, immediate addidit eandem doctrinam valere pro religioso paroeciam pleno iure unitam regenti, dummodo religiosus non fuerit ad nutum amovibilis et culpam non commiserit cuius vi amotione dignus fuerit. [17] Iamvero ex documentis pontificiis supra citatis clare deducitur religiosum paroeciam pleno iure unitam regentem semper ad nutum amovibilem fuisse; unde ex doctrina Navarri admittere necesse est duas species unionis pleno iure peractae tunc temporis exstitisse, una, scilicet, in qua religiosus erat amovibilis ad nutum et quidem Superioris religiosi, et altera in qua hoc locum non habebat. Auctor autem huius opusculi, inter fontes canonicas quas consulere potuit, nullam invenit legislationem quae talem distinctionem statuerat.

Navarrus etiam docuit paroeciam, non obstante eius unione pleno iure peracta, tanquam distinctum subiectum iuris bona acquirendi capax mansisse. Ad suam sententiam probandam sequens argumentum evolvit: [18] c. un., *de supplenda negligentia praela-*

[15] Cf. *BOP,* IV, 259 et 451, respective.

[16] Cf. *Glossa Ordinaria* ad c. 1, *de statu monachorum et canonicorum regularium,* III, 10, in Clem., s. v. *ad claustrum.*

[17] Navarrus, *Opera Omnia* (6 voll., Venetiis, 1618-1621), II, 233.

[18] Ad hoc argumentum intelligendum prae oculis habere oportet sequentem canonem C. Viennensis anni 1311: "...quia regulares Praelati... ecclesias aut quaevis alia beneficia ad eorum dispositionem spectantia, cum

torum, I, 5, in Clem. beneficia ad nutum amovibilia aequiparat cum inamovibilibus, Concilium enim Praelatis praecipit ut illa conferant intra sex menses, spatium temporis intra quod ista etiam conferri debebant. Concilium praeterea declarat Superiores mensis suis beneficia ad nutum amovibilia unire non posse, nec novas pensiones illis imponere aut antiquas augere, immo nec eorum fructus tempore vacationis sibi applicare; atqui, ita Navarrus prosequitur, si fructus beneficii ad nutum amovibilis Praelato vel monasterio parochi religiosi cederent, a fortiori Superiores potuissent pensiones imponere vel illas augere vel beneficia mensis suis unire, quod tamen a Concilio prohibetur; ergo... Alia vero ex parte, si, uti legitur in Clementina, nec fructus beneficio tempore vacationis obvenientes ad monasterium pertinent, multo minus monasterii dicendi erunt illi fructus qui beneficio obveniunt quando ecclesia non vacat: maior enim adest ratio ad hoc ut fructus tanquam monasterii consideretur in primo casu in quo ecclesia administratore caret, quam in secundo in quo utique administratorem habet. [19]

Paragraphus II. Legislatio et doctrina a Suarezio usque ad Codicem

Suarezius (1548-1617) eandem ac Navarrus proposuit doctrinam quoad capacitatem paroeciae, etiam post unionem pleno iure effectam, ad bona propria habenda. Fundavit pariter suam

vacant, interdum committere negligunt vel conferre infra tempus in Lateranensi Concilio [III, nempe, qui sex menses concedit ad illa conferenda.—c. 2, X, *de concessione praebendae et ecclesiae non vacantis,* III, 8] constitutum: dioecesani... negligentiam suppleant eorundem... Eadem quoque auctoritate dioecesani suffulti nullo modo permittant, quod iidem Praelati... ecclesias... huiusmodi applicent mensis suis, pensionesve novas eis imponant, aut veteres augeant, sive quae ipsis de novo impositae, sive auctae solvantur. Praemissa vero de... ecclesiis intelligimus quae non sint de mensa Praelatorum ipsorum, sed speciales... administratores consueverunt habere: licet priores administratores huiusmodi libere possint ad claustrum revocari. In quibus etiam Const. Bonifacii VIII [Cf. c. 9, *de officio ordinarii,* I, 16, in VI°] bona beneficiorum vacantium occupari a Praelatis vel aliis prohibentem... locum sibi censuimus vindicare."—c. un., *de supplenda negligentia praelatorum,* I, 5, in Clem.

[19] Cf. Navarrus, *Opera Omnia,* II, 235.

doctrinam in Clementina a Navarro citata, sed aliquid amplius addidit obiectiones solvendo. Argumentum in Clementina fundatum ita exponi potest: Si in isto capite Superiores prohibentur bona beneficiorum sibi adnectere, ratio in eo est quod supponitur quaesita ex fructibus beneficii non pertinere ad monasterium; secus non intelligitur quare Superiores capaces non sint novas pensiones imponendi, immo et reservandi sibi aut monasterio omne id quod necessarium non est beneficiario in adimpletione sui muneris. Nec recte obiici potest, ita Suarezius, citatam Clementinam loqui solummodo de pensionibus pro mensis Praelatorum, et non de pensionibus pro monasterio, quia ista distinctio non valet, ex eo quod Superior qua talis et monasterium una et eadem res sunt, et proinde unum et idem est eorum ius. [20] Idem auctor etiam ut fundamentale principium sequentia tenuit: "eadem est proportio beneficii perpetui respectu totius temporis, et beneficii temporalis respectu temporis quo durat; semper enim beneficium et fructus eius debent in commodum ecclesiae redundare." [21]

Non negatur tamen a Suarezio possibilitas exsistentiae aliquarum unionum etiam pleno iure peractarum in quibus, ex speciali concessione R. Pontificis, quidquid supra dictum est et infra addetur, applicari non potest, et in quibus proinde etiam id quod intuitu ecclesiae acquiritur ad monasterium pertinet. Suum argumentum prosequendo explicite hanc exceptionem admisit et simul clare determinavit limites suae doctrinae declarando illam applicabilem esse tantum quando quaestio agitatur an, ex eo quod parochus tanquam persona religiosa suo monasterio et Superiori est subiecta, sequatur talem parochum monasterio acquirere id omne quod intuitu ecclesiae, et quidem alicuius particularis ecclesiae, datur. Huic praecisae quaestioni respondit Suarezius dicendo subiectionem parochi religiosi disciplinae sui monasterii non obstare, quia religiosus obedire debet secundum regulam quam professus est, et secundum iura a monasterio habita; iamvero "ditare monasterium ex bonis ecclesiae non pertinet ad obedientiam secundum regulam, neque ad ius monasterii"; ergo obedientia

[20] Cf. Suarez, *De Religione,* tr. IV, lib. III, cap. XIX, n. 8.—*Opera Omnia,* XVI, 418.

[21] Cf. Suarez, *loc. cit.*

non requirit a religioso ut acquirat monasterio ea quae intuitu ecclesiae dantur. [22]

Paucis verbis doctrina Suareziana ita exponi potest: Quamvis in sua argumentatione citatus auctor clare loquatur de beneficiis (et proinde de paroeciis) pleno iure monasteriis unitis, videtur tamen distinguere inter monasterium cui unitur paroecia, ex una parte, et paroeciam unitam ex altera, tanquam si ageretur de duobus distinctis subiectis etiam post unionem pleno iure factam, et haec est ratio cur ille loquatur de iuribus ecclesiae et de rebus quae ipsi acquiruntur.

Hic tamen modus intelligendi unionem pleno iure factam absolute diversus est ab eo quem proposuerunt canonistae eiusdem epochae Suarezii et omnes alii qui usque ad annum 1918 scripserunt. Hoc patet quia Garcia († 1613), [23] A. Barbosa (1589-1649), [24] Cardinalis de Luca (1614-1483), [25] Pirhing (1606-1679), [26] Reiffenstuel (1642-1703), [27] Van Espen (1646-1728), [28] et Schmalzgrueber (1663-1735), [29] inter antiquos, docuerunt in unione pleno iure facta beneficium unitum fieri pars proprietatis personae moralis cui unitur. Huius asserti veritas probatur testimoniis omnium auctorum supra citatorum, hic tamen brevitatis causa, duo tantum testimonia afferentur: Garcia ait: "...per istam tamen unionem [nempe, pleno iure factam] omnia emolumenta beneficii uniti transeunt in Ecclesiam cui facta est unio et ad eam pertinent." De Luca autem scripsit: "...effectus ille est praecipue

[22] Cf. Suarez, *ibid.*, n. 9—*Opera Omnia,* XVI, 418.

[23] *De Beneficiis Ecclesiasticis,* pars III, cap. II, n. 34.

[24] *Pastoralis Sollicitudinis seu de Officio et Potestate Episcopi* (Lugduni, 1656), pars III, alleg. LXVI, n. 34.

[25] *Theatrum Veritatis et Iustitiae in XVI Tomis* (8 voll., Coloniae Agrippinae, 1706), tr. *De Regularibus,* tom. III, pars I, discurs. XXV, n. 5.

[26] *Ius Canonicum in Quinque Libros Decretalium Distributum* (5 voll., Dilingae, 1674-1678), lib. III, sect. VI, §1, CCII.

[27] *Ius Canonicum Universum* (ed. noviss., 7 voll., Parisiis, 1864-1870), lib. III, tit. XII, §3, nn. 45-46.

[28] *Ius Ecclesiasticum Universum* (10 voll., Venetiis, 1769), pars II, tit. XXIX, n. 10.

[29] *Ius Ecclesiasticum Universum* (5 voll. in 12, Romae, 1843-1845), lib. III, tit. XXXVII, nn. 10-12.

ut res unita priorem essentiam ipsumque nomen amittat atque efficiatur praedium rei dominantis, cui de consequenti pertinet omnimoda administratio quam de reliquis bonis ac praediis habet."

Ex istis proinde auctoritatibus concludere licet quod casus de quibus Suarezius loquebatur dum affirmabat: "Possunt autem esse alia beneficia etiam manualia, seu quod idem est, ad nutum auferibilia, et pleno iure ad monasterium seu Praelatum eius pertinentia, quorum reditus non sunt applicati monasterio nec mensae abbatiali," [30] exceptiones erant regulae, et quod casus communes unionis pleno iure factae erant illi de quibus idem auctor loquebatur quando scripsit: "Adesse possunt beneficia sic unita monasterio ex speciali gratia Pontificum in quibus non applicatur Clementina. . ." [31]

Hac conclusione vero minime hic intendit scriptor negare exsistentiam unionis effectae eo modo quo eam peractam Navarrus et Suarezius supponunt.

Et hoc prae oculis habito, concludere etiam licet quod a tempore auctorum supra citatorum saltem usque ad Const. *Romanos Pontifices* Leonis XIII mutatio in iure circa hanc rem admittenda est, quia post illos, ut iam prius dictum est, omnes alii qui de hac re scripserunt unanimiter nonnisi de pleno iure peracta unione locuti sunt in qua proprietas beneficii ad monasterium transit. Ad hoc probandum hic tantum unum testimonium recensetur, illud nempe ab Aichner (1816-1911) allatum, in quo clarissime statuitur quod "mediante hac unione [pleno iure facta] mutatur status et natura beneficii uniti, adeo, ut quoad titulum extinguatur et desinat esse beneficium, ut fiat pars seu praedium alterius cui unitur." [32] Cum illo etiam concordes sunt Bouix (1808-1870), [33] Santi (1830-1885) [34] et Wernz (1842-1914). [35]

[30] Cf. Suarez, *ibid.*, n. 9—*Opera Omnia,* XVI, 418.

[31] Videlicet, c. un., *de supplenda negligentia praelatorum,* I, 5, in Clem., quod *supra,* pp. 27-28, transcriptum fuit.

[32] *Compendium Iuris Ecclesiastici* (6, ed., Brixinae, 1887), §79, n. 2, p. 264.

[33] *De Jure Regularium,* II, 16.

[34] *Praelectiones Juris Canonici* (4 ed., 5 voll. in 3, Ratisbonae, 1904-1905), lib. III, tit. V, n. 92.

[35] *Ius Decretalium,* tom. II, pars. II, tit. XIII, n. 274.

Concludi denique potest quod, quidquid fuerit iurisprudentia tempore Navarri et Suarezii, post illos ex doctrina communi evidens erat bona beneficii parochialis cessisse dominio monasterii, mediante unione pleno iure facta, et hoc erat magni momenti, quia tunc Superior religiosus ius habebat cognoscendi circa administrationem talium bonorum, excluso quidem ipso Episcopo dioecesano.

Leo XIII die 18 maii, anno 1881, edidit Constitutionem Angliae missam, qua statuuntur et confirmantur plurima circa administrationem bonorum paroeciis missionalibus et earum parochis obvenientium, simulque definiuntur quaenam bona missioni et quaenam parocho oblata censenda sint, et quommodo dignosci possit offerentium voluntas. Iam ex hoc patet magnum momentum istius Constitutionis; sed praeterea notandum est quod distinctio bonorum, uti supra indicata, duplicem distinctam administrationem exigit in omnibus paroeciis missionalibus, et talis exigentia consequentias gignit practicas quando agitur de illis paroeciis quae religiosis concreditae sunt, quia de administratione bonorum intuitu missionis datorum utique Episcopus cognoscere potest ac debet. Prae oculis haberi etiam debet quod Constitutio *Romanos Pontifices* (de ea enim hic agitur), uti iam dictum est, regioni missionali data fuit et in materia de qua hic loquitur fundatur in decretis Concilii Westmonasteriensis II (Westminster, 1855). Agitur proinde de iure particulari dato quidem pro loco missionum.

Attamen post eius promulgationem, aliae quoque regiones non missionales, approbatione accedente pontificia, observare eam incoeperunt. Inter alias, citari possunt omnes regiones Americae Latinae, quae vi decreti 296 Concilii Plenarii Latino-Americani, anno 1899 Romae habiti, illam acceperunt. [36] Istud enim decretum dicit:

> Ad praecipuas difficultates et minus rectas iuris interpretationes e medio tollendas, ad iura utriusque cleri, saecularis

[36] Cf. *Acta et Decreta Concilii Plenarii Americae Latinae in Urbe Celebrati Anno Domini* MDCCCXCIX (Romae: Typis Polyglottis Vaticanis, 1902), tit. III, cap. XIV, n. 296, pp. 139-140 (posthinc hoc opus citabitur siglis *ADCPAL*).

scilicet et regularis, melius dignoscenda, et ad tutiorem normam habendam a Ssmo. D. N. Leone XIII impetravimus extensionem ad totam American Latinam laudatae Constitutionis *Romanos Pontifices,* VIII idus maii 1881 ab Ipso editae pro regularibus Angliae, et ad plurimas totius Orbis regiones, etiam Americanas, deinceps extensae." [37]

In alio eiusdem Concilii decreto legitur:

> Denique quoad bona, Regularibus, non qua Regularibus, sed intuitu missionis (vel paroeciae) collata, standum est normis citati Synodi Westmonasteriensis, prae oculis habitis praescriptionibus eiusdem Constitutionis quae incipit: *Romanos Pontifices.* [38]

Haec autem acceptatio ab aliis quoque regionibus facta non sustulit, ut patet, characterem particularem Constitutionis; attamen, factum ipsum extensionis eius momentum etiam indicat, et hoc insuper ostenditur si consideratur quod hodiernus Codex plurima ex illa sumpsit.

Cum verba Constitutionis valde clara sint, hic tantum transcribuntur eae omnes paragraphi quae ad rem hic tractatam pertineant, dictis adhuc in notulis notatu dignis. Dictum etiam fuit supra, et in textu Constitutionis invenietur, Concilium Westmonasteriense II sancitum in Constitutione fuisse, et aliunde Concilium Latino - Americanum illud etiam acceptavit, quare eius decreta, propter relationem cum materia hic discussa, etiam addentur.

Textus Constitutionis Leoninae est sequens:

[37] Cf. *ADCPAL, loc. cit.*

Approbatio petitionis invenitur in eodem opere pp. CIX-CX, ubi legitur: "XIII. Ut Sanctitas Vestra Constitutionem *Romanos Pontifices* editam VIII idus maii 1881, ad universam americam Latinam extendere dignetur."

Ex audientia Ssmi. die 1a. ianuarii 1900 . . .ad XIII pro gratia in perpetuum.

[38] Cf. *ADCPAL, ibid.,* n. 300, p. 141.

§23. Nunc ad illud progreditur controversiae caput in quo de temporalibus missionum bonis disputatum est. Ex liberalitate fidelium ea parta bona sunt, qui cum sua sponte et voluntate dona largiantur, vel intuitu missionis id faciunt, vel eius qui missioni praeest. Iam si missionis intuitu donatio contigerit, ambigi solet, an viri religiosi quibus donum sit traditum, accepti et expensi rationem reddere Episcopo teneantur. Atque istud quidem fieri oportere, Sacrum Consilium christiano nomini propagando super dubio proposito ob missiones Britannicas religiosis Ordinibus sive Institutis commissas die XIX aprilis MDCCCLXIX, rescripsit in haec verba: "1º Missionarii regulares bonorum temporalium, ad ipsos *qua regulares* spectantium, rationem Episcopo reddere non tenentur. 2º Eorum tamen bonorum, quae missioni, vel regularibus *intuitu missionis* tributa fuerunt, Episcopi ius habent ab iisdem missionaribus regularibus, aeque ac a parochis cleri saecularis, rationem exigendi." Quo vero tabulis accepti et expensi ratio constaret, sacer idem Coetus die X maii anno MDCCCLXVIII, in mandatis dederat ut bona missionum diligenter describerentur, ea secernendo quae propria missionis essent ab iis quae ad sodalitia sodalesve singulos pertinerent.

§24. Nihil enimvero in his decernendis vel praecipiendis est actum, quod iuris communis doctrinis vulgatissimis apprime non congruat. Nam quaevis oblatio parocho aut alteri Ecclesiae Rectori data piae cuiusdam causae intuitu, ipsimet piae causae acquiritur. Ex quo fit, ut qui rem pecuniamve oblatam accepit administratoris loco sit, cuius est illam erogare iuxta mentem et consilium largitoris. Quoniam vero administrantis officio incumbit rationes actus sui conficere, eique reddere cuius res gesta fuit, ideo parochus vel Ecclesiae Rector facere non potest quin rationes reddat Ordinario loci, cuius est iurisdictio et causae piae tutela. At missiones, de quibus apud Nos actum fuit, pleno iure ad Episcopum pertinent;

huic ergo cuiusque oblationis earum intuitu collectae rationes oportet exhibere. [39]

§26. Tandem ne quis obrepat error aut dissensus in his quae modo iussimus exequendis, definiendum censemus, quae pecuniae, quaeque res viris religiosis oblatae intuitu missionum intelligantur. Namque receptum est hac in re, spectari primum oportere quid largitor voluerit; quod si non appareat, placuit, parocho vel rectori ecclesiae collatam donationem praesumi. At multum ab hac regula recessum est propter consuetudinem, quam quidam ecclesiastici iurisperiti fere communem evasisse docent, cuius vi "hodie pene solae oblationes quae in Ecclesia sub missis ad altare fiunt et quae pro administratione sacramentorum, pro benedicendis nuptiis aut mulieribus post partum, pro exequiis et sepulturis, aut aliis similibus functionibus specialiter offeruntur, ad parochum spectant; consuetudine reliquae ferme omnes ecclesiis ipsis aut sacellis aut aliis certis finibus applicante." Praeterea si in parochum rectoremve, a quibus spiritualia adiumenta fideles accipiunt, haud inconcinne praesumi potest collata liberalitas, ubi ecclesia bonis praedita sit, per quae religionis decori et ministrorum tuitioni prospiciatur, longe aliud iudicium esse debet ubi eam bonorum copiam Ecclesia non habet, ac liberalitate fidelis populi unice aut potissimum sustentetur. Tunc enim largitores putandi forent voluisse consulere cultus divini splendori et religionis dignitati, ea ratione et modo quem ecclesiastica auctoritas decerneret. Ideo apud christianos primaevos lege cautum fuerat ut pecunia

[39] Notetur bene ultima clausula huius paragraphi; Pontifex clare enim dicit suam legislationem applicationem habere in illis missionibus quae pleno iure ad Episcopum pertinent; analogice proinde dici potest in paroeciis pleno iure ad religiosos pertinentibus Superiores religiosos iure etiam gaudere exclusivo cognoscendi administrationem bonorum beneficii paroecialis, quia idem omnino est casus, et eadem iura proinde illum regere debent. Ex hoc non affirmatur in missionibus Superiores tale ius exclusivum habuisse, sed tantum in paroeciis extra loca missionum quae pleno iure religiosis concedebantur, secundum doctrinam communem circa unionem pleno iure factam, ut supra dictum est.

omnis dono accepta, inter Ecclesiam, Episcopum, Clericos et egenos divideretur. Legis porro sese interponens auctoritas, si largitionum tempora et causas praestituat, illud efficit quoque, ne fideles semper pro arbitrio possint modum et finem designare in quem oblatam stipem erogare oporteat; nequit enim facere privatorum voluntas, ut quod a legitima potestate in bonum commune praecipitur certo destituatur effectu. Haec Nobis considerantibus visi sunt prudenter et opportune egisse Patres Concilii Provincialis Westmonasteriensis II, cum partim interpretantes piam et aequam donantium voluntatem, partim ea, quae Episcopis inest, utentes potestate imperandi pecuniae collationes decernendique quo tempore et qua de causa conferri oporteat, statuerunt in capite *de bonis ecclesiasticis,* quid censendum sit intuitu missionis collatum. Iubet igitur ratio, itemque Nos constituimus, hac in re religiosos ad leges Westmonasteriensis Synodi sese affatim adcommodare oporteat. [40]

Canones Concilii Westmonasteriensis II (1855) ad rem pertinentes sunt sequentes:

VIII. *De bonis ecclesiasticis.*

I. Bona quae a fidelibus in religionis propagationem et decorem, cleri sustentationem, pauperum sublevationem aliosque pios usus erogantur, Deo et Ecclesiae donata censentur; eorumque administratores, seu curatores. . . nihil amplius quam eorum dispensatores, Deo ipsi reddituri rationem, sunt habendi. . .

II. Igitur adlaborandum ut omni modo determinetur (si dubium exsistat) intentio et animus donatoris vel testatoris alicuius fundi, et ut usui ab ipso definito ipsius fructus accuratissime applicentur.

III. Si vero huiusmodi intentio non constet ex aliquo

[40] Const. *Romanos Pontifices,* 8 maii 1881, §23, 24, 26. Cf. *Fontes,* n. 582.

certo documento, servandae sunt regulae sive canones quibus de tali voluntate recte iudicari possit.

IX. In omni missioni pecuniae quae a fidelibus contribuuntur modis infra recensendis, habendae sunt pro bonis Ecclesiae, non pro muneribus datis sacerdoti. Ex ea namque pecunia non solum eius honestae sustentationi, sed et sumptibus religiosi cultus, manutentioni fabricae, debitis, si quae sint, solvendis, aliisque huiusmodi providendum est. Idcirco si discedere a missione alicui sacerdoti contigerit in anni cursu, non ius habet ad ratam partem introitus annui nisi prius detrahatur pars iuste assignanda illis impensis. Similiter ea quae providerat pro Ecclesiae usu ex ipsis reditibus Ecclesiae, *v. gr.* cereos, vinum pro sanctissimo sacrificio, sacram supellectilem, post se relinquere debet absque compensatione, nisi constare faciat hanc provisionem aequam rationem excedere.

X. Diversas quidem methodos colligendi pecunias pro missionum sustentatione praevalere omnibus satis patet. Sequentes imprimis non improbandae censemus, donec melius per charitatem fidelium provisum fuerit. Sunt igitur,

1º Sedium seu locorum assignatio certis personis seu familiis a quibus compensatio determinata datur ecclesiae.

2º Collectae ad Offertorium in Ecclesia factae.

5º Collectae quae vel de domo in domo fiunt, per viros ad hoc deputatos aut per societates vel confraternitates, legitime institutae, vel exiguntur per decurias aut centurias, prout fieri solet a laudabili Societate Propagationis Fidei nuncupata, vel quae a ditioribus, statutis temporibus aut singulis annis, solvuntur.

XI. . . .Quidquid vero pecuniae per ista media ad missionem confluit, non ad ipsum sacerdotem, sed ad totas missionis necessitates pertinere reputetur. Quidquid igitur supellectilis, sacrae vel domesticae, ex his reditibus acquisierit sacerdos, vel quidquid in sarta tecta aedium sacrarum vel aedificiorum ad ecclesiam quomodocumque spectantium conservanda impenderit; non sibi, sed missioni providit, ex bonis ad eam pertinentibus.

XII. . . .Tenetur autem supellectilem et aedificia integra servare, imo potius meliorare, aut saltem successori tantum tradat quantum ipse accepit. Quod si, vel ad reficienda quae vetustate obsoleta vel squalida evaserunt, vel ad maiorem locorum decorem nova seu venustiora providerit, distinguendum est, quonam ex fonte ista provenerint.

1º Nam si ex proprio peculio, sive ex familiarum sibi bene affectarum donis, sive tandem ex ea parte proventuum Ecclesiae quae sibi competit pro sua honesta sustentatione, sacerdos haec sibi comparaverit, habenda erunt ut propria, ratione semper habita obligationis conservandi in bono statu ea quae accepit.

2º Si vero generatim proventibus Ecclesiae, vel donis sive collectis congregationis, vel tandem aere ab Episcopo vel administratoribus rerum temporalium dioeceseos concesso, fuerint haec conquisita, omnino missioni addicta dicenda sunt, neque ullo pacto licet sacerdoti ea sibi vindicare.

XIII. Communiter etiam censendum, nisi contrarium pateat, iuxta regulam in iure traditam, ea, quae ecclesiasticis usibus apta donantur viro missionario, esse missioni donata. Ea vero quae personalem habent usum, ipsi data reputantur, sicuti etiam res sacrae, si expresse veluti grati animi vel affectus pignus a congregatione sacerdoti cuivis donantur.

XIV. Honoraria Missarum ad sacerdotis peculium pertinent. Similiter ubi viget usus, antiquus quidem in Anglia, temporibus solemnibus Paschae et Nativitatis Domini, singulis sacerdotibus munuscula dandi, haec ad ipsos de iure pertinent. Caveat vero sacerdos ne in suspicionem cadat aliquid recipiendi, intuitu sacramenti poenitentiae ab ipso administrati. [41]

[41] Cf. *Acta et Decreta Secundi Concilii Provincialis Westmonasteriensis,* habiti Deo adiuvante mense Julio MDCCCLV in Collegio S. Mariae

Adestne in omnibus his documentis mutatio iuris circa pleno iure efectam unionem paroeciarum, ita ut eiusdem vi doctrina omnium auctorum qui usque ad hoc tempus scripserunt valorem habere desinat? Hoc opinat *Petrinus,* [42] sed eius opinio, quamvis fortasse probabilitate non caret et utique digna est studio et consideratione, non videtur inconcussa, et forsitan eius argumenta aliquantulum vim amittent statutis et salvis distinctionibus inter beneficium parochiale, parochiam ipsam et ecclesiam paroeciae, de quibus in sequenti articulo agetur.

Hic et nunc tamen notandum est auctorem huius dissertationis, eo quod originem ducit a regione ubi Constitutio *Romanos Pontifices* in vigorem fuit et ubi eius Provincia religiosa parochias pleno iure unitas habebat et habet ante et post applicationem dictae Constitutionis, testificari posse nullam mutationem locum habuisse quando a Concilio Latino-Americano citata Constitutio accepta fuit et applicata, et etiam hodie proprietatem beneficiorum parochialium ad monasterios pertinere, sicut in saec. XIX et a tempore ipso concessionis parochiarum. Fortasse vero aliquis sufficientiam huius facti ad conclusionem generalem eruendam in dubium vocet, quia arguere potest dictum factum explicari etiam posse ex eo quod auctoritates ecclesiasticae citatae regionis forsitan totalem adimpletionem legum non exigunt. Utique, hic minime intenditur conclusionem universalem deducere ex facto particulari; sed, e contra, quidam valor illi concedendus est, maxime si

apud Oscott, adiectis pluribus decretis, rescriptis, aliisque documentis ad ipsum spectantibus (Parisiis: Ex Typis J. P. Migne, 1857), pp. 24-28; Mansi, XLVII, 274-275.

Ibidem, n. XVII, praecipitur quod habeantur libri diurni accepti et expensi, et praeterea alius liber, *magister* dictus, in quo inserantur post mensem vel trimestrem omnia quae in primo continentur. In n. XVIII prohibetur missionis administratori quominus instrumenta legalia de bonis ecclesiae conficiat sine expressa auctoritate Episcopi. Denique in n. XX iubetur omnia beneficia ad missionem pertinentia contra incendium secura reddi debere per annuam solutionem factam alicui societati ad hoc destinatae. Cf. *Acta et Decreta* etc., pp. 29-30; Mansi, *loc. cit.*

[42] Cf. "A Contract Determining the Status of a Religious Parish," *The Jurist* (Washington, D. C., 1941-), IX (1949), 65-86. Cf. etiam Mundy, *The Union of Parishes,* pp. 76-78.

prae oculis habetur auctoritates ecclesiasticas nimium diligentes fuisse in definiendis iuribus et obligationibus religiosorum qui in regione Latino-Americana de paroeciis curabant, uti apparet ex actis Synodi, et non obstante hac diligentia intactam reliquerunt proprietatem beneficiorum, applicando in ceteris litteraliter canones Concilii Westmonasteriensis.

Articulus 2. Legislatio et Doctrina ad Mentem Codicis

Paragraphus I. Quid sit unio paroeciae pleno iure effecta?

Doctrina communis tenet unionem in genere alicuius paroeciae, sive domui religiosae sive alii personae morali, incorporationis nomen accipere, [43] et pariter unanimiter docetur incorporationem pertinere ad uniones minus principales de quibus agitur in can. 1419, 3º, ubi dicitur: "[Unio est] minus principalis, seu per *subiectionem* vel *accessionem,* cum beneficia remanent, sed unum aut plura alii tanquam accessorium principali subiiciuntur." Attamen, ut ipsi doctores notant, non una et eadem res sunt unio minus principalis et incorporatio, quia prima est stricte unio unius vel plurium beneficiorum cum alio beneficio, et incorporatio, ut supra dictum est, est unio beneficii paroecialis cum aliqua domo religiosa, Capitulo collegiali vel alia persona morali; [44] praeterea, in unione nunquam separatur duplex elementum beneficii temporale scilicet et spirituale, in incorporatione vero utique hoc locum habere potest et de facto habet in unione quoad temporalia tantum facta de qua in can. 1425, §1; in unione etiam aliquando vacat beneficium, nunquam autem revera in incorporatione; in hac ultima tandem semper vicarius designandus est. [45]

Iam supra dictum est, sed hic iterum claritatis causa repeti debet, incorporationem esse unionem paroeciae, seu potius bene-

[43] Cf. Vermeersch-Creusen, *Epitome,* II, n. 752, p. 529; Coronata, *Institutiones,* II, n. 981, pp. 375-376; Santamaria, *Comentarios al Código Canónico,* IV, 276; Aichner, *Compendium Iuris Ecclesiastici,* pp. 263-264.

[44] Cf. Coronata, *loc. cit.;* Aichner, *ibid.,* p. 63, nota 8.

[45] Cf. Aichner, *loc. cit.;* Delgado, *De Relationibus,* p. 23.

ficii paroecialis, cum aliqua persona morali. Hoc in mente habendum est, quia in hoc sensu posthinc de incorporatione sermo erit. [46]

Codex duplicem modum incorporationis distinguit, unum scilicet quoad temporalia tantum in can. 1425, §1, et alium pleno iure in §2 eiusdem canonis. Wernz-Vidal etiam alium modum addunt quem *plenissimo iure* vocant et in hoc faciendo indubitanter ius vetus sequuntur. [47] Hic tamen nonnisi incorporatio pleno iure effecta interest, et proinde de eius tantum notione agetur. Codex proprie definitionem incorporationis pleno iure non habet, quia in can. 1425, §2, ubi expresse de ea agitur, potius eius effectus enumerantur. Definiri autem posse videtur dicendo eam esse coniunctionem beneficii parochialis cum aliqua domo religiosa quoad spiritualia et temporalia, ita ut parochia fiat religiosa. [48]

[46] Rationes cur incorporatio sit praesertim unio beneficii paroecialis optime elucubrantur a Pöschl. Cf. "Die Inkorporation und ihre geschichtlichen Grundlagen," *Archiv für katholisches Kirchenrecht,* mit, besonderer Rücksicht auf die Länder deutscher Zunge, (Innsbruck, 1857–1861; Mainz, 1862-), CVII (1927), 44-177, 497-560 et CVIII (1928), 24-86 (posthinc haec ephemeris citabitur siglis *AKKR*).

[47] Cf. *Ius Canonicum,* II, 196, ubi talem modum unionis describunt dicendo eum consistere in unione elementorum temporalis et spiritualis paroeciae, ita ut Episcopus in ea omni iurisdictione careat. Eadem ratio iam data erat a Schmalzgrueber. Cf. *Ius Ecclesiasticum Universum,* lib. III, tit, 37, n. 5.

[48] Haec notio ex ipso Codice deducitur, fere enim iisdem verbis utitur ipse Codex in descriptione huius incorporationis; sed aliunde congruit etiam cum notione iam ab auctoribus ante Codicem tradita. Cf., e. gr. Engel, *Collegium Universi Iuris Canonici* (ed. nona cum annotationibus Gaspari Barthel, Venetiis, 1760), *Tractatus de Privilegiis et Iuribus Monasteriorum,* priv. 46, p. 449; Pignatellus, *Consultationes Canonicae* (ed. ultima, 10 tomi, Coloniae Allobrogum, 1700), Tom. IX, consult. 157, n. 1; Bouix, *De Iure Regularium,* II, 16; Schmalzgrueber, *Ius Ecclesiasticum Universum,* lib. III, tit. 37, n. 5.

Delgado (*De Relationibus,* p. 25) sequentem definitionem proponit: "Unio pleno iure... definiri potest: Coniunctio beneficii saecularis cum domo religiosa, ita ut beneficium saeculare convertatur in religiosum; tunc paroecia vocatur de mensa monasterii aut membrum monasterii et unio dicitur subiective facta." Haec notio tamen supponit etiam hodie dominium beneficii in domum religiosam transire, quod a pluribus impugnatur, et quamvis eius opinio probabilitate non careat, immo et auctori huius opusculi probabilior videatur, tamen melius videtur notionem gene-

Quid significetur per coniunctionem quoad temporalia et spiritualia in sequenti paragrapho dicetur, et ibi etiam exponetur controversia quae quoad interpretationem phrasis "paroecia fit religiosa" inter auctores exsistit.

Hodie in rescriptis Sedis Apostolicae in quibus conceditur alicuius paroeciae incorporatio pleno iure peracta, adhibetur formula "ad nutum S. Sedis." Hac formula directe non derogatur unionis perpetuitati, sed ipsa innuere videtur incorporationem non tali gaudere perpetuitate ut relaxari nequeat unio prius effecta. [49]

Haec incorporatio ad nutum S. Sedis peracta, estne alia species incorporationis, diversa ab incorporatione pleno iure facta? Affirmativa responsio datur a Goyeneche, [50] qui scripsit: "At vero si verbis formulae sensum canonicum tribuamus, haec unio ad nutum S. Sedis in duobus saltem deficere videtur respectu unionis *pleno iure* dictae. Igitur, haec clausula *ad nutum,* in iure saepius indicat causae canonicae determinatae sufficere voluntatem Superioris; unde res quae ad nutum Superioris dantur, plena perpetuitate non gaudent, neque absolute tandem aliquando datae censentur. Hinc paroeciae 'ad nutum S. Sedis' religiosis concreditae non irrevocabiliter datae censendae sunt, ac proinde patrimonium beneficiale cum illo communitatis confundi non debet. Hoc videtur confirmari praxi romana, ubi novimus tunc paroeciae *pleno iure* concredi religiosis quando et ecclesia est proprietas ipsorum et hi dotem beneficii paroecialis constituunt."

Attamen auctori huius thesis probabilior videtur doctrina primum a Delgado evoluta et postea a Schaefer acceptata, [51] secundum quam unio ad nutum S. Sedis eadem est ac unio pleno iure concessa, eo quod perpetuitas in ultima requisita in prima etiam inveniatur, quia ex iure veteri [52] beneficium concessum ad bene-

ralem evolvere quae a duobus sententiis admitti possit, maxime si prae oculis habetur quod alia sententia probabilitate etiam gaudet.

[49] Cf. Schaefer, *De Religiosis* (4. ed., Romae: Typis Polyglottis Vaticanis, 1947), n. 1454, p. 865.

[50] Cf. "Consultationes," *CpR,* XIX (1938), 168.

[51] Cf. Delgado, *De Relationibus,* p. 25, nota 25; Schaefer, *De Religiosis,* n. 1454, pp. 865-866.

[52] "Si gratiose tibi a Romano Pontifice concedatur ut beneficia... posses usque ad suae voluntatis beneplacitum retinere: huiusmodi gratia

placitum Apostolicum ut perpetuo concessum habebatur, et nulla adest ratio cur etiam hodie hoc ut verum non habeatur, maxime si in mente habetur perpetuitatem unionis pleno iure dictae non ita irrevocabilem esse ut a S. Sede, quando ipsi placuerit, ex suo supremo dominio, revocari nequeat. Praeterea si hoc non admittitur, dicendum est can. 1425, §2, et loca parallela abrogata fuisse, quia de facto hodie a Congregatione Concilii tantum formula "ad nutum S. Sedis" adhibetur in omnibus rescriptis in quibus unio pleno iure concedenda petitur, uti experientia quotidiana probat.

Antequam ad finem deveniatur huius paragraphi perutile videtur aliquam quaestionem incidentalem referre quae a Delgado proponitur [53] et alicuius momenti est saltem theoretice. Quaestio est utrum praeter unionem a can. 1425, §2, descriptam cum formalitatibus ibidem requisitis, dentur alia media quibus paroecia fieri possit religiosa. Responsio est affirmativa, quia paroecia aliqua fieri potest religiosa imprimis per fundationem. Hoc contingere potest, e. gr., in casu quo fundator qui paroeciam erigendam dotat, in limine fundationis conditionem apponat cuius vi nova paroecia sit religiosa et a religiosis administrari debeat, et talis insuper conditio ab Ordinario loci acceptetur. Quod hoc fieri possit a Codice admittitur in can. 1427, §1, dicenti: "In limine fundationis fundator potest, de consensu Ordinarii, conditiones etiam iuri communi contrarias apponere, dummodo sint honestae et naturae beneficii non repugnent."

Iamvero, conditio supra ficta certe non repugnat naturae beneficii paroecialis, quia religiosi capaces sunt talia beneficia habendi, ut probatum fuit in capite I huius theseos, et aliunde nec iure positivo can. 1411, 2°, et 1430, §1, opponitur, quia in casu paroecia, adhuc non exsistens, saeculare beneficium dici nequit. Et quod hic affirmatur de nova paroecia stricto sensu, valet etiam de ea quae surgit quando alia iam fundata dividitur: possibile

per eius obitum, per quem ipsius beneplacitum omnino extinguitur, eo ipso expirat. Secus autem si usque ad Apostolicae Sedis beneplacitum gratia concedatur praedicta. Tunc enim, quia sedes ipsa non moritur durabit perpetuo, nisi a successore fuerit revocata."—c. 5, *de rescriptis*, I, 3, in VI°.

[53] *De Relationibus*, pp. 28-30.

est enim ut eaedem circumstantiae dentur ac in casu paroeciae erigendae. [54] In istis casibus non requiritur observatio canonum qui de incorporatione agunt, quia iterum in illis unio beneficii saecularis domui religiosae locum non habet, et proinde ex iure communi licentia S. Sedis non requiritur. [55]

Consuetudine etiam aliqua paroecia fieri potest religiosa. Hoc a scriptoribus ante Codicem docebatur quando interpretabant c. 5, *de praebendis et dignitatibus,* III, 4, in VI° [56] Codex consuetudinem ab antiquis admissam non reprobat, proindeque, uti dicit Delgado, nihil prohibet quominus etiam hodie consuetudo in hac re admittatur. Theoretice quidem fingi possunt cirumstantiae in quibus omnes conditiones requisitae a can. 27, §1, dari possunt; sed de facto huic scriptori difficillimum videtur ut aliquis casus in praxi redigatur in quo reapse tales adiunctae dentur conditiones et in quo proinde doctrina dicti auctoris applicetur. Integra tamen manet possibilitas applicationis doctrinae.

Auctores antiqui etiam casum praescriptionis in hac re considerabant et praescriptionem admittebant, dummodo conditiones requisitae exsisterent. [57] Hae conditiones sequentes erant: 40 anni

[54] Ambo casus ab antiquis auctoribus considerabantur, qui pariter responsionem affirmativam pro illis dabant. Cf. Garcia, *De Beneficiis Ecclesiasticis,* pars VII, cap. X, n. 1; Reiffenstuel, *Ius Canonicum Universum,* lib. III, tit. V, §2, n. 22; Barbosa, *De Officio Episcopi,* pars III, alleg. 57, n. 168; Bouix, *De Jure Regularium,* II, 53.

[55] Cf. Melo, *De Exemptione Regularium,* The Catholic University of America Canon Law Studies, n. 12 (Washington, D. C.: The Catholic University of America, 1921), p. 84.

[56] "Cum de beneficio ecclesiastico, consueto clericis saecularibus assignari, provideri mandatur, de illo debet intelligi, quod tanto tempore ab uno vel pluribus saecularibus clericis, institutis in eo rectoribus, exsistit continuo ac pacifice gubernatum, ut praescriptio legitima sit completa, etiamsi ante vel post religiosi quandoque ministraverint in eodem. Quando vero scribitur, ut provideatur de aliquo prioratu alicui clerico saeculari: provideri non potest de prioratu, qui per religiosum iuxta modum praemissum est solitus gubernari, nisi hoc in litteris caveatur expresse." Cf. Engel, *Collegium Iuris Canonici,* priv. 46, p. 450; Reiffenstuel, *Ius Canonicum Universum,* lib. III, tit. 5, n. 22.

[57] Cf. Garcia, *De Beneficiis Ecclesiasticis,* pars VII, cap. X, n. 1; Schmalzgrueber, *Ius Ecclesiasticum Universum,* Tom. III, pars I, tit. 5, n. 15; Engel, *loc. cit.*

possessionis et administrationis, bona fides, titulus, ut possessor beneficii tanquam verus rector exsistat, non ut substitutus vel conductitius. [58]

Quid vero de iure Codicis? Audiatur Delgado: "Quod ius hodiernum attinet, primo obtutu videtur excludere hunc modum acquirendi paroeciam ex collatione inter cc. 1509, 2º, et 452, §1, nam iuxta primum non sunt obnoxia praescriptioni ea quae solum *ex privilegio apostolico* obtineri possunt, in secundo autem canone dicitur paroeciam non posse personae morali uniri sine *indulto S. Sedis;* sed si res bene examinetur verbum indultum in nostro casu non significat idem ac "privilegium" seu lex privata, sed potius concessio, licentia, beneplacitum, ideo non excluditur praescriptio in praesenti materia." [59]

Paragraphus II. Effectus incorporationis pleno iure concessae

Canon 1409 statuit: "Beneficium ecclesiasticum est ens iuridicum a competenti auctoritate in perpetuum constitutum seu erectum, constans officio sacro et iure percipiendi reditus ex dote officio adnexos."

Canon 1425, §2, statuit: "Sin autem [a Sede Apostolica paroecia domui religiosae uniatur] *pleno iure,* paroecia fit religiosa, et Superior potest sacerdotem e sua religione ad curam animarum exercendam nominare, sed Ordinarii loci est eundem probare et instituere, eiusque iurisdictioni, correctioni et visitationi ipse subesse debet in iis rebus quae ad curam animarum pertinent, ad normam can. 631."

Ex can. 1409 apparet beneficium ecclesiasticum duplici elemento constare, uno quidem spirituali (officium sacrum) et alio temporali (reditus ex dote). Quando proinde incorporatio paroeciae pleno iure peracta habetur, haec duo elementa relationem aliquam habere debent et de facto habent cum domo religiosa cui beneficium unitur. Quaenam sit haec relatio seu melius quinam sint effectus incorporationis pleno iure effectae in sequentibus paginis pro posse exponetur. Claritatis causa, primum agendum

[58] Cf. Schmalzgrueber, *ibid.,* n. 16.
[59] *De Relationibus,* p. 29.

est de effectibus quoad partem temporalem, et postea de consequentiis relate ad spiritualem partem.

I.—Omnes canonistae admittunt in incorporatione effecta pleno iure, de qua hic agitur, domum religiosam saltem dominium fructuum beneficii paroecialis acquirere; sed ex eo quod in can. 1425, §2, legitur "paroecia fit religiosa," et etiam ex eo quod in doctrina ante Codicem communi docebatur proprietatem ipsam beneficii in domum religiosam transire, acriter hodie disputatur utrum hoc ultimum de iure Codicis adhuc verum sit, an potius nova doctrina sit admittenda. Opiniones praecipuae sunt duae et ab earum fautoribus valde evolutae, quare hic argumenta tantum praecipua utriusque opinionis exponentur.

Inter auctores qui de hac re hucusque scripserunt et quos consulere libet unam sententiam tenent praecipue Mundy [60] et *Petrinus;* [61] et aliam Delgado. [62] Hac de causa eorum scripta uti fundamentum expositionis utriusque sententiae sumentur; sed quia sententiam a Delgado propositam, et optime quidem defensam, auctor etiam huius dissertationis ut probabiliorem habeat, argumentis iam a Delgado evolutis pauca addentur adhaesionem iustificandi gratia.

[60] *The Union of Parishes,* pp. 82-84. Pro hac sententia militant quoque Bondini, "Circa el Rendiconto del Parroco Religioso al Vescovo," *Il Monitore Ecclesiastico* (Romae, 1876-), XXXVIII (1926), 342 (posthinc haec ephemeris citabitur siglis *IME*); Eichmann, *Lehrbuch des Kirchenrechts auf Grund des Codex Iuris Canonici* (4, ed., 2 voll., Paderborn: Schocningh, 1934), II, §196, pp. 114 et sqq.; Goyeneche, "Consultationes," *CpR,* X (1929), 39-41, qui aperte hanc sententiam tenet, deinde in *CpR,* XIX (1938), 168 sequentia scripsit: "...et *pleno iure* (c. 1425) seu in temporalibus et spiritualibus, quae secumfert ut paroecia religiosa, immo si agatur de religiosis exemptis, exempta fiat; adeoque incorporatio perpetua censeatur et patriomonium beneficii patrimonio communitatis admisceatur."

[61] "A Contract Determining the Status of a Religious Parish," *The Jurist,* IX (1949), 65-86.

[62] *De Relationibus,* pp. 31-37. Hanc sententiam quoque docent Wernz-Vidal, *Ius Canonicum,* II, 234; Scharnagl, "Die Inkorporation mit besonderer Berücksichtigung der Baupflicht," iuristische Beilage zum *Klerusblatt* (Eichstätt, 1920-), XVII (1936), 8-26.

Iuxta primam sententiam beneficium parochiale suam independentiam servat post incorporationem pleno iure peractam, et domus religiosa tantum usum et usumfructum bonorum beneficii habet. Argumenta praecipua huius sententiae desumuntur ex §1 can. 1425 agente de unione seu incorporatione quoad temporalia tantum, ubi legitur: "Si a Sede Apostolica paroecia domui religiosae uniatur *ad temporalia tantum* quod attinet, domus religiosa particeps fit solummodo fructuum paroeciae..." Dicunt, enim, in hac paragrapho, ex eo quod domus religiosa particeps fit solummodo fructuum beneficii paroecialis, sequitur beneficium ipsum suam independentiam servare, et post unionem adhuc tanquam subiectum iuris manere. Hoc supposito, a posteriori procedunt dicendo: incorporatio pleno iure peracta nihil aliud est quam unio quoad temporalia, sensu supra indicato intellecta, insimul cum unione quoad spiritualia; ergo beneficium paroeciale, simili modo ac in unione quoad temporalia, remanet subiectum iuris et dominium suae proprietatis retinet. Canon enim 1425, §1, enumerat effectus utriusque incorporationis, et §2 eiusdem canonis in descriptione incorporationis pleno iure effectae nihil statuit ex quo deduci potest dominium proprietatis beneficii diversum esse debere in una vel alia specie unionis.

Quommodo explicatur in hac sententia phrasis "paroecia fit religiosa"? Mundy sequentem interpretationem proponit: Canon 1411 dicit beneficia esse saecularia vel religiosa prout illa ad sacerdotes saeculares vel religiosos pertinent; ergo, concludit auctor, beneficium saeculare vel religiosum dici debet ex eo quod eius titulus saecularibus vel religiosis conferendus est. [63] Quando proinde canon 1425, §2, statuit paroeciam fieri religiosam, nihil amplius statuere intendit quam quod titulus paroeciae, qui ante incorporationem ad saeculares pertinebat, nunc ad domum religiosam, praecise vi unionis pleno iure factae, pertinet. Et sicut parochus saecularis ex eo quod mere titulum obtinet alicuius paroeciae non iam dicitur dominium acquirere proprietatis beneficii, ita nec do-

[63] "Canon 1411 describes a benefice as *secular* or *religious* in so far as it pertains to seculars or to religious. A benefice is, therefore, secular or religious in so far as its *title* is to be conferred upon seculars or upon religious."—Cf. Mundy, *op. cit.*, p. 82.

mus religiosa, ex eo quod titulum et quidem perpetuum alicuius paroeciae in unione pleno iure effecta accipit, dicenda est dominium bonorum beneficii paroecialis obtinere.

Conclusio immediata ex praecedentibus argumentis est quod, si dominium proprietatis non transit ad domum religiosam, tunc dicta proprietas eiusque administratio separata servari debent a bonis propriis domus religiosae, quin utraque bona uti *massam communem* constituentia considerari possint sub unica administratione.

Petrinus [64] aliam interpretationem clausulae "paroecia fit religiosa" evolvit dum tenet quod, quando Codex dicta phrasi utitur, nullo modo transitum dominii proprietatis beneficii iustificare, sed tantum significare personam moralem seu domum religiosam, cui unita fuit paroecia, eius parochum habitualem esse. *Paroecia religiosa,* auctor prosequitur, non idem est ac *paroecia religiosorum,* proindeque affirmari debet: a) paroeciam domui religiosae unitam, qua talem, absolute subiectam Episcopo esse eodem modo ac omnes aliae paroeciae; b) religiosum parochum, negotiorum gestorem pro Episcopo esse et, sicut omnes gestores negotiorum, actus sui rationem ipsi reddere debere. Consequenter, quando religiosi, quacumque de causa, paroeciam pleno iure unitam relinquunt, ecclesia et possessiones paroeciae non pertinent ad religiosos, sed denuo sub directa Episcopi administratione veniunt.

Secunda sententia tenet in beneficii paroecialis incorporatione pleno iure effecta domum religiosam non solum usumfructum sed et proprietatem bonorum habere. Antequam argumenta huius sententiae exponantur, praenotare necesse est auctores [65] hanc sententiam tenentes loqui tantummodo de bonis propriis beneficii paroecialis, et non de illis quae pertinet ad parochiam qua talem vel ad ecclesiam parochialem, ideoque de illis tantum affirmare proprietatem seu dominium ad domum religiosam transire. In hoc tantum sensu proinde intelligi debent eorum argumenta quando loquuntur de transitu proprietatis paroeciae. Haec distinctio non fit ab auctoribus qui primam opinionem defendunt, sed necessitas

[64] "Art. cit.," *The Jurist,* IX (1949), 74-75.

[65] Exclusis Wernz-Vidal, qui non clare hoc explicant.

illam admittendi apparebit quando eorum argumenta refutentur. Hoc praenotato, iam argumenta proponuntur.

1. Auctores ante Codicem unanimiter docebant in incorporatione pleno iure concessa beneficium unitum naturam suam amittere vel mutare, omnia eius bona transire in personam cui unio facta est et ad eam pertinere. Iamvero quia dicti auctores, ratione temporis quo scripserunt, propinquiores fuerunt tempori et adiunctis quibus institutum incorporationis efformatum fuit, ac meliorem cognitionem de hac re habere debuerunt, eorum auctoritas in hac quaestione magna est. Sed estne haec doctrina mutata a Codice? Haec est praecise quaestio controversa, et pro non-mutatione stat sententia secunda, fundata in sequentibus rationibus.

2. Argumentum positivum: Celebris phrasis "paroecia fit religiosa" omnia quae ad unionem pleno iure referuntur complectitur, quia in illa *paroecia* idem est ac beneficium paroeciale constans elemento spirituali et temporali; quando igitur Codex dicit: "paroecia fit religiosa," idem est ac si diceret: beneficium (totum beneficium spirituale et temporale) fit religiosum. Ideo etsi nihil explicite dicatur de bonis quoad secundam speciem incorporationis, in laudata clausula "paroecia fit religiosa" implicite continetur: bona fiunt religiosa seu religiosorum. Iam ex hoc sequitur in hac incorporatione domum religiosam non solum usum et usumfructum bonorum beneficii acquirere sed et eorum proprietatem. Hoc autem ita intelligi debet ut "quidquid iuris alia persona physica vel moralis (uti Ordinarius loci, dioecesis vel paroecia qua talis) supra haec bona habebat, facta incorporatione, absolute transeat in domum religiosam cui beneficium est unitum, ita ut eadem persona moralis iuridice ex duabus personis unitis constans habeat dominium bonorum cum beneficii tum conventus vel domus, et sicut Superior administrat alia bona communitatis, ita etiam bona beneficii paroecialis." [66] Caeterum, nec ex hoc affirmatur personam moralem beneficii extingui, quia in unione minus principali, ad cuius speciem incorporatio heic considerata pertinet, utique bene-

[66] Delgado, *op. cit.*, p. 33.

ficia remanent; sed hoc absolute compatibile est cum doctrina exposita, quia non apparet cur aliquod beneficium non possit eodem tempore uti tale subsistere et simul ad aliquam personam moralem in proprietatem pertinere.

3. Argumentum negativum seu solutio obiectionum:

a). Verba can. 1425, §1, "domus religiosa particeps fit solummodo fructuum paroeciae," in quibus maximam vim ponunt fautores primae sententiae, quia dicunt relationem intimam habere cum §2 eiusdem canonis ubi nihil explicite dicitur de bonis beneficii, non invincibilem gignunt difficultatem quia imprimis, uti dictum est in argumento secundo, clausula "paroecia fit religiosa" includere potest, immo iuxta secundam opinionem de facto includit, partem temporalem beneficii, et proinde non necessario ponenda est tam intima relatio inter duas paragraphos, quia prima regula interpretationis iuxta can. 18 est ipsum textum legis primum inspicere et illum iuxta propriam verborum significationem interpretare; sed etiam dato, non concesso, quod talis relatio exsistat, iterum non necessario prima interpretatio uti unica et recta haberi debet, quia verbum "solummodo" §1 opponitur illis verbis "fit religiosa" §2, id est, dum iuxta §1 domus religiosa solummodo habet temporale, vel si praefers fructus (de hoc enim verbo statim sermo habebitur) beneficii, iuxta §2 non solum illud (vel illos) sed etiam spirituale habet. Verbum autem "fructus" iuxta ipsum Codicem non semper litteralem significationem habet, sed etiam totam dotem beneficii significat, uti apparet e. gr. ex can. 1356, §3, ubi legitur: "si omnes beneficii fructus distributionibus constent...", quia ibi certe nomen "fructus" pro tota dote sumitur. Denique, etiamsi tum verbum "solummodo" tum verbum "fructus" litteraliter intelligantur, non iam ex hoc transitus dominii in incorporatione pleno iure facta excluditur, quia "qui affirmat minus non eo ipso negat maius."

b) Alia difficultas oriri potest ex verbis can. 1410, ubi statuitur: "Dotem beneficii constituunt sive bona quorum proprietas est penes ipsum ens iuridicum..."; ex illis enim clare apparet ipsum ens iuridicum proprietatem habere debere bonorum beneficii, quod ultro a fautoribus secundae sententiae admittitur; sed quia citatus canon loquitur de beneficiis in genere, ex eo non excluditur quod, quando incorporatio pleno iure locum habet, beneficii (quod adhuc remanet) bona ab alio subiecto possideantur, maxime si attenditur essentiam beneficii esse, iuxta can. 1409, non bona ipsa sed ius ex illis percipiendi reditus. Caeterum, dos constitui potest non solum ex bonis stabilibus, iam datis, vel de facto hic et nunc a beneficio possessis, sed etiam ex bonis non stabilibus, immo ex bonis exsistentibus tantum in spe etiamsi certa, e. gr., iuribus stolae; iamvero nemo negat ista secunda bona ad domum religiosam pertinere etiamsi dotem beneficii constituant; quare igitur negatur haec possessio, si Codex non distinguit, quando agitur de bonis stabilibus? Vel forte etiam in casu quo iura stolae dotem constituant dicendum est ius illa bona percipiendi non esse parochi religiosi ideoque domus religiosae de cuius familia ille est, contra praescriptum can. 463, §1, qui ei tale ius concedit? [67]

c) Alia obiectio desumitur ex responsione authentica Commissionis Pontificiae ad canones interpretandos, data die 25 iulii, anno 1926, cuius textus est sequens: "An vi can. 631, §3; 535, §3, 2º; 533, §1, 3º—4º, loci Ordinarius ius habeat exigendi rationes de administratione fundorum legatorumve paroeciae religiosae, de qua in c. 1425, §2? *Resp.*—Affirmative, firmis praescriptis canonum 630, §4 et 1550. [68a]

Argui enim potest obligationem reddendi rationem de bonis relatis in canonibus citatis in quaestione Commissioni missa supponere independentiam beneficii paroecialis etiam post incorporationem. Hoc supponi videtur praesertim a can. 533, §1, 4º, ubi

[67] Hic canon loquitur de iure percipiendi "praestationes," sed omnes auctores hoc verbum ex parte saltem tamquam iura stolae significans intelligunt. Cf., e. gr., Coronata, *Institutiones,* I, 482, p. 570, ubi dicit: "Praestationum nomine veniunt in hoc canone, ut videtur, . . .iura stolae quae parocho obveniunt. . ."; Beste, *Introductio in Codicem,* p. 295, ubi docet: ". . .praestationibus, quae dici solent iura seu emolumenta stolae."

[68a] Cf. *AAS,* XVIII (1926), 393; Sartori, *Enchiridion Canonicum seu Sanctae Sedis Responsiones* (8, ed., Romae: Pontificium Athenaeum Antonianum, 1947), p. 130 (posthinc hoc opus citabitur *Enchiridion*); Bouscaren, *The Canon Law Digest* (2 voll. and Supplement through 1948, Milwaukee, Wis.: Bruce Publishing Co., 1934, 1943, 1949), I, 699 (posthinc hoc opus citabitur *Digest*).

legitur: "Pro pecuniae quoque collocatione. . . praevium consensum Ordinarii loci obtinere tenentur: 4º Religiosus quilibet, etsi Ordinis regularis alumnus, si pecunia data sit paroeciae vel missioni, aut religiosis intuitu paroeciae vel missionis."

Haec vero difficultas evanescit si prae oculis habetur bona de quibus in praefatis canonibus pertinere ad paroeciam qua talem, et non ad beneficium paroeciale. Aliis verbis, ratio circa administrationem bonorum de quibus agitur in canonibus citatis, excepto can. 533, §1, 4º, et ratione habita can. 1550, reddenda est Ordinario loci etiamsi non agatur de paroecia incorporata, sed de simplici ecclesia religiosa; [68b] ex illis proinde nulla conclusio erui potest contra secundam opinionem, quia simpliciter de eis nihil in incorporatione agitur. Nec verba can. 533, §1, 4º, ullam difficultatem pariunt si in mente habetur non idem esse beneficium paroeciale et paroeciam qua talem, ex hac enim confusione terminorum maxima pars difficultatum exsurgit. Quod vero talis distinctio admittenda sit sequentibus probatur argumentis:

a) Vox *paroecia* non univoco sensu in Codice adhibetur, uti facile videbit legens e. gr. can. 1423, ubi haec vox pro parte temporali beneficii sumitur, cann. 2147-2167, ubi idem est ac officium sacrum seu pars spiritualis beneficii, can. 1187, ubi ecclesiam in qua paroecia habet sedem significat, can. denique 92, §1, ubi inservit ad designandum territorium. Aliquando vero haec vox non refertur praecise ad beneficium, ecclesiam aut territorium, sed

[68b] Prima facie haec raciotinatio ilogica videtur eo quod forte aliquis putat quaestionem de consensu Ordinarii loci obtinendo pro collocatione pecuniae huiusmodi possibilem esse solum quando confusio adesse potest proprietatem paroeciae inter et proprietatem religionum. Hoc tamen verum non est quia si attente consideratur can. 533, §1, 4º, tunc apparebit quod etiam quando agitur de simplici ecclesia religiosa, ea scilicet quae ad religiosos pertinet quin conectionem ullam habeat cum paroecia, applicatio citati canonis valde possibilis est et probabilis. Hoc certissime et recte quidem supponitur ab illis auctoribus qui docent religiosos ad observantiam can. 533, §1, 4º, tantum teneri quando pecunia data fuit intuitu paroeciae vel missionis *determinatae,* et in hoc casu consensum praebendum esse non ab Ordinario illius loci ubi habitat religiosus qui pecuniam accepit, sed potius ab Ordinario loci ubi sita est paroecia vel missio in cuius favorem donatio facta fuit. Cf. Miguélez, Alonso, Cabreros, *Código de Derecho Canónico y Legislación Complementaria* (3, ed., Madrid, 1949), p. 214.

potius ad institutum quod vocatur "paroecia," quae pluribus elementis constat quaeque consideratur ut institutum curae animarum destinatum; [69] immmo, quando hanc significationem habet, tunc toti illi instituto conceduntur a Codice iura personae moralis, uti apparet e. gr. ex can. 1356, §1, ubi legitur: "Tributo pro Seminario obnoxia sunt. . ., beneficia etiam regularia. . ., paroeciae. . ., et fabricae ecclesiarum." Ex his enim verbis evidenter sequitur Codicem distinguere inter beneficium, paroeciam et fabricam ecclesiae, et unicuique eorum tribuere iura patrimonialia ex quibus tributum seminaristicum deduci debet. [70]

Idem deducitur ex can. 1182, §2, ubi etiam agitur de bonis paroeciae, sed non ut pertinentibus ad beneficium, quia ibidem, non obstante quod sermo est de oblationibus factis in commodum paroeciae vel missionis (de quibus agit etiam can. 533, §1, 4º qui difficultatem creat, etiamsi hic "intuitu paroeciae" loco "in commodum paroeciae" dicatur), earum administratio parocho vel missionario tribuitur, et parochus vel vicarius paroecialis non semper et necessario est beneficiarius. Huic accedit quod bona de quibus citati canones loquuntur minime dotem beneficii constituunt.

b) Differentia inter beneficium parochiale et parochiam qua talem probatur etiam ex diversis bonorum finibus de quibus agitur in can. 630, §§3, 4, et 533, §1, 4º, qui exigere videntur ut differentia ponatur inter massam bonorum pro aedificio ecclesiae assignatorum, et etiam illam pro beneficio destinatorum, ab illa

[69] Cf. Hilling, "Ueber das Tributum Seminaristicum der Pfarreien und Quasi-Pfarreien und deren juristische Persönlichkeit (can. 1356)," *AKKR,* CXVII (1937), 146; Mayer, "Die nicht inkorporierte Klosterpfarrei," *AKKR,* CXII (1932), 470; Schaefer, *De Religiosis,* n. 1450, p. 864. Potior demonstratio doctrinae de distinctione inter beneficium paroeciale et parochiam ipsam inveniri potest in Delgado, *op. cit.,* pp. 123-127, ex quibus hic tantum principaliora sumuntur.

[70] Delgado (*op. cit.,* p. 124, nota 12) refert quomodo aliqui auctores, ad hoc argumentum eludendum, verba dicti canonis intelligunt quasi in casu genitivo et non in nominativo fuerint, et ita potius legi deberet: "beneficia etiam regularia paroeciae vel quasi-paroeciae. . . ," quod uti idem auctor optime notat simpliciter admitti nequit, quia ipse textus Codicis contrarium statuit ex eo quod commam habet post verbum "iurispatronatus."

bonorum massa quae ad paroeciam pertinet; auctores quidem qui supradictam distinctionem non agnoscunt vel ex toto negant, bona de quibus tractatur in citatis canonibus assignare videntur vel aedificio ecclesiae vel beneficio, sed minus recte, quia talia bona diversos fines habent, et ita e. gr. bona quae data sunt ad ecclesiam reparandam decorandamque non sunt adhibenda pro necessitatibus paroeciae vel pro scholis, [71] nec beneficiarius potest bona divino cultui assignata pro sua sustentatione auferre. Si igitur diversi fines dintinguuntur, non restat nisi quod personalitas iuridica paroeciae qua talis admittatur.

Ex praecedentibus concludi potest claram distinctionem faciendam esse inter beneficium parochiale, paroeciam qua talem et ecclesiam parochialem. Quando incorporatio pleno iure fit, iuxta secundam sententiam, solummodo bona beneficii transeunt ad dominium domus religiosae, et eorum administratio fieri debet secundum normas iuris communis in cann. 532-535 contentas. Itaque, si incorporatio facta fuit religioni iuris pontificii illa bona erunt exempta a iurisdictione Episcopi. Bona autem paroeciae qua talis manent sicut antea, et Episcopus de eorum administratione utique scire potest et debet. Quando igitur affirmatur per pleno iure peractam incorporationem paroeciam fieri *religiosam* sed non *religiosorum,* vel parochum religiosum gestorem esse negotiorum pro Episcopo, [72] hoc recte dicitur de paroecia, quae, ut dictum est, remanet immutata post incorporationem, et religiosi nonnisi titulum ut illis in perpetuum conferatur acquirunt; beneficium autem utique fit religiosum et religiosorum.

Quaenam sint bona quae paroeciae qua tali pertineant explicite a Codice non dicitur, sed ex variis ipsius locis deduci potest. Ita ad illam certe pertinent bona destinata in commodum totius territorii, de quibus in can. 1500, vel bona stabiliter data pro scholis paroecialibus, pro pauperibus vel infirmis sublevandis, pro locis piis cum paroecia coniunctis, pro Actione Catholica exercenda aut pro ephemeridibus sustentandis. [73] Talia possunt esse etiam fundi

[71] Cf. Gómez, "Casuistica," *Christus* (México, D. F., 1936-), IV (1939), 51.

[72] Cf. *Petrinus,* "art. cit.," *The Jurist,* IX (1949), 69 et 74.

[73] Cf. Bernier, *De Patrimonio Paroeciali* (Quebeci, 1938), p. 63.

aut pia legata aut fundationes, dummodo sint pro hoc fine specialiter relicta (non ipsi ecclesiae), et tunc applicandus esset pro his fundis can. 533, §1, 4°, quia in casu supposito talia bona data sunt in commodum paroeciae vel intuitu paroeciae. [74] Quoad bona de quibus in Codice mentio non fit, servandum videtur praescriptum §26 Constitutionis *Romanos Pontifices* Leonis XIII, [75] ubi clare determinatur quaenam bona censenda sunt parocho oblata et quaenam ipsi paroeciae. Ad haec bona non sunt adscribenda, contra quod opinat S. R., [76] illa quae constituunt patrimonium beneficiarii seu fructus proprii laboris, quibus etiam parochus saecularis usufrui potest, e. gr. Missarum stipendiis, iuribus stolae, etc.

Ecclesia denique paroecialis eiusque bona etiam immutata manent post incorporationem pleno iure inductam; ideoque, si antea religiosorum erat, ipsi eius proprietatem servant quin aliquid de bonorum eius administratione Ordinarius loci inquirere possit; si vero ecclesia ante incorporationem ad dioecesim pertinebat, dioecesana manet et Episcopus exigere debet rationem de qua agitur in cann. 1182, §3, et 1525.

4. Solutae iam videntur praecipuae obiectiones quae ex Codice vigenti deduci possunt. Illis vero qui contendunt Constitutionem *Romanos Pontifices* Leonis XIII mutasse doctrinam communem circa effectus incorporationis pleno iure dictae, respondendum videtur quod, ex eo quod praecipua statuta citatae Constitutionis a Codice in diversis canonibus assumpta sunt vel supposita, contra obiectiones ex illa deductas eadem valent argumenta quae contra obiectiones ex Codice derivatas opponuntur, maxime vero distinctio inter beneficium paroeciale et paroeciam qua talem; si enim haec admittitur, et sufficienter probata videtur necessitas eius admissionis, iam illae difficultates ex toto evanescunt. Nec illas obiectiones hic repetere necesse est, quia fundamentaliter referuntur ad

[74] Cf. McManus, *The Administration of Temporal Goods in Religious Institutes,* The Catholic University of America Canon Law Studies, n. 109 (Washington, D. C.: The Catholic University of America, 1937), p. 113; Delgado, *op. cit.,* p. 126.

[75] Vide hanc paragraphum *supra,* p. 35.

[76] Cf. "Ordinario e Religioso Parroco," *IME,* XLIV (1932), 141.

administrationem bonorum quae iuxta sententiam secundam ad paroeciam qua talem pertinent, et quae independentem administrationem exigunt, quod admittitur ab ipsa sententia, et satisfacere debet fautoribus primae opinionis. [77]

Conventio autem inter aliquem Archiepiscopum et Superiorem religiosum in Statibus Foederatis Americae Septentrionalis ad aliquam incorporationem pleno iure faciendam, quae occasionem praebuit *Petrino* ut contra secundam sententiam scriberet, [78] nihil de facto contra opinionem hic defensam probat, quia imprimis qua conventio casus particularis est, et hic agitur de iure communi; secundo, quia si textus ipse conventionis, uti a citato scriptore refertur, examinatur, nihil invenietur quod contra ius commune sit, immo, potius argumentum in favorem secundae opinionis deduci potest ex responso S. Congregationis Concilii petitioni approbationis dictae conventionis. Responsum enim sic sonat:

> Sacra Congregatio Concilii, attentis expositis ab Archiepiscopo N. N., eidem benigne facultatem tribuit iuxta preces, ita tamen ut, praeter ea quae in peculiari conventione statuta sunt. . .; 2) paroecia et beneficium, si forte in posterum constituetur, regantur atque administrentur sicut ceterae paroeciae et beneficia dioeceseos; 3) paroecia et beneficium ipsum concredita intelligantur dictis Religiosis ad nutum Sanctae Sedis, ceterisque servatis de iure servandis. [79]

In hoc enim responso distinctio clara statuitur inter *paroeciam* et *beneficium* et, uti iam pluries dictum est, haec distinctio praecipuas obiectiones primae sententiae solvit. Nec dicatur in dicto responso verbum "paroecia" ad aedificium ecclesiae referri, quia illud intelligi debet relatione habita ad verba immediata: "beneficium si forte in posterum constituetur," quae aperte supponunt possibilitatem exsistentiae alicuius paroeciae (uti persona moralis), quin adhuc beneficium exsistat; [80] neque hic locum habere potest

[77] Cf. *Petrinus,* "art. cit.," *The Jurist,* IX (1949), 66-70.

[78] Cf. *The Jurist,* IX (1949), 65-86.

[79] Cf. *Petrinus,* "art. cit.," p. 85.

[80] Hoc etiam supponitur a can. 1415, §3, ubi statuitur: "Non pro-

confusio bonorum beneficii, quod non exsistit, cum illis paroeciae, quae utique iam est constituta. Praeterea, iuxta tenorem ipsius responsi, paroecia et beneficium ipsum concredita religiosis intelligi debent in perpetuum seu ad nutum S. Sedis; iamvero, haec clausula certe nihil in favorem primae sententiae continet, quia interpretari debet iuxta ius commune ad quod provocat, et aliunde factum ipsum insistentiae Congregationis Concilii ut beneficium religiosis concreditum habeatur vel indicat mentem Congregationis in favorem secundae sententiae vel rem deserit in statu controversiae.

hibetur tamen, ubi congrua dos constitui nequeat, paroecias aut quasi-paroecias erigere, si prudenter praevideat ea quae necessaria sunt aliunde non defutura." Nec desunt exempla applicationis huius §: auctor enim huius dissertationis opportunitatem habuit circa hanc rem cum Vicario Generali alicuius dioeceseos mexicanae colloquendi, et dictus Vicarius pro certo affirmavit in sua dioecesi plurimas esse parochias quae beneficia non sunt ex eo praecise quod dote carent.

Quaeri autem adhuc potest: a) Exsistentia alicuius paroeciae quae non simul importat exsistentiam beneficii paroecialis, estne conceptus fingibilis? b) Habentne parochi non beneficiarii obligationem applicandi Missam pro populo? Hoc quaeritur quia imprimis videtur phrasim can. 1415, §3, "si bona praevideantur aliunde non defutura," supponere etiam in casu de quo ibi sermo est bona iam adesse quae dotem, et proinde beneficium, constituant, si non de facto, nihilominus in spe. Videtur secundo, parochum praecise qua beneficiarium Missam pro populo applicandi obligationem habere.

Responsio quaestionibus huiusmodi et confirmatio doctrinae supra expositae invenitur in sequenti decisione S. C. C.:

> "Una est SS. Congregationum Romanarum et Doctorum sententia, obligationis Missam pro populo applicandi causam sitam esse omnino in *pastorali officio*. . . , hinc passim illud usurpatur quemquam hac lege *non teneri ratione beneficii sed officii, non ratione bonorum seu redituum, sed muneris.* Quamobrem certum est hac lege obligari non solum Parochos, sed etiam Vicarios etsi curam actualem tantum exercentes, vel etiam *amovibiles* ad nutum, aut ad breve tempus deputatos, quamvis regularis sit paroecia aut parochus; quamvis reditus nulli sint aut admodum tenues ut ad congruam non sufficiant. . . Unum igitur requiritur et sufficit ad hanc obligationem imponendam, hoc est, quod quis sit *proprius pastor determinati gregis,* ita ut illi "cura animarum commissa" stricto sensu, ad normam Conc. Trid., c. 1, sess. XXIII, *De ref.*, dici valeat."

Duabus sententiis earumque argumentis iam expositis, rationeque habita probabilitatis utriusque, concludere licet cum Delgado:

> Vel Codex retinuit doctrinam antiquam vel eam mutavit vel denique remanet dubium an mutavit eam vel non.
>
> Si primum res iam soluta est, nam... omnes ante Codicem proprietatem bonorum affirmabant.
>
> Si secundum, fautores huius sententiae probare debent suum assertum, nempe, quando Codex a doctrina veteri recessit... Probare debent, dicimus, quia non sumus in possessione; Codex enim nihil aliud agit quam condensatis verbis magnam legum antea exsistentium molem complecti, et disciplinam hucusque vigentem plerumque retinet, allatis opportunis mutationibus ut in c. 6 dicitur; has tamen mutationes Legislator clare innuit, e. g., in c. 631, §1, ubi mutat ius antiquum quoad iurisdictionem Ordinarii loci in parochos religiosos. Nec dici potest hanc mutationem inveniri in c. 1425, quia verba sunt fere eadem quae ante Codicem adhibebantur.
>
> Ergo res saltem remanet dubia. Quid in hoc casu agendum sit dicitur in c. 6, 4º: "in dubio num aliquod canonum praescriptum cum veteri iure discrepet, *a veteri iure non est recedendum.*" Quid autem ius vetus in hac materia sentiat iam supra diximus. [81]

"Parochus applicare debet Missam pro populo de iure divino non absoluto sed hypothetico.

Hypothesis est triplex, quod nempe: 1) Ecclesia commiserit aliqua ratione aliis ab Episcopis animarum curam; 2) Quod illis commiserit, non modo mere facultativo, sed quo obligatio induceretur; 3) Quod commiserit hanc animarum curam sine ulla limitatione, quae excludat obligationem Missam applicandi pro populo."

"...Neque obiici potest quod huiusmodi stationes in beneficium erectae non sint, aut quod constitutam non habeant dotem: omisso enim quod ex actis nihil tale habetur, id quoque non obstaret quominus paroeciae essent dicendae, ad tramitem can. 1415, §3." S. C. C., *Watislavien.*, 13 iul., 1918. Cf. *AAS,* XI (1919), 48-50.

[81] Cf. *De Relationibus,* pp. 36-37.

II. Quoad effectum spirituale incorporationis pleno iure effectae, can. 1425, §2, valde explicitus est. Iuxta ipsum cura animarum transit ad domum religiosam quae illam ut parochus habitualis suscipit, ut dicitur in can. 452, §2. Praeterea Superior quem constitutiones designent nominare debet aliquem religiosum, qui post Episcopi approbationem et institutionem fungatur munere vicarii actualis, cum iure exclusivo circa actualem ministerium curae animarum ad mentem can. 471, §4.

Quia specialia capita dedicabuntur quaestionibus de designatione et remotione vicarii actualis et eius iuribus qua talis, nihil de his hic dicetur, remisso lectore ad caput III et IV huius theseos. Adest tamen alia quaestio quae utiliter hic exponetur, et est sequens:

Quaeri potest utrum diversa membra communitatis, ex eo quod paroecia unita fuit domui religiosae, debeant considerari ut vicarii cooperatores parochi religiosi. Responsum in promptu est ex can. 476, §4, qui ad hoc ut aliquis religiosus consideretur tamquam vicarius cooperator requirit ut designetur a Superiore cui id ex constitutionibus competat, qui, audito parocho, eum Ordinario loci praesentat approbandum.

Nihilominus opus non est ut nominatim quis vicarius cooperator designetur; sufficit designatio generica, puta ut hoc munere fungatur primus consiliarius, etc. Haec et alia huiusmodi valde conveniens erit determinare in clausulis contractus qui incorporationis rationem gubernat. [82]

Si praeter rationem canonicam adhuc quaeratur alia ratio cur alia membra communitatis considerari nequeant vicarii cooperatores, illa ratio invenitur in natura ipsa incorporationis, scilicet, quando incorporatio locum habet paroecia committitur personae morali, non membris; iamvero constat obligationes vel iura quae afficiunt personam moralem non afficere singula membra quae a persona morali distinguuntur; ideoque iura et officia parochialia quae ad personam moralem cui paroecia pleno iure unita est per-

[82] Sic Goyeneche, "Consultationes," *CpR,* IV (1923), 182.

tinent determinatam personam non afficiunt, nisi, iuxta dicta, parochus vel vicarius parochialis ad normam iuris fuerit constitutus. [83]

[83] Cf. Goyeneche, *ibid.*, pp. 181-182; Ayape, *Ius Parochi Religiosi*, p. 185.

CAPUT III

DE DESIGNATIONE ET REMOTIONE PAROCHI RELIGIOSI

ARTICULUS 1. DE DESIGNATIONE

Paragraphus I. Notae historicae

A tempore quo monachi sacris initiabantur, conditio necessaria pro eorum ordinatione fuit praesentatio vel saltem consensus Abbatis, [1] ita ut usque ad saec. VI, si Abbates talem consensum non praebebant, monachi minime ad ministeria ecclesiastica dicari poterant. [2]

Saec. XI, quando legislatio clarior quoad unionem parochiarum monasteriis factam supervenerat, consensus tum Abbatis cum Episcopi requirebatur ut monachi vel Canonici Regulares aliquam paroeciam regerent. [3]

Saeculo XIII Bernardus Parmensis docuit in paroecia pleno iure unita ad Abbatem pertinere institutionem et destitutionem parochi illam regentis, et quidem exclusa Episcopi interventione. [4] Hostiensis, e contra, tenuit institutionem et destitutionem Episcopo,

[1] Cf. c. 28, C. XVI, q. 1—JK, n. 697; c. 33, C. XVI, q. 1—Mansi, VIII, 330; c. 35, C. XVI, q. 1—Mansi, VIII, 543; Bruns, II, 17; *Dictum Gratiani* in c. 36, C. XVI, q. 1.

[2] Cf. *Glossa Ordinaria* ad c. 34, C. XVI, q. 1; c. 1, D. LVIII-*MGH, Reg. Ep.*, Tom. I, lib. VII, n. 40; *MPL,* LXXVII, 919; JE, n. 1504.

[3] Cf. c. 6, C. XVI, q. 2; Mansi, XX, 902, 934-935, 937; c. 24, C. XVI, q. 1. Cf. etiam c. 6 Conc. Remensis anni 1157—Mansi, XXI, 845; Berlière, "L'exercice du Ministère Paroissial par les Moines du XII au XVIII Siècle", *Revue Benedictine,* XXXIX (1927), 343, ubi auctor plura alia quae similia statuerunt Concilia recensuit.

[4] Cf. *Glossa Ordinaria* ad c. 3, §2, X, *de privilegiis et excessibus privilegiatorum,* V, 33, s. v. *pleno iure.*

et non Abbati, competere in paroeciis supra dictis, exceptis illis quae regebantur a Praemonstratensibus, qui quidem privilegium quoad rem consecuti erant. [5] Attamen idem auctor docuit consensum etiam Abbatis requiri saltem ad designationem monachi. [6]

Saeculo vero insequenti, quod Bernardus Parmensis docuerat, de facto statuebatur a Benedicto XI, die 13 maii anno 1304, quando concessit Priori Dominicano Conventus Perusini ut ipse exclusive competens esset in institutione et destitutione religiosi qui curam paroeciae pleno iure unitae exerceret. Ait enim Pontifex: "...ipsamque [curam paroecianorum] per Cappellanum exerceatis eundem cuius institutionem et destitutionem, quoties videritis opportunum, ad vos decernimus pertinere." Praeterea Superior ipse ut parochus habitualis constituebatur. [7]

Talis institutio et destitutio religiosos respiciebat, isti enim de paroeciis pleno iure unitis curabant, ut supponebatur ab Eugenio IV (1431-1447) in epistola missa Superiori Dominicano monasterii Tudertini die 30 iunii anno 1433. [8]

Ab hoc tempore usque ad Conc. Tridentinum, ius exclusivum Superioris localis tamquam parochus habitualis quoad institutionem simul et destitutionem parochi religiosi immutatum mansit. [9]

Saec. XVII fuerunt adhuc canonistae qui docebant Abbatem vel Superiorem localem parochum habitualem esse paroeciae pleno iure unitae. Inter illos citari possunt A. Barbosa, [10] Engel [11] et Pignatellus. [12] Currente autem saec. XVIII, S. Congregatio Concilii talem conceptum immutavit: die enim 12 iunii, anno 1743,

[5] Cf. *Commentaria,* lib. III, tit. 37, *de cappellis monachorum et aliorum religiosorum,* c. 1, n. 1.

[6] Cf. *Commentaria,* lib. III, tit. 35, *de statu monachorum et canonicorum regularium,* c. 5, n. 8.

[7] Cf. *BOP,* II, 101.

[8] "...domorum fratres Ecclesiarum suarum, quae similiter parochiales sunt, curam gerunt et exercent, libere gerere et exercere valeatis." Cf. *BOP,* III, 22.

[9] Cf. *supra,* pp. 25-27, ubi citantur plurima documenta quae assertum probant.

[10] Cf. *Collectanea Doctorum qui in suis operibus Concilii Tridentini referentes...* (Lugduni, 1672), sess. XXIV, *de ref.,* c. 18, nn. 7, 8, 16.

[11] *Collegium Universi Iuris Canonici,* priv. 46, p. 449.

[12] Cf. *Consultationes Canonicae,* Tom. IX, consult. 157, n. 3.

respondit alicui quaestioni Episcopi Mazariensis, dicens parochum habitualem in paroecia Capitulo Canonicorum concredita esse ipsum Capitulum, et non Dignitates. [13] Eadem Congregatio praeterea die 3 iulii anno 1762 publici iuris fecit sequentem quaestionem et responsum Episcopo Bononiensi datum:

> I. An cura habitualis ecclesiae parochialis... resideat penes solum Patrem Priorem Conventus... sive potius penes omnes religiosos dicti Conventus, vel penes totum Capitulum Provinciale Provinciae... eiusdem Ordinis?
>
> Resp. ad I: Curam habitualem spectare ad Conventum. [14]

Similes responsiones acceperunt Episcopus Urbevetanus, die 9 septembris anno 1846, Episcopus Marzorum, die 30 ianuarii anno 1830, et Episcopus Laudensis, die 7 iulii anno 1860. [15]

Ex omnibus his documentis clare apparet firmitas iurisprudentiae Congregationis, et ita statutum fuit parochum habitualem paroeciae pleno iure unitae esse personam moralem instituti cui unio facta fuit, et non personam physicam Superioris eiusdem.

Quoad institutionem parochi religiosi post Concilium Tridentinum historia legislationis est sequens:

Imprimis prae oculis habendum est sequens decretum ipsius Concilii Tridentini:

> Beneficia ecclesiastica curata, quae... monasteriis, beneficiis seu collegiis... quibuscumque perpetuo unita et adnexa reperiuntur... [Ordinarii locorum] sollicite providere procurent, ut per idoneos vicarios etiam perpetuos, nisi ipsis Ordinariis pro bono ecclesiarum regimine aliter expedire vi-

[13] "I. An cura habitualis spectet et resideat penes Dignitates, seu potius penes Capitulum?

Res.: Negative ad primam partem, et affirmative ad saecundam." Cf. *Thesaurus Resolutionum Sacrae Congregationis Concilii* (167 voll., Romae, 1718-1908), X, 106; XI, 3-4 (posthinc hoc opus citabitur *Thes. Res.*); *Fontes,* nn. 3521, 3545.

[14] Cf. *Thes. Res.,* XXXI, 123, 125.

[15] Cf. respective, *Thes Res.,* LV, 200, et *Fontes,* n. 3855; *Thes. Res.,* XC, 13, et *Fontes,* n. 4027; *Thes. Res.,* CXIX, 346, et *Fontes,* n. 4183.

debitur. . . animarum cura laudabiliter exerceatur; appellationibus, privilegiis, exemptionibus, etiam cum iudicum deputatione et illorum inhibitionibus quibuscumque in praemissis minime suffragantibus. [16]

Hoc caput Tridentinae Synodi perficitur et completur a Constitutione S. Pii V (1566-1572), *Ad exsequendum,* data die 1 novembris, anno 1567, cuiusque sunt sequentes paragraphi:

> §4. Volumus insuper et ita mandamus, quod dicti vicarii perpetui, non ad liberam Ordinariorum electionem, sed ad nominationem illorum, in quorum ecclesiis unitis ponentur, cum ipsorum Ordinariorum seu eorum Vicariorum, praevio examine, approbatione deputentur.
>
> §5. Et si dictae parochiales unitae erunt monasteriis regularium Mendicantium, possint a Superioribus dictorum monasteriorum nominari ex ipsis Mendicantibus. Quod si Ordinarii, praevio examine per se aut eorum Vicarios faciendo, idoneos ad curam animarum exercendam invenerint, et ita pro idoneis approbaverint, teneantur in vicarios, ad nutum tamen Superiorum suorum amovibiles, deputare. Idemque etiam servetur in Regularibus Monachis tantum, dummodo in ea parochiali, in qua unus ex monachis fuerit, servata forma praedicta, vicarius deputatus, habitent cum eo saltem quatuor alii ex dictis monachis. [17]

Notandum est, primo loco, citatum caput Concilii Tridentini mutasse, modo absoluto, ius antiquum secundum quod Episcopus instituere nequibat vicarios perpetuos in parochiis pleno iure unitis; Superior enim religiosus erat qui pluries instituebat, aut saltem semper praesentabat, vicarios qui temporales esse debebant. Mutatio est evidens, quia Synodus loquitur generali modo de omnibus paroeciis unitis quin aliquid referat modus unionis. Quod autem haec sit recta interpretatio sequitur, contra aliquos qui contrarium

[16] Conc. Trident., sess. VII, *de ref.,* c. 7.

[17] Cf. *Bull. Rom.,* VII, 629-630.

docuerunt, [18] ex eo quod, si Concilium includere intentasset tantummodo parochias unitas quoad temporalia, uti dicti auctores contendebant, tunc citatus caput practice inutiliter datum esset, quia ius antiquum non solum potestatem Episcopis faciebat instituendi vicarios perpetuos in parochiis unitis quoad temporalia, sed etiam illos ad hoc faciendum obstringebat. [19]

Secundo loco, notandum etiam est S. Pium V in citata Constitutione aliquantulum mitigasse illam mutationem, Superioribus concedendo ius praesentandi Episcopo candidatos muneri vicarii perpetui, qui candidati tamen ab Episcopo examinari et approbari debebant. Si agebatur vero de Mendicantibus et de Monachis Regularibus, tunc Superiores praesentare eodem modo poterant aliquos sodales suorum Ordinum qui, si examinati et approbati erant, vicarii constitui debebant, non perpetui, sed temporales ad nutum eorum Superiorum amovibiles. Hoc est igitur ius commune quod, qua tale, in legislatione ecclesiastica mansit usque ad promulgationem vigentis Codicis. In mente tamen tenendum est quod, si Superiores Mendicantium et Monachorum Regularium non praesentabant aliquem sodalem suarum communitatum, sed potius presbyterum saecularem, tunc ius vigens erat §4 Constitutionis Pii V, et dictus sacerdos saecularis instituebatur vicarius perpetuus, secundum normas Concilii Tridentini. [20]

Quaestio tamen magni momenti surgit in hac re: Gregorius enim XIII (1572-1585) mediante sua Constitutione *In tanta rerum*, die 1 martii anni 1573 data, abolevit aliquas Constitutiones S. Pii V, et inter eas enumeratur illa quae verbis *Ad exsequendum* incipit. Gregorius XIII mandavit quod omne id quod in Constitutionibus ita abolitis continebatur ad terminos Concilii Tridentini et antiqui iuris reducendum erat. [21]

[18] Pignatellus, *Consultationes Canonicae,* IX, consult. 157, n. 4.

[19] Cf. Barbosa, *De Officio Episcopi,* pars III, alleg. 72, nn. 188-190; Bouix, *De Jure Regularium,* II, 21.

[20] Cf. Bouix, *ibid.,* p. 29.

[21] "Nos... statuimus et ordinamus... eam deinceps dispositionem atque decisionem pro subiecta materia futuram esse, quae sive ex iure veteri sive ex sacris dicti Concilii [Tridentini] decretis, sive alias legitime ante dictarum litterarum et Constitutionum [Pii V] editionem erat et, si ipsae non emanassent, futura fuisset ad quam dispositionem et decisionem

Quodnam erat proinde ius commune quoad thema de quo hic agitur? Si Constitutioni Gregorii XIII attenditur, indubitanter ius commune illud erat quod ante Constitutionem Pii V exsistebat: verba enim Gregorii XIII clarissima sunt et nullam ambiguam interpretationem admittunt. Hoc tamen non obstante, tenendum est revocationem Gregorii XIII quoad materiam de qua hic agitur nunquam in praxi redactam fuisse. Hoc sequitur imprimis ex testimonio Hieronymi Gonzalez († 1609), qui asseruit Constitutionem *Ad exsequendum* a Gregorio XIII ore revalidatam fuisse. Verba ipsius auctoris sunt sequentia:

> Nec dicta Constitutio 46 [*Ad exsequendum*] Pii Quinti est revocata per Constitutionem 15 [*In tanta rerum*] Gregorii 13... Quia ultra quod praefata Constitutio 15 Gregorii XIII dumtaxat procedit quoad vicarios parochialium unitarum monasteriis, postea idem Gregorius XIII ore revalidavit eandem Constitutionem Pii V dummodo cum fratre, seu religioso vicario ad nutum amovibili per monasterium pro subeunda cura assignando, unus dumtaxat alius religiosus extra claustrum maneat, et non plures, prout Sacra Concilii Tridentini Congregatio declaravit, pro interpretatione c. 7, sess. VII, *de ref.*, et sic memorata Constitutio est hodie servanda. [22]

Probatur secundo, quia tum Sacra Rota Romana, tum Congregatio Concilii, non obstante revocatione Gregorii XIII, Constitutionem Pii V tanquam ius commune semper habuerunt quando agebatur de nominatione vicariorum in parochiis pleno iure monasteriis unitis. Hoc probatur ex sequentibus documentis:

1. Congregatio Concilii mense ianuario anni 1585 (notetur

suumque pristinum et integrum statum ac terminum omnia illa reducimus." Gregorius XIII, *loc. cit.* Cf. *Bull. Rom.*, VIII, 39-40.

[22] Cf. H. Gonzalez, *In Regulam* 8 *Cancellariae,* glos. 5, §3, n. 79. Idem auctor citat quoad rem Cherubinum, *Super eandem Constitutionem* 47 *S. Pii V, scholio* 1, et Nicholarts, *In Regulas, Constitutiones et Ordinationes Cancellariae Apostolicae* (4 voll in 2, Coloniae Allobrogum, 1751), *in primam partem regulae* 9 *Cancellariae,* §2, n. 78. Cf. etiam Bouix, *De Jure Regularium,* II, 26-29.

Constitutionem Gregorii XIII datam fuisse die 1 maii anni 1573) Patriarchae Aquileiensi modo sequenti respondit:

> Congregatio Concilii censuit vicarios etiam temporaneos non posse in parochialibus Collegiatae Ecclesiae unitis deputari nisi previo examine et approbatione Patriarchae, sive eius Vicarii, iuxta sess. VII, *de ref.*, c. 7, et Constitutionem Pii V... [23]

2. Cardinalis Morone (1509-1580) Episcopo Auriensi die 24 iulii anni 1576 aliquam misit epistolam in qua, inter alia, verba infrascripta leguntur:

> Reverendissime Domine... Sanctitas sua [Gregorius XIII] Amplitudini tuae scribi iussit, ut si in Ecclesiis illis parochialibus unitis monasterio... Superiores ipsius monasterii nominaverint aliquos ex monachis, quos amplitudo tua, praevio examine per se, vel suos Vicarios faciendo, idoneos ad curam animarum exercendam invenerit, et ita pro eorundem Superiorum [arbitrio] amovibiles, dummodo in ea parochiali, in qua unus monachus fuerit Vicarius deputatus, habitet secum dumtaxat unus alius monachus socius. Quod ita amplitudo tua pro nimia sua fide ac religione observandum curabit... [24]

3. Congregatio Cardinalium Concilii Tridentini Interpretum anno 1593 sequentem responsionem Episcopo Abulensi misit:

> Ad primum, de assignanda portione vicariis utique servandam esse s. m. Pii V Constitutionem, et nominationem vicariorum saecularium ad tempus in beneficiis curatis unitis, spectare ad Amplitudinem tuam, perpetuorum vero in vim

[23] Cf. *Fontes,* n. 2136.

[24] Haec epistola invenitur in opere Pignatelli, *Consultationes Canonicae,* IX, consult. 157, nn. 9-14, ubi idem auctor praeterea transcriptas habet alias epistolas eiusdem Cardinalis missas ad Episcopum Perusinum (18 ian., 1578), et ad Abbatem Monasterii Perusini Congregationis Casinensis (2 iun., 1578), in quibus eadem doctrina continetur.

eiusdem Constitutionis spectare ad nominationem illorum, in quorum ecclesiis unitis ponentur, ipsi tamen praevio examine et approbatione erunt ab Amplitudine tua deputandi. [25]

4. Sacra Rota Romana, in decisione data a Decano R. P. D. Cerro die 17 iunii anni 1642 Pampilonensi Vicariae de Stella, dixit:

> Quod autem dicebatur Constitutionem Pianam... fuisse revocatam per Constitutionem 15 Gregorii XIII nullum habet fundamentum. [26]

Ex omnibus igitur istis documentis sequitur Constitutionem Pii V, *Ad exsequendum,* ius commune constituisse, quod viguit in Ecclesia universali a tempore suae promulgationis usque ad hodiernum Codicem; ex illis pariter sequitur abolitionem a Gregorio XIII peractam nullum effectum paruisse, si excipiatur numerus confratrum degentium cum vicario religioso, quia dum a Pio V quatuor requirebantur, Gregorius XIII decrevit unum tantum ibi degere posse. [27]

Hac proinde ratione iterum dicendum est Superiorem localem nominasse vicarium actualem temporarium in paroeciis pleno iure unitis monasteriis vel domibus religiosis ad Ordines Mendicantium vel Monachorum Regularium pertinentibus. In ceteris autem paroeciis unitis religionibus quae neque sub nomine Mendicantium neque sub nomine Monachorum Regularium veniebant, observari sine ulla restrictione debebat sess. VII, *de ref.*, c. 7, Concilii Tridentini.

Haec legislatio in decursu saeculorum toties a RR. Pontificibus et a Congregatione Concilii applicata fuit, quoties aliquod dubium vel aliqua quaestio circa hanc materiam surrexit. Hic, brevitatis causa, unum tantum exemplum praebendum est: Benedictus XIV

[25] Hoc responsum refertur a Garcia, *De Beneficiis Ecclesiasticis,* pars IX, cap. II, n. 295.

[26] Cf. *Sacrae Romanae Rotae Decisiones Recentiores in 14 partes a Paulo Rubeo I. C. Romano Redactae* (18 voll., Romae, 1661), decis. LXXXVIII, nn. 17-19, partis IX, vol. I, p. 262.

[27] Cf. Bouix, *De Jure Regularium,* II, 29.

in sua Constitutione *Ad militantis* diei 30 martii, anni 1742, dum prohibuit ne appelletur a certis legibus vel decretis ibi enumeratis ad determinata quoque tribunalia, haec in §9 decrevit:

> Item... [prohibemus ne appellatio recipiatur] quoties eadem beneficia curata Cathedralibus, Collegiatis, seu aliis Ecclesiis, vel Monasteriis, Beneficiis, seu Collegiis, aut piis Locis quibuscumque perpetuo unita, et annexa reperiuntur; iuxta praescriptum dicti Sacri Concilii sess. 7, *de Reform.*, cap. 5 et cap. 7, et iuxta Constitutionem san. mem. Pii V, quae incipit *Ad exsequendum.* [28]

Iure antiquo requirebatur ut in ecclesiis ubi monachi degebant non institueretur aliquis monachorum tamquam parochus vel vicarius cum cura animarum. [29] Auctores proinde qui post Tridentinum scripserunt hanc ponebant quaestionem: utrum istud ius adhuc applicandum sit in parochiis unitis monasteriis, et ubi hic et nunc monachi vel religiosi habitant; vel utrum, e contra, in istis etiam paroeciis, sicut in aliis pleno iure unitis, attendi potius debeat ad leges Tridentini et Pii V? Pirhing (1606-1679), Reiffenstuel (1642-1703) et De Angelis (1824-1881), inter alios, clare docuerunt ius antiquum abolitum fuisse a Tridentino et a Pio V, et Superiorem localem vel Abbatem proinde potuisse, in supradictis quoque ecclesiis, aliquem religiosum nominare qui, post examinationem et approbationem Episcopi, curam animarum assumeret. Duae tamen exceptiones relate ad hanc regulam admiserunt: a) si in litteris fundationis parochiae expresse dicatur sacerdotem saecularem esse debere qui regimen curae animarum accipiat; b) si idem exigat consuetudo antiqua et legitima. [30]

Fagnanus (1598-1678), e contra, oppositam sententiam tenuit et ad suam probandam opinionem sequentia argumenta evolvit: a)

[28] Cf. *MBR,* XVI, 77; *Fontes,* n. 326.

[29] Cf. c. 1, X, *de cappellis monachorum et aliorum religiosorum,* III, 37.

[30] Cf. Reiffenstuel, *Ius Canonicum Universum,* lib. III, tit. 37, n. 4; Pirhing, *Ius Canonicum in Quinque Libros Decretalium Distributum,* lib. III, tit. 37, n. 2; De Angelis, *Praelectiones Iuris Canonici* (2 ed., 5 voll., Romae, 1908), lib. I, tit. 28.

c. 1, X, *de cappellis monachorum et aliorum religiosorum,* III, 37, nunquam abolitus fuit, et proinde adhuc viget; b) pluribus aliis iuris veteris canonibus probatur monachos et religiosos mundo mortuos esse, eorumque officium esse potius flere et tristes esse quam curam exercere animarum; c) valde inconveniens est quod aliquis religiosus paroeciam circumeat mulieres visitando et sese dissipando in administratione sacramentorum. [31]

Citatus auctor est unicus canonista (saltem eorum quos consulere libet) qui talem sententiam post Tridentinum tenuit. Bouix illum optime, ut videtur, oppugnavit, ei, inter alia, sequentia argumenta opponendo: a) verba adhibita a Concilio Tridentino in sess. XXV, *de regularibus,* c. 11, quando supponitur capacitas regularium ad curam animarum exercendam, [32] ita generalia sunt ut exceptionem admittere nequeant; [33] b) argumentum inconvenientiae est nullum, quia exsistunt in Ecclesia Ordines religiosi, qui sua ipsa institutione debent sacramenta administrare, eo quod talis fuit mens eorum Fundatorum et Pontificum qui illos approbarunt. [34]

Concludere ex praecendentibus licet quod, post Concilium Tridentinum et usque ad promulgationem hodierni iuris, Superiores locales monasterii ad Mendicantes vel Monachos Regulares pertinentis potuisse in omnibus omnino paroeciis pleno iure monasterio unitis aliquem religiosum praesentare ad munus vicarii actualis obeundum, qui, si prius examinatus et approbatus fuerat ab Episcopo, ab ipso instituebatur vicarius cum obligatione curae animarum ad paroeciam pertinentium.

Notandum tandem est examinationem et approbationem ex parte Episcopi minime necessariam fuisse quando agebatur de "iis monasteriis seu locis in quibus Abbates generales aut capita Ordinum sedem ordinariam principalem habent, atque aliis monas-

[31] Cf. *Commentaria,* lib. III, tit. *de cappellis etc.,* cap. I (*in ecclesiis*), nn. 10-26.

[32] "In monasteriis seu domibus virorum seu mulierum, quibus imminet cura personarum saecularium... personae tam regulares quam saeculares huiusmodi curam exercentes..."

[33] Pirhing (*loc. cit.*) eodem argumento utebatur ad citatam suam doctrinam probandam.

[34] Cf. Bouix, *De Jure Regularium,* II, 36-38.

teriis seu domibus, in quibus Abbates aut alii regularium Superiores iurisdictionem episcopalem et temporalem in parochos et parochianos exercent, salvo tamen eorum Episcoporum iure, qui maiorem in praedicta loca vel personas iurisdictionem exercent." [35]

Paragraphus II. Ius vigens

Can. 1425, §2, Superiori religioso potestatem facit nominandi sacerdotem e sua religione ad curam animarum exercendam in paroeciis pleno iure unitis domui religiosae, reservando Ordinario loci ius talem religiosum approbandi, instituendi, etc.

Ex hoc canone non determinatur quisnam sit Superior cui tale ius nominandi competit, sed ex comparatione cum can. 456, qui de parochis religiosis curantibus de paroeciis non incorporatis agit, dicendum videtur eum esse Superiorem quem constitutiones particulares uniuscuiusque Religionis designant. [36]

Talis indeterminatio et parallelismus citatorum canonum possibilitatem admittit competentiae Superioris localis ad nominatio-

[35] Conc. Trident., sess. XXV, *de regularibus*, c. 11.

[36] Auctores qui de hoc scripserunt talem doctrinam admittunt quin tamen animadvertant can. 456 agere de parochis religiosis proprie dictis, et can. 1425, §2, de vicariis actualibus instituendis ad normam can. 471, §1. Cf. Augustine, *A Commentary on the New Code of Canon Law* (8 voll., Voll. VI-VIII, 2, ed., 1923-1924; Voll. III-V, 3, ed., 1922-1925; Voll. I-II, 4, ed., 1921-1923, St. Louis, Herder), II, 526 (posthinc hoc opus citabitur *Commentary*); Clancy, *The Local Religious Superior*, The Catholic University of America Canon Law Studies, n. 175 (Washington, D. C.: The Catholic University of America Press, 1943), p. 109; Ayape, *Ius Parochi Religiosi*, p. 63.

Coronata (*Institutiones*, I, n. 472, 4°, p. 561) dicit can. 456 non indicare utrum agatur de paroecia incorporata an potius de paroecia precario religiosis concessa, ideoque dictum canonem utrique paroeciae speciei applicari posse. Sed forsitan cl. auctor praeteriit can. 456 sub titulo de parochis esse inclusum et can. 1425, §2, fere ad litteram praescripta eius repetere, quod utique parallelismum admittit non autem identitatem, quia aliter admittendum foret legislatorem repetitionem posuisse inutilem, quod ultimum possibile quidem est sed nullatenus probabile. Aliunde, praeterea, omnia explicantur si admittitur can. 456 de parochis paroeciarum religiosis precario concessarum agere, et can. 1425, §2, de illis quae pleno iure ipsis unitae sunt.

nem vicarii actualis faciendam. Generatim vero constitutiones tantum Superiorem maiorem competentem declarant. [37] Ex hoc sequitur Codicem ius anterius vigens confirmare quoad participationem alicuius Superioris religiosi in designatione vicarii qui de paroecia pleno iure unita curare debet; differentia autem magna inter ius antiquum et hodiernum adest et consistit in eo quod, dum illud explicite Superiori locali ius nominandi agnoscebat, istud totam rem constitutionibus particularibus committit, et istae iterum plerumque dictum ius Superioribus maioribus reservant.

Alia vero ex parte, Codex nullo loco determinat intra quod temporis spatium, post vacationem officii vicarii actualis Superior praesentare debeat alium religiosum qui in posterum tali munere fungatur. Sed si similes casus in Codice inveniuntur, tunc vi can. 20 tanquam norma pro hac re haberi possunt; ideoque dicendum videtur Superiorem, salvo quocumque iure particulari etiam consuetudinario vel fundationis, quo longius vel brevius spatium temporis praescribatur, si nullum iustum, i. e. proportionatum obstet, impedimentum intra quatuor menses praesentationem facere debere. Ordinarius autem loci, iterum nullo proportionato obstante impedimento, institutionem canonicam dare debet intra duos menses post factam praesentationem. [38]

Nominatio importat unum ex tribus actibus qui in qualibet canonica provisione requiruntur, scilicet, designationem personae. [39] Praeterea, ex collatione inter canones 1425, §2, et 471, §2, sequitur nominationem cum praesentatione in casu synonimam esse, quin tamen stricte confundi possit cum praesentatione ab illis facta qui iure patronatus gaudent, quia isti determinatas normas servare debent quae Superiorem religiosum in praesentatione facienda non obligant. [40]

Superior qui praesentationem facit prae oculis habere debet religiosum praesentatum magis idoneum esse oportere ipso prae-

[37] Cf. Augustine, *loc. cit.*

[38] Cf. cann. 1457 et 1467. Vide etiam cann. 155 et 458.

[39] Alii duo sunt tituli collatio et missio in possessionem. Cf. cann. 451, §1, et 461. Cf. etiam Vermeersch-Creusen, *Epitome,* I, n. 265, p. 244; Regatillo, *Cuestiones Canónicas* (2 voll., Santander, 1927), I, 318.

[40] Cf. cann. 1452; 1457-1468.

sentationis vel saltem acceptationis die. Idem religiosus qualitatibus omnibus praeditus esse debet quae iure sive communi sive particulari vel lege fundationis requiruntur ad paroeciam de qua agitur regendam. [41] In electione candidatorum facienda a Superiore pariter ratio haberi debet eorum qui, caeteris paribus, magis praestiterunt in periculis per quinquennium susceptis ad normam can. 590. [42] Ordinarii loci est tamen, non Superioris religiosi, definitive iudicare num religiosus praesentatus revera sit idoneus necne; [43] et in tali iudicio efformando Ordinarius loci pariter rationem habere debet non solum doctrinae sed etiam omnium qualitatum quae ad regimen particularis paroeciae requiruntur. [44]

Ad doctrinam religiosi praesentati agnoscendam idem Ordinarius ius habet illum examinandi coram se et examinatoribus synodalibus; potest autem, de consensu eorundem examinatorum, candidatum ab examine dispensare, si agatur de religioso doctrinae theologicae laude commendato. [45] Doctrina tamen a religioso possessa et ab Ordinario agnita nullum ius praebet religioso ad examen non subeundum, si nihilominus Ordinarius adhuc examen exigat; canon enim Ordinario dat facultatem, non autem imponit obligationem, dispensationem concedendi. [46] Praeterea pro tali exa-

[41] Can. 1463.

[42] Hoc analogice sequi videtur ex collatione cann. 471, §2; 459, §3, 2°, et 130, §2.

[43] Cf. Prümmer, *Manuale Iuris Canonici* (3. ed., Friburgi Brisgoviae, 1922), p. 208 (posthinc hoc opus citabitur *Manuale*).

[44] Cf. can. 471, §2, una cum can. 459, §2.

[45] Can. 459, §3, 3°

[46] Commissio Pontificia die 24 nov. 1920 excludit a tali examine, legitime amoto parocho inamovibili, et alio parocho iam approbato, qui ex officio transfertur ad aliam paroeciam. Cf. *AAS*, XII (1920), 574; Sartori, *Enchiridion*, p. 85; Bouscaren, *Digest*, I, 247-248.

Ex verbis responsi ista exemptio evidenter refertur solummodo ad parochos saeculares, quia solum hi inamovibiles esse possunt et proprie de paroecia in paroeciam transferuntur. Potest autem contingere ut, in illis regionibus ubi religiosi plures paroecias incorporatas habent, alumnus Religionis qui unam paroeciam regebat ab illa, servatis servandis, amoveatur et ad aliam continuo regendam a Superiore religioso praesentetur et ab Ordinario loci instituatur; vel etiam accidere potest quod Ordinarius loci, qualitates religiosi parochi cognoscendo, illum aptiorem iudicet ad aliam paroeciam religiosam regendam, et Superiorem exhortetur ut ad dictae

mine non sufficit examen ordinandorum ad norman can. 996, §§2, 3, etiam a religiosis suscipiendum. [47]

Ad exsistentiam qualitatum pro regimine determinatae paroeciae comprobandam, Ordinarius loci ne omittat documenta, si qua sint, ex Curiae tabulario desumere quae religiosum instituendum respiciunt et notitias, secretas quoque, si opportunum iudicaverit, prudenter exquirere etiam ex locis extra dioecesim. [48]

Si religiosus a Superiore praesentatus, servatis hucusque dictis, ab Ordinario loci idoneus repertus fuerit, ab ipso institui debet. [49] Et ratio est, ut observant Vermeersch-Creusen: "Verba *provisio, collatio* et *institutio* in veteri iure tanquam synonima non raro adhibebantur ad designandam concessionem officii in genere. In Codice *collatio, conferre,* de *libera* collatione per oppositionem ad necessariam collationem seu *institutionem adhibentur.*" [50] Iamvero, quando de vicariis actualibus agitur, semper subintelligendum est de institutione seu de collatione necessaria tractari ad normam can. 1425, §2.

Modo incidentali denique addi potest, ad praesentem paragraphum concludendam, Vicarium Capitularem, vi can. 455, §2,

paroeciae regimen assumendum eum praesentet, cui desiderio Superior accedit. Quid tunc quoad examen? Salvo meliori iudicio, ex analogia, talis religiosus includitur in sequenti parte responsi a Commissione Pontificia dati: "I. Utrum huic examini subiici debeat clericus iam de una paroecia provisus, *toties quoties* de nova paroecia providendus erit: an sufficiat periculum semel factum pro prima paroecia? Resp. Ad I: Ad primam partem providebitur in secunda; ad secundam partem, *affirmative,* si translatio fiat *proponente ac suadente* Ordinario; *negative,* si fiat *ad instantiam parochi,* nisi Ordinarius cum examinatoribus synodalibus iudicet idoneitatem adhuc perdurare, eamque esse sufficientem ad novam parochiam."

[47] Commissio Pontificia, responsum ad V, datum die 4 nov. 1920. Cf. *AAS, loc. cit.;* Sartori, *loc. cit;* Bouscaren, *loc. cit.* Ibidem ad VI declaratur non sufficere examen quod primo triennio post ordinationem sacerdotes dioecesani subire debent iuxta normam can. 130, §1. Pro sacerdotibus religiosis, a fortiori, examen per quinquennium suscipiendum non sufficit, quia ad normam can. 590 coram religiosis Superioribus habendum est.

[48] Cann. 471, §2, et 459, §3, 1°

[49] Can. 471, §2.

[50] Cf. *Epitome,* I, n. 266, 4°, p. 245.

2º, competentem esse ad praesentationem acceptandam et institutionem praesentato concedendam et quidem ante annum vacationis dioecesis; [51] ergo, si paroecia religiosa illo tempore vacaverit, Superior candidatum praesentare valet et Vicarius Capitularis praesentatum immediate instituere potest, [52] si religiosus praesentatus ad paroeciam regendam idoneus ab ipso reperiatur.

ARTICULUS 2. DE REMOTIONE

Paragraphus I. Notae historicae

Fontes iuridici remotae antiquitatis silent quoad iura Superioris religiosi in remotione monachi qui ministeria ecclesiastica exercebat; nec mirum quidem, quia, ut dictum fuit in capite I huius dissertationis, talis monachus a monasterio separabatur a momento ordinationis quin in posterum aliquod ius in monasterio haberet. Tempore medii aevi, quando monachi paroeciis praeficiebantur plerumque dicta separatio etiam locum habebat. Saec. XIV Ioannes Andreae, in sua *Glossa Ordinaria* ad Constitutiones Clementinas, distinctionem statuit inter monachos qui paroeciis destinabantur *in perpetuum* et monachos qui destinabantur *ad nutum*: illi a potestate Abbatis liberabantur; isti sub eius potestate manebant et quocumque temporis momento ab Abbate revocari ad monasterium poterant. Isti *obedientiarii* appellabantur et socium religiosum semper secum habere debebant; qua lege non tenebantur illi qui in perpetuum paroeciis praeficiebantur. [53]

Ante Concilium Tridentinum nihil amplius quoad rem invenitur nisi quaestio controversa inter Bernardum Parmensem et Hostiensem quoad institutionem et destitutionem monachorum-parochorum, et postea iura quoad rem concessa modo exclusivo Supe-

[51] Can. 455, §2, 3º, eidem facultatem facit paroecias liberae collationis conferendi solum "si sedes ab anno saltem vacaverit," quod pro paroeciis necessariae collationis non praescribitur.

[52] Prümmer, *Manuale,* p. 208; Vermeersch-Creusen, *Epitome,* I, n. 541, 3, p. 403.

[53] Cf. *Glossa Ordinaria* ad c. 1, *de statu monachorum et canonicorum regularium,* III, 10, in Clem., s. v. *ad claustrum.*

rioribus localibus a saec. XIV in posterum; de quibus omnibus iam mentio facta est in §1 praecedentis articuli. [54]

Post vero Concilium Tridentinum Summus Pontifex Pius V in sua famosa Constitutione *Ad exsequendum* diei I nov. 1567, dum, Superioribus religiosis Mendicantium et Monachorum Regularium facultatem concedebat nominandi unum ex religiosis iisdem subiectis ad munus vicarii actualis pro cura animarum, addidit talem vicarium esse debere ad nutum suorum Superiorum amovibilem. [55] Quid includebatur et quid non, in potestate ita Superioribus religiosis collata, deduci potest ex aliquibus responsionibus a Congregatione Concilii datis.

Imprimis, illud ius non erat exclusivum Superioris religiosi, sed Episcopus dioecesanus eodem etiam iure gaudebat. Hoc fuit praescriptum a citata Congregatione, mense ianuario anni 1585, in responsione Episcopo Aquileiensi data:

> Congregatio Concilii censuit vicarios etiam temporaneos... in parochialibus Collegiatae Ecclesiae unitis... posse ad nutum Capituli, necnon ab ipso quoque Ordinario amoveri. [56]

Attamen mense novembri eiusdem anni, Capitulum ecclesiae Collegiatae Civitatensis rogavit Congregationem ut aliquas declarationes daret circa praescriptam potestatem Episcopi: Capitulum enim aliquas paroecias a tempore immemorabili unitas habebat, et pro illis vicarios nominabat ad nutum ipsius Capituli amovibiles. Congregatio Concilii supplicationi annuit et declaravit:

> Non posse vicarios ad nutum Capituli deputatos in ecclesiis, de quibus agitur [scilicet, perpetuo unitis], amoveri ab Ordinario, nisi ex causa legitima atque probata, propter quam etiam si perpetui essent, possent privari. [57]

Eadem iterum Congregatio die 18 septembris, anno 1627, respondendo alicui quaesito Episcopi Cameracensis nova vice pro-

[54] Cf. *supra*, pp. 61-62.
[55] Cf. *Bull. Rom.*, VII, 629.
[56] Cf. *Fontes*, n. 2136.
[57] S. C. C., *Civitaten.* mense nov. 1585. Cf. *Fontes*, n. 2145.

pugnavit potestatem Episcopi ad parochum religiosum amovendum, sed praeterea aperte declaravit Episcopum tali potestate uti posse secundum arbitrium suum et sine obligatione manifestandi, multoque minus iustificandi, causam amotionis. [58]

Si declarationes in praecedentibus responsionibus datae inter se comparantur, aliqua oppositio inter eas invenitur, quia dum in prima aliqui limites usui potestatis Episcopi apponuntur, in secunda tales limites desunt et arbitrium ipsius Episcopi, quod rationabile supponitur, est unica coarctatio. Attamen haec mutua oppositio evanescit si supponitur (ex casibus enim ipsis non constat) quaesitum Capituli Civitatensis egisse de paroeciis perpetuo quidem unitis, sed quoad temporalia tantum, vel fortasse de vicariis qui presbyteri saeculares erant. Si aliquid horum suppositorum veritati respondet, tunc nulla remanet difficultas, et in quantum de parocho religioso agebatur in responsione Episcopo Cameracensi data tenendum est ius vigens fuisse declaratum; si istae tamen coniecturae sunt falsae, tunc admittenda est in hac materia iuris mutatio.

Caeterum, ipse Superior religiosus obligatione non obstringebatur consulendi Episcopum vel eius approbationem obtinendi, quando uti cupiebat potestate amovendi ab officio parochum religiosum. In hoc proinde, sicut ipse Episcopus, absoluta independentia gaudebat. [59]

Clausula vero *ad nutum* non significat Superiorem potuisse amotiones arbitrarie efficere, sed ita intelligenda est ut aliqua ratio motivum actionis in Superiore causaret, quamvis talis ratio magni momenti non fuerit, et sufficeret, e. gr. simplex utilitas vel commoditas Religionis vel ecclesiae. Huius ratio in eo est quod non

[58] "Sacra Congregatio... censuit monachum exercentem curam animarum in Ecclesia unita monasterio removeri debere arbitrio Episcopi absque eo quod teneatur deducere causas remotionis, nec eas iustificare." Cf. *Fontes,* n. 2484.

[59] "1. An parochus regularis a suo Superiore nominatus ad exercendam curam ecclesiae regulari unitam, et ab Episcopo approbatus, possit deinde removeri ad nutum eiusdem Superioris, irrequisito Episcopo, vel absque causa ab eodem Episcopo probanda?

Resp.: Ad primum: affirmative.—S. C. C., *Narnien.,* 13 iul., 1669. Cf. *Fontes,* n. 2813.

idem est aliquid *ad arbitrium* facere et aliquid *arbitrarie* facere. Superior praeterea in mente habere debebat quod usus potestatis amovendi parochum religiosum ipsi licebat tantummodo quando ita in Domino ipsi expedire videbatur. [60]

Haec fuit saltem partialiter doctrina a Suarezio propugnata. [61] Dicitur saltem partialiter, quia ille primum, et postea Bouix, [62] admittebat Superiorem, etiam sine causa, remotionem facere potuisse, regulariter saltem; ipsi enim addebant quod si Superior ex malitia procedebat in remotione, ita ut ex ea infamia vel aliquid aliud praeiudicium parocho religioso sequeretur ex eo, e. gr., quod consuetudo exsisteret non amovendi parochos nisi post certum et praefinitum tempus, tunc dictus parochus recurrere poterat ad Superiorem maiorem, qui remotionem impedire debebat.

Benedictus XIV sua celebri Constitutione *Firmandis*, §11, doctrinam a Congregatione Concilii expositam confirmavit et illustravit dicendo:

> Eveniente autem casu, quo vel Episcopus, vel Superior Regularis aliquem ex praedictis parochis [religiosis] ab exercitio curae removendum, eademque privandum esse iudicaverint; quoniam huiusmodi parochis, sine praevia Episcopi

[60] Hoc argumentum recte, ut videtur, deduci potest ex sequenti quaesito et ex responsione a Congregatione Concilii facta:

> 3. "An liceat Patri Generali praedictos parochos religiosos sibi subditos, et ab ipso praevia Ordinarii approbatione institutos deputatos, praesertim in domibus suae residentiae ad nutum removere quomodocumque et quandocumque utilitas ac commoditas suae Religionis, sive Ecclesiae exigit, et ita in Domino ipsi expedire videatur?"
>
> Die 26 nov. 1689, Sacra Congregatio... censuit audiendum esse parochum. Postquam auditus est, die 17 dec. 1689, Sacra Congregatio respondit: Affirmative." Cf. *Fontes*, n. 2915.

Ad rectum intellectum ipsius quaesiti et responsi notare necesse est in ipso textu agi de parochiis unitis Ordini Carmelitarum Observantiae in quarum singulis Superior Generalis nominationes faciebat cum approbatione Episcopi.

[61] Cf. *De Religione*, tr. IV, lib. III, cap. XIX, n. 21—*Opera Omnia*, XVI, 423.

[62] Cf. *De Jure Regularium*, II, 38.

approbatione, ad curam animarum accedere nequaquam licet, quamvis a suis Superioribus deputati, iidemque ad nutum sint amovibiles; dubitatum propterea fuit, an Episcopus posset ad huiusmodi remotiones procedere, sine Superioris Regularis consensu, et an remotionis causas eidem adducere, easque verificare deberet; tum etiam an Regularis Superior ad similem remotionem et privationem suo iure deveniens, consensum Episcopi exquirere, suasque agendi rationes illi notas atque probatas facere teneretur. Qua de re, supradicta Congregatio Concilii decrevit, huiusmodi parochos tam ab Episcopo quam a Superiore Regulari, aequo iure, non requisito alterius consensu, ab animarum cura removeri posse, nec unum alteri causas iudicii sui aperire, multoque minus probare et verificare debere. Id quod a Nobis in omnibus approbatur et confirmatur. [63]

Post Benedictum XIV eadem doctrina extensa et applicata fuit aliquibus territoriis positis sub iurisdictione Congregationis de Propaganda Fide. Haec enim Congregatio die 13 maii, anno 1839, praecepit observantiam Constitutionis *Firmandis* quoad remotionem parochorum religiosorum. [64]

Superior vero antequam parochum religiosum ab officio amoveret, alium nominare debebat qui, si ab Episcopo examinatus et approbatus erat, parochiae administrationem accipiebat. In casibus autem repentinis, iuxta sess. XXIV, *de ref.*, c. 18, Conc. Tridentini, ipse Superior poterat vicarium idoneum designare, qui in officio manebat usquedum novus parochus constituebatur, praevia nominatione et approbatione a Superiore et Episcopo respective factis. [65]

[63] Cf. *MBR,* XVI, 251; *Fontes,* n. 349. Idem Pontifex hoc decretum renovavit in Constitutione *Cum nuper,* 8 nov. 1751, §5. Cf. *MBR,* XIX, 242; *Fontes,* n. 417.

[64] "Qual regola debba fissari sulla remozione de'parrochi monaci (graeci-melchiti)?

Resp.: Circa Regulares ex parochiis removendos normam tradi perspicuam a Benedicto XIV in Constitutione *Firmandis.*" Cf. *Collectanea,* I, n. 886, p. 503; *Fontes,* n. 4779.

[65] Hoc analogice deducitur ex sequentibus responsionibus:

a) "...Observandum tamen est, ut amotio deputatorum non

Paragraphus II. Ius hodiernum.

Canon 471, §3, praescribit vicarium religiosum amovibilem esse aeque ac parochum religiosum de quo mentio fit in can. 454, §5. In hac paragrapho legitur: "Parochi autem ad religiosam familiam pertinentes, sunt semper, ratione personae, amovibiles ad nutum tam loci Ordinarii, monito Superiore, quam Superioris, monito Ordinario, aequo iure, non requisito alterius consensu: nec alter alteri causam iudicii sui aperire multoque minus probare tenetur, salvo recursu in devolutivo ad Apostolicam Sedem."

Uti ex praecedenti textu apparet, quoad remotionem parochi religiosi Codex nihil aliud fecit quam ius antiquum confirmare et iniungere obligationem ut qui in casu parochum ab officio amovet alium (Superiorem scilicet aut Ordinarium) tempestivo tempore de re certiorem reddat, concesso praeterea iure recurrendi in devolutivo ad S. Sedem. Sed simili modo ac pro designatione parochi religiosi, loco competentiam Superioris localis quoad rem stabiliendi, sicut in iure veteri fiebat, assignatio iuris de removendo parocho religioso constitutionibus relinquitur. Hoc quidem explicite a Codice non statuitur, sed supponitur ex eo ipso quod magna ex parte ius antiquum servatur; iamvero, in dicto iure Superior antequam parochum religiosum ab officio amoveret, alium nominare debebat; [66] unde a tali iure supponitur Superiorem competentem ad parochum religiosum removendum fuisse illum qui substitutum nominare valebat. De iure vigenti proinde idem tenendum est, et iam in articulo 1º huius capitis dicebatur Superiorem competentem

fiat, nisi postquam a Capitulo loco illorum, qui amoventur, alii nominati fuerint, et ab Ordinario... approbati; aut donec Capitulum alios nominaverit, per ordinarium curae animarum provisum fuerit." S. C. C., *Aquileien.*, mense ian. 1585. Cf. *Fontes*, n. 2136.

b) Resp. ad 2.—"Ex c. 18, sess. 24, in casibus repentinis posse Capitulum per modum provisionis deputare ex gremio suae ecclesiae aliquem presbyterum idoneum, qui in Vicaria vacante tantisper deserviat, donec Patriarcha quamprimum de vacatione factus fuerit certior a Capitulo."—S. C. C., *Civitaten.*, mense nov. 1585. Cf. *Fontes*, n 2145

[66] S. C. C., *Aquileien.*, mense ian. 1585. Cf. *Fontes*, n. 2136. Vide *supra*, p. 79, nota 65, ubi textus responsionis transcribitur.

ad parochum religiosum nominandum esse illum quem constitutiones designant. Hic Superior potest esse localis, sed generatim, de facto, Superior maior est qui illo iure gaudet.

Haec facultas Superiori religioso facta e voto obedientiae intelligitur; potestas autem quae Episcopo conceditur cum onere monendi Superiorem explicatur quia Episcopus parocho religioso providere non debet, cum non sit sacerdos dioecesanus, et praeterea respondet facultati Superiori religioso agnitae. [67]

Canon 454, §5, dicit parochum religiosum amovibilem esse "ratione personae." Fanfani haec verba interpretando scripsit: "*Ratione personae* dicitur, quia ratione monasterii seu conventus cui beneficium est adnexum, a sola Sede Apostolica extingui, aut transferri, aut dividi paroecia religiosa potest (can. 1422)." [68] Haec doctrina admitti tantum potest quoad extinctionem et translationem paroeciae religiosae, quia quoad eius divisionem et dismembrationem habetur can. 1427, §1, qui facultatem facit Ordinario loci quascumque paroecias (ergo et religiosas) dividendi et dismembrandi, invitis quoque eorum rectoribus et sine populi consensu, ex iusta tamen et canonica causa. Ex hoc canone igitur constat Ordinarium loci dividere et dismembrare posse paroecias religiosas. Neque obstat clarum praescriptum can. 1422, quia hic canon de beneficiis in genere agit, can. 1427, §1 vero de paroeciis in specie, et quod dicitur de primis non valet stricte de secundis, nam paroecia dicit plus quam simplex beneficium. [69]

Parochus religiosus est amovibilis "ad nutum;" ergo eius amotio pendet ex arbitrio prudenti Superioris vel Ordinarii loci, et quidem propter quamcumque causam quae eis videatur necessaria seu conveniens; non requiritur processus nec explicatio aliqua. Superior tantum monere debet Ordinarium de amotione, et Or-

[67] Cf. Vermeersch-Creusen, *Epitome,* I, n. 540, p. 403.

[68] Cf. *De Iure Religiosorum ad Normam Codicis Iuris Canonici* (2. ed., Taurini-Romae: Marietti, 1925), p. 453 (posthinc hoc opus citabitur *De Iure Religiosorum*). Schaefer (*De Religiosis,* n. 1480, p. 881) eandem doctrinam tenet.

[69] Cf. Vermeersch-Creusen, *Epitome,* II, nn. 756-757, p. 533; Pistocchi, *De Re Beneficiali iuxta Canones* (Taurini, 1928), p. 112 (posthinc hoc opus citabitur *De Re Beneficiali*).

dinarius vicissim Superiorem. [70] Quamvis autem amotio ad nutum possit fieri sine applicatione regularum quae habentur in tit. XXVIII, lib. IV, Codicis, de modo procedendi in remotione parochorum amovibilium, tamen hi canones quandam normam praebere possunt. [71] Praeterea tali iure tum Ordinarius cum Superior uti debet cum aequitate et caritate, ita ut religioso, in quantum sit possibile, integra sua servetur fama, tum apud alterum Superiorem tum apud populum. [72] Ad quam aequitatem servandam multum iuvabit si in praxi Ordinarius loci et Superior religiosus concorditer in hac re procedunt.

Caeterum ipsa amotio "ad nutum" aliquam iustam causam supponit, et hoc probatur ex eo quod Codex praescribit: "nec alter alteri causam iudicii sui aperire multoque minus probare tenetur." [73] Iamvero, talis iusta causa potest esse quaecumque causa quae parochi ministerium noxium aut saltem inefficax reddit: infirmitas corporis vel mentis; imperitia; carentia capacitatis ad labores quosdam hic et nunc in paroecia necessarios; affectus contumeliosus erga cooperatores vel forsitan alios religiosos qui in eadem domo degunt; probabile crimen occultum parocho imputatum; negligentia in suis ministeriis obeundis, etc. Ex parte Superioris sufficeret si ipse voluerit parochum religiosum in aliam domum transferre, quia bonum Religionis hoc petierit. [74]

Sed si ex iuris particularis praescripto in aliqua Religione parochus religiosus ad tempus praefinitum, e. gr., ad triennium, constituitur, quo expleto rursum etiam pluries continuo, in officio confirmari possit, nullum exinde ius idem acquirit ut a Superioribus, ad normam constitutionum, ab officio amoveri nequeat, antequam elapsum sit tempus praestitutum, nisi in poenam alicuius delicti:

[70] Cf. Ayape, *Ius Parochi Religiosi,* pp. 124-125.

[71] Cf. Schaefer, *De Religiosis,* n. 1480, p. 881.

[72] Cf. Vermeersch-Creusen, *Epitome,* I, n. 540, p. 403; Berutti, *Institutiones Iuris Canonici* (6 voll. in 7, Vol. III, Taurini-Romae: Marietti, 1936), III 314 (posthinc hoc opus citabitur *Institutiones*); Beste, *Introductio in Codicem,* p. 291.

[73] Cf. Vermeersch-Creusen, *loc. cit.;* Berutti, *loc. cit.;* Piontek, "De Paterna Ratione Procedendi in Amotione Parochi," *Jus Pontificium* (Romae, 1921-1940), XV (1935), 33-34.

[74] Cf. Ayape, *Ius Parochi Religiosi,* p. 125; Berutti, *loc. cit.*

ex praescripto enim iuris communis, omnes parochi religiosi sunt semper amovibiles ad nutum, et Ordinarii loci et Superioris, qui in constitutionibus determinatur. [75]

A canone 454, §5, tandem datur, contra decretum remotionis, facultas recurrendi in devolutivo ad S. Sedem. Ex hoc sequitur parochum obedire statim debere praecepto sive Ordinarii loci sive Superioris religiosi. Praeterea ab omnibus admitti debet ius recurrendi competere tum Ordinario loci cum Superiori religioso. Quaeri autem potest utrum ipse parochus religiosus illo iure gaudeat. Maxima pars auctorum silet de hac re. Beste et Ayape pro sententia affirmativa stant quin tamen ullum argumentum ad illam probandam offerant. [76]

Biederlack-Führich distinguunt. Dicunt enim parochum religiosum posse recursum interponere saltem si ab Ordinario loci removeatur, quia ei ex voto obedientiae non obligatur. Immediate vero addunt: "attamen Episcopus tali regulari solummodo ex causa ad animarum curam spectante iurisdictionem subtrahere posse videtur." [77]

Blat [78] implicite sententiam negativam tenet, quia dicit adhuc hodie in vigore esse sequens praescriptum Benedicti XIV in Ep. Encycl. *Apostolicum ministerium,* §17:

> Nec regularis ab officio suspensus vel amotus ullimode valet appellationis beneficio Mandati exsecutionem impedire, vel protrahere: sed post praestitam obedientiam, ad proprium tuendum nomen, innocentiamve vindicandam, si eam laesam existimaret, reclamationibus unice locus erit, et excusationibus, suo Iudici competenti ferendis. [79]

[75] Ita Berutti, *loc. cit.*

[76] Cf. respective: *Introductio in Codicem,* p. 291; *Ius Parochi Religiosi,* p. 125.

[77] Cf. *De Religiosis* (Oeniponte, 1919), p. 285.

[78] Cf. *Commentarium Textus Codicis Iuris Canonici* (6 voll., Vol. II, 2. ed., Romae, 1921), II, 487 (posthinc hoc opus citabitur *Commentarium*).

[79] Cf. *Fontes,* n. 425. Encyclica data fuit die 30 martii, 1753.

Haec ultima sententia probabilior auctori huius dissertationis videtur et quidem propter sequentes rationes:

a) Canon 454, §5, quando concedit recursum in devolutivo ad S. Sedem, minime includit parochum ipsum inter eos qui illum facere queunt, quia tantummodo agitur de non-obligatione Ordinarii loci vel Superioris religiosi ad invicem sibi causam amotionis aperiendi vel probandi, et contra hanc non-obligationem praecise ambobus conceditur recursus.

b) Parochus religiosus praeterea, uti ex ipso can. 454, §5, constat, est ratione personae amovibilis ad nutum, ex quo sequitur ipsum personaliter nullo iure gaudere ad manendum in paroecia; ideoque quando amovetur, vi amotionis, nulla iniuria patiur, quia iterum nullum eius iurium violatur. Obiici autem potest recursum administrativum concedi non solum ad strictum ius sed etiam ad interesse aliquod vindicandum, [80] et contingere potest quod in amotione, etiamsi nullum ius parochi religiosi violetur, ei tamen aliqua iniuria causetur, quia e. gr. in detrimentum eius famae remotio fiat ex peculiaribus adiunctis. Hoc libenter admittitur, sed exinde non sequitur parochum religiosum personaliter et directe ad S. Sedem recurrere posse, quia tunc applicatur praescriptum Benedicti XIV supra citatum et "ad tuendum nomen, innocentiamve vindicandam, si eam [parochus religiosus] laesam existimaret, reclamationibus unice locus erit, et excusationibus suo Iudici competenti ferendis." Itaque si iniuria causatur a remotione facta ab Episcopo, parochus religiosus rem suo Superiori nunciabit, qui recursum interponet ad S. Sedem. Si e contra remotio facta sit a Superiore religioso, tunc parochus ad Superiorem etiam religiosum maioris gradus recurret ut dictus Superior ulterius procedat. Aliquando forsitan parocho religioso licebit ad Episcopum ire eique suum casum referre, qui tunc, si iudicat se recurrere posse ac debere, ad normam can. 454, §5, aget.

[80] Cf. Coronata, *Institutiones,* I, n. 433, 2°, pp. 394-395.

CAPUT IV

DE PAROCHO RELIGIOSO EIUSQUE SUPERIORE LOCALI QUOAD CURAM ANIMARUM

ARTICULUS 1. IURA ET OFFICIA PAROCHI RELIGIOSI QUA TALIS

Paragraphus I. Synopsis historica.

Quando monachi et religiosi curare coeperunt de paroeciis sibimetipsis personaliter vel eorum monasteriis commendatis vel unitis, integra iura et officia totius curae animarum obtinebant: fontes enim iuridici nullam illis restrictionem imponunt quod praeterea in decursu saeculorum positive confirmatur.

E textibus responsionum parochum habitualem respicientium et ex eo quod Benedictus XIV praecepit quod "quidquid Episcopus a Parocho saeculari exquirere atque exigere solet ac debet, id omne, Regulari observantia unice excepta, a parocho regulari exquirere et exigere potest," [1] sequitur parochum religiosum animarum curae deputatum in paroeciis pleno iure unitis, eodem modo ac ceteri parochi et vicarii perpetui, ius simul obtinuisse personaliter attendendi omnibus rebus quas pastoralis cura necessario secumferebat.

In hac tamen paragrapho, quando loquitur de talibus iuribus et officiis, non intenditur eorum historiae indagatio vel relatio, eo quod nonnisi per accidens huic dissertationi pertinet, et praeterea iam optime factum est in thesi speciali reservatis functionibus parochi dicata; [2] sed quaedam tantum exponentur circa determinatas obligationes quae in fontibus legalibus et variis intervenientibus

[1] Const. *Firmandis,* 6 nov. 1744, §10. Cf. *MBR,* XVI, 251; *Fontes,* n. 349.

[2] Cf. B. Kelly, *The Functions Reserved to Pastors,* The Catholic University of America Canon Law Studies, n. 250 (Washington, D. C.: The Catholic University of America Press. 1947), pp. 28-46.

rationibus propriae etiam declaratae sunt parochorum qui paroeciis incorporatis praesunt.

Inter eas loco primordiali venit obligatio celebrandi Missam pro populo. Varii abusus in hac materia introducti erant, et hac de causa plurima Congregationi Concilii missa sunt quaesita in quibus interrogabatur utrum vicarii regentes ecclesias parochiales alicui personae morali unitas obligatione tenerentur Missam pro populo applicandi. Responsum iterum atque iterum affirmativum fuit, uti ex sequentibus constat:

> A. An Antonius Pervenantius, uti exercens curam animarum in ecclesia... teneatur celebrare et applicare pro populo sacrificium singulis diebus festivis; vel potius tale onus spectet ad Archiconfraternitatem, mediantibus eius Cappellanis in casu?
>
> Res.: Affirmative quoad primam partem, et negative quoad secundam. [3]

> B. An in quinque respectivis ruralibus paroeciis... Missa pro populo applicanda sit ab Archipresbytero et Canonicis Collegiatae... seu potius a Cappellanis Curatis in casu?
>
> Res.: Negative ad primam partem, affirmative ad secundam. [4]

Similia responsa acceperunt Episcopus Tarraconensis die 21 novembris, anni 1807, [5] et Episcopus Maceratensis die 21 ianuarii, anni 1826. [6]

Tandem Benedictus XIV clariori modo mentem Ecclesiae quoad hanc materiam exposuit, in suis litteris encyclicis *Cum semper oblatas,* omnibus loci Ordinariis Italiae, die 19 augusti, anno 1744, missis; ibi enim Pontifex, suo more, perspicue recensuit quomodo aliqui, ex eo quod cura habitualis paroeciae ad alios spectabat et

[3] S. C. C., *Romana,* 28 mart. 1711, ad 1. Cf. *Fontes,* n. 3100.

[4] S. C. C., *Patavina,* 8 mart. 1806. Cf. *Thes. Res.,* LXXII, 36; *Fontes,* n. 3930.

[5] Cf. *Thes. Res.,* LXXIII, 233; *Fontes,* n. 3938.

[6] Cf. *Thes. Res.,* LXXXVI, 8; *Fontes,* n. 4001.

ipsi nonnisi actualem habebant curam, vel ex eo quod amovibiles ad nutum exsistebant, vel denique quia varias alias excusationes (quae potius abusus erant) allegabant, applicationem Missae pro populo negligebant aut plane excludebant. His rationibus motus, citatus Pontifex in §4 huius documenti expresse decrevit:

> ...omnes et singuli, qui actu animarum curam exercent, et non solum Parochi aut Vicarii saeculares, verum etiam Parochi, aut Vicarii Regulares, uno verbo, omnes et singuli de quibus supra dictum est, atque alii quicumque etiam specifica et individua mentione digni, aeque tenentur Missam applicare pro populo. [7]

Secundo, parochus religiosus adimplere etiam debebat obligationem praedicandi Evangelium et dandi catecheticam instructionem, quin celebratio functionum propriarum Ordinis religiosi illum excusaret a tali obligatione, et si abusus in aliquibus locis irrepserant Episcopus, vi Constitutionis Benedicti XIV, *Etsi minime,* diei 7 februarii, anno 1742, et in particulari vi §15 eiusdem, poterat illis abusibus occurrere opportunioribus mediis et auctoritate etiam pontificia.[8]

Tertio, parochi religiosi pariter tenebantur ea omnia facere et adimplere quae sunt relata in responsione Congregationis Concilii diei 7 iunii, anni 1755, Episcopo Omolucensi data, cuius textus immediate transcribitur:

> An dicti parochi [regulares nempe, cuiuscumque Ordinis illi sint] procurationem solvere teneantur?, vocati ad synodum accedere sint cogendi?, festa populo annuntiare et celebrare, pariter chrisma et olea sancta ab Episcopo dioecesano accipere teneantur?
>
> Resp. Affirmative. [9]

Quarto tandem, parochi religiosi debebant libenter accipere

[7] Cf. *MBR,* XVI, 215; *Fontes,* n. 345.
[8] Cf. *MBR,* XVI, 66; *Fontes,* n. 324.
[9] Cf. *Thes. Res.,* XXIV, 49-50; *Fontes,* n. 3652.

et in omnibus adiuvare missionarios qui ante pastoralem visitationem ab Episcopo omnibus dioeceseos paroeciis mittuntur ad hoc ut "praedicationibus verbi Dei et administratione Sacramentorum Poenitentiae et Eucharistiae spiritualem populorum profectum et animarum salutem, studeant promovere." [10]

Paragraphus II. Ius Codicis

Can. 471, §4, statuit: *"Ad vicarium [actualem] exclusive pertinet tota animarum cura cum omnibus parochorum iuribus et obligationibus ad normam iuris communis et secundum probata statuta dioecesana vel laudabiles consuetudines."*

Haec iura et officia parochorum diversis in locis C. I. C. determinata inveniuntur, et plerumque quod ius constituit pariter est officium seu obligatio; aliquando vero de solo iure vel de sola obligatione agitur. Omnia breviter exponentur, hac quaestione incidentali praemissa, utrum, nempe sit necessarium ut parochus religiosus, sicut omnes parochi, possesionem capiat beneficii paroecialis ad normam cann. 1443-1445 et 461 antequam sua iura exercere possit, necne.

Responsio negativa ab auctoribus magni nominis datur, [11] qui docent ipsam institutionem Episcopi sufficere pro parocho religioso ad effectus captae possessionis acquirendos ex eo quod paroecia religiosa proprie nunquam vacat. Hoc admittendum est si de paroeciis pleno iure unitis agatur, quia in illis domus religiosa est vere parochus, quamvis actualis cura animarum per sacerdotem determinatum exerceatur, et quia domus religiosa est persona moralis quae, qua talis, nunquam moritur, ideoque beneficium paroeciale nunquam vacat. [12] Caeterum haec doctrina non est nova, quia iam ante Codicem varii auctores eam tenebant. [13]

[10] S. C. Ep. et Reg., 31 aug. 1668, citata a Benedicto XIV in const. *Firmandis,* §5. Cf. *MBR,* XVI, 251; *Fontes,* n. 349.

[11] Cf. Vermeersch-Creusen, *Epitome,* II, n. 773, p. 543; Schaefer, *De Religiosis,* n. 1455, p. 866; Fanfani, *De Iure Religiosorum,* p. 452.

[12] Cf. Melo, *De Exemptione Regularium,* p. 84; Ayape, *Ius Parochi Religiosi,* p. 184.

[13] Cf. c. un., *de excessibus praelatorum,* V, 6, in Clem.; Reiffenstuel, *Ius Canonicum Universum,* lib. III, tit. 12, n. 48; tit. V, nn. 398-399.

Goyeneche vero contrariam sententiam tenet, et explicite contra Fanfani vult probare non esse rationem cur in vicariis paroecialibus non requiratur immissio in beneficii possessionem, seu institutio corporalis. Vicarius paroecialis in paroecia religiosa, sic dicit Goyeneche, habet verum officium et quidem stricto sensu, utpote quod stabiliter est constitutum ecclesiastica ordinatione, conferendum ad normam sacrorum canonum, et secumferens participationem ecclesiasticae potestatis iurisdictionis (can. 145, §1); et ideo praecedere debet collatio ad normam ipsorum canonum ut sacerdos obtineat curam animarum et iurisdictionem in paroecia. Praeterea, ita prosequitur auctor, can. 472 explicite loquitur de vacatione paroeciae religiosae, et ita destruitur argumentum a Fanfani allatum, quando affirmat paroeciam pleno iure religiosis concreditam stricte loquendo non vacare. [14]

Sed videtur ad ista notandum: Cura paroeciae religiosae seu pleno iure unitae utique officium ecclesiasticum est. Non est autem officium simpliciter sed officium beneficiale, de quo sermo est in can. 146. Iamvero, quisnam obtinet tale officium quando agitur de paroecia pleno iure unita? Si can. 452 inspicitur, responsum in promptu est, nempe, ipsamet persona moralis est parochus qui habitualiter seu permanenter officium beneficiale obtinet, et quidem a momento ipso incorporationis. Vicarius religiosus instituitur ad actualem curam animarum gerendam loco personae moralis (can. 471, §1), ei vero non confertur officium beneficiale quod iam collatum est. Praeterea ex cann. 1443-1445 constat beneficiarium ipsum possessionem capere debere, et in hoc casu ipsa domus religiosa, non autem paroeciae vicarius, constituitur beneficiarius. Nec ex hoc sequitur personam moralem saltem possessionem capere debere quando incorporatio fit, quia iterum in casu agitur non de collatione sed de unione beneficii, pro qua Codex nullam institutionem corporalem exigit.

Quoad argumentum de vacatione paroeciae religiosae, imprimis admittendum videtur quando vicarius actualis moritur, transfertur, etc., [15] aliquo modo paroeciam pleno iure unitam vacare;

[14] Cf. "Consultationes," *CpR,* VI (1925), 484-486.

[15] Pro diversis modis vacationis paroeciae cf. cann. 183 sqq.; 2168 sqq.; 1576; 2298; 2303.

sed talis vacatio minime eadem est ac vacatio paroeciae saecularis, quia etiamsi can. 472 explicite non distinguat, interpretandus tamen est ratione habita canonum qui de cura habituali agunt et iuxta quos post vacationem adhuc parochum habitualem paroecia habet, quod et ipse can. 472 confirmare videtur quando Superiori locali ius agnoscit paroeciam regendi. Si idem omnino esset casus, eadem legislatio haberetur; sed quare vicarii cooperatores religiosi vel parochi viciniores curam paroeciae religiosae non assumunt?

Quando paroecia saecularis vacat, eius titulus denuo alio beneficiario conferendus est, in casu autem paroeciae religiosae titulus semel pro semper personae morali concessus est. Quando vicarius actualis moritur, etc., deest persona repraesentans communitatem quae curam actualem gerat, officium vero beneficiale minime vacat.

I. *Iura simul et officia parochorum*

Imprimis recensentur functiones parochis reservatae sub certis normis, brevibus additis commentariis ubi hoc necessarium videatur. [16]

1. Sollemnis collatio baptismi, quae habetur cum ministratur omnibus ritibus et caeremoniis quae in ritualibus libris praescribuntur (can. 737, §2). Talis administratio potest etiam ab alio sacerdote fieri de parochi licentia, quae in casu necessitatis legitime praesumitur (can. 738, §1).

2. Publica delatio Ssmae. Eucharistiae al infirmos intra limites propriae paroeciae. Iuxta *Rituale Romanum* delatio publica est illa quae fit in forma sollemniori cum cereis accensis, comitatu fidelium, etc. Etiam haec functio peragi potest ab aliis sacerdotibus de parochi licentia, quae in casu necessitatis praesumi potest (can. 848, §2).

3. a) Delatio publica vel privata Viatici ad infirmos ad normam can. 850. Viaticum duplicem acceptionem habere potest,

[16] Cf. cann. 411, §2, 3°; 462; Kelly, *The Functions Reserved to Pastors,* pp. 53-113, qui late commentatur omnes functiones reservatas.

unam scilicet stricto sensu, quando iuxta can. 864, §1, fidelis in periculo mortis constitutus sacram communionem recipiendi tenetur praecepto; aliam, quando iuxta §3 eiusdem canonis prudens confessarii iudicium accedit et post primam Viatici administrationem denuo vel etiam pluries administratur. Solum prima administratio reservatur parocho. [17]

b) Administratio Extremae Unctionis ad normam can. 938. [18]

4. a) Publicationes matrimoniorum contrahendorum facere ad normam cann. 1022-1031.

b) Denuntiare ordinationes sacras ad normam cann. 998-1000.

c) Assistere matrimoniis ad validitatem eorundem ad normam can. 1094.

d) Impertire benedictionem nuptialem quando ambae partes sunt catholicae, ad normam cann. 1100-1101 et 1108-1109. Talis benedictio consistit tribus orationibus dicendis supra sponsam, quarum duae post *Pater Noster* et tertiam post *Benedicamus Domino* vel *Ite Missa est* recitantur.

5. Celebratio funebrium, ratione habita praescriptionum cann. 1216-1227.

6. Benedictiones domorum iuxta libros liturgicos Sabbato Sancto vel alia die pro locorum consuetudine. Solummodo benedictio sollemnis praescripta a *Rituali Romano* pro Sabbato Sancto reservatur parocho; ideoque quilibet sacerdos potest, sine violatione iuris parochi, privatam domorum benedictionem perficere. [19]

7. a) Benedictio fontis baptismalis Sabbato Sancto. *Rituale Romanum* etiam praescribit benedictionem fontis faciendam esse

[17] Cf. Vermeersch-Creusen, *Epitome,* II, n. 114, p. 77; Cappello, *Tractatus Canonico-Moralis de Sacramentis* (5 voll., Vol. I, 4. ed., Marietti, 1945), I, n. 300, p. 265 (posthinc hoc opus citabitur *De Sacramentis*); Regatillo, *Ius Sacramentarium* (2 voll., Santander: Sal Terrae, 1945-1946), I, 172.

[18] Pro amplissimo commentario huius canonis cf. Kilker, *Extreme Unction,* The Catholic University of America Canon Law Studies, n. 32 (Washington, D. C.: The Catholic University of America, 1926), pp. 92-101.

[19] Cf. Kelly, *The Functions Reserved to Pastors,* p. 105.

vigilia ante Pentecosten. [20] Cum Codex de hac benedictione sileat, quaeri potest utrum ea etiam parocho reservetur. Kelly [21] recte docet affirmativum responsum solide probabile esse, quia fundatur in analogia iuris.

b) Ductio publicarum processionum extra ecclesiam. Ratione habita responsionum Commissionis Pontificiae datarum die 12 novembris, 1922, [22] et die 10 novembris, 1925, [23] circa significationem phrasis "extra ecclesiam," affirmari potest ius parochi ad publicas processiones ducendas sensu lato intelligi debere ita ut omnes publicas processiones, sive ordinarias, sive extraordinarias, includat, exceptis solummodo illis quae a religiosis et rectoribus ecclesiarum fieri possunt durante octava festivitatis Corporis Christi. Sed in mente habendum est publicam processionem esse illam quae ducitur extra ambitum ecclesiae vel monasterii per vias publicas; si vero processio locum habet intra ecclesiam vel claustrum, vel prope muros si ecclesia claustro careat, ut privata habenda est. [24] Immo, quando de processionibus religiosorum agitur isti possunt processionem ducere etiam per contiguam viam ecclesiae, si claustra non habet, et processio adhuc privata consideratur. [25]

c) Impertitio benedictionum extra ecclesiam cum pompa et sollemnitate. Tales benedictiones sunt illae quae cum magno populi concursu celebrantur. [26] Si minister alios clericos assistentes habeat, vel si benedictio impertiatur cum sonitu campanarum vel usu incensi, auctores talem uti sollemnem benedictionem considerant. Si hae conditiones non dantur, benedictio est non-sollemnis ideoque parocho non reservatur. [27]

[20] Cf. Tit. 2, c. 1, *de sacramenti baptismi etc., administratione*, n. 5.

[21] *Op. cit.*, pp. 107-108.

[22] Cf Resp. ad 1-*AAS*, XIV (1922), 661; Sartori, *Enchiridion*, p. 87; Bouscaren, *Digest*, I, 251-252.

[23] Cf. Resp. ad 5-*AAS*, XVII (1925), 582; Sartori, *Enchiridion*, p. 88; Bouscaren, *Digest*, I, 252.

[24] Cf. Beste, *Introductio in Codicem*, pp. 650-651; Kelly, *op. cit.*, pp. 109-112.

[25] Cf. Shaefer, *De Religiosis*, n. 1433, p. 852; Kelly, *loc. cit.*

[26] Cf. Coronata, *Institutiones*, I, p. 569, nota. 5.

[27] Cf. Coronata, *loc. cit.*, Cappello, *Summa Iuris Canonici* (3 voll., Vol. I, 4 ed., Romae: Apud Aedes Universitatis Gregorianae, 1945), I, n. 526, p. 471.

Functiones in numero 7 recensitae conditionate parocho reservantur, i. e. eius exclusivae competentiae sunt, nisi agatur de ecclesia Capitulari et Capitulum illas peragat, quo in casu tale ius pertinet ad Dignitates et Canonicos ordine successivo. [28] Potestne hoc etiam applicari quando agitur, non de ecclesia Capitulari, sed de ecclesia religiosa quae simul paroecia est? Auctores qui de hoc hucusque scripserunt affirmative respondent, [29] et recte quidem, fundati in parallelismo cann. 609, §1, et 415, qui praescribit idem ius regere debere relationes inter Capitulum Cathedrale aut Collegiale et parochum, et relationes inter domum religiosam et parochum religiosum. Iamvero, si can. 462, 7º, concedit Capitulo ius tales functiones peragendi cum exclusione parochi, et hoc valere dicendum est in paroecia religiosa si Superior illas peragit.

Praeterea, notandum est functiones in 7 numeris praecedentibus recensitas non esse taxative parochis reservatas, quia can. 462, antequam earum enumerationem faciat, animadvertit: "nisi aliud iure caveatur." Hoc ius, iuxta opinionem probabiliorem, potest esse non solum ius commune, sed etiam quaecumque alia species iuris particularis, e. gr., statuta dioecesana, consuetudines, etc. [30] Ex hoc sequitur tale ius particulare posse alias quoque functiones parocho reservare, vel e contra aliquas iam a Codice illi reservatas ab exclusiva competentia parochi tollere, dummodo, uti optime notat Kelly, [31] hoc fiat *secundum Codicem* vel *praeter Codicem* et nunquam *contra Codicem*. In paroecia religiosa hoc etiam valet ideoque attendendum est ad statuta peculiaria, consuetudines, privilegia, etc., ad hoc ut inveniatur quaenam functiones parocho et quaenam communitati vel Superiori in concreto reserventur, servatis quidem cann. 609, §1, et 415.

Alia iura simul et officia parochorum sunt sequentia:

[28] S. R. C., *Drepanen.*, 5 iul. 1871, ad 1. Cf. *Fontes*, n. 6040; Cappello, *loc. cit.*

[29] Cf. Mayer, "Die nicht inkorporierte Klosterpfarrei," *AKKR*, CXII (1932), 475; Fanfani, *De Iure Religiosorum*, p. 456; Schaefer, *De Religiosis*, n. 1467, p. 879; Delgado, *De Relationibus*, p. 85.

[30] Cf. Cappello, *Summa Iuris Canonici*, I, n. 515, p. 460; Coronata, *Institutiones*, I, n. 471, p. 568 nota 7; Chelodi, *De Personis*, p. 396; Kelly, *op. cit.*, pp. 56-60.

[31] *Loc. cit.*

a) Custodia librorum paroecialium et ex ipsis extractio attestationum (can. 415, §2, 2°).

b) Ius alias functiones non stricte paroeciales peragendi quae in paroeciis fieri solent, modo non impediatur chorale servitium, nec communitas eas peragat (can. 415, §2, 4°).

c) Parochus potest eleemosynas in bonum paroecianorum colligere, easdem directe vel immediate oblatas recipere, administrare et secundum offerentium voluntatem distribuere (can. 415, §2, 5°). [32a]

d) Parochus potest ac simul debet debito tempore verbum Dei praedicare ad normam can. 1344, et doctrinam christianam fidelibus explicare ad normam cann. 1330-1334 (can. 415, §2, 1°).

e) S. Congregatio de Sacramentis vi Apostolici Indulti diei 14 septembris 1946, modo absolute exclusivo parochis territorialibus et illis quae eis aequiparantur facultatem concessit (quae aliis delegari nequit) sacramentum Confirmationis ministrandi infirmis qui in serio periculo mortis versantur ex gravi morbo [32b] ex quo decessuri praevideantur. Praeterea necesse est ut Episcopus dioecesanus haberi non possit vel impediatur quominus Confirmationem per se ipse valeat conferre, nec alius praesto sit Episcopus communionem habens cum Apostolica Sede, licet titularis tantum, qui sine gravi incommodo ipsi suffici queat. Quando hae conditiones adimplentur dictus parochus personaliter valide et licite Confirmationem administrat omnibus fidelibus in proprio territorio degentibus, non exceptis illis qui in seminariis, hospitiis, valetudinariis, aliisque omne genus institutis etiam religiosis quoquo modo exemptis habitant. [33]

[32a] Cf. *infra*, p. 149, ubi aliqua addentur quoad hoc ius parochi religiosi.

[32b] Verbum "morbus" iniuriam accidentalem includere potest, e. gr. quando aliquis iniuriam patitur in adimpletione laboris manualis vel in accidente automovilistico. Cf. Smiddy, *A Manual for the Extraordinary Minister of Confirmation* (Milwaukee: The Bruce Publishing Company, 1949), p. 53.

[33] Cf. *AAS*, XXX (1946), 349-358.

II. *Iura tantum parochorum*

1. Parochus ius habet ad praestationes quas ei tribuat vel probata consuetudo vel legitima taxatio ad normam can. 1507, §1, et hoc etiamsi parochiale aliquod officium ab alio fuerit expletum, nisi de contraria offerentium voluntate certo constet circa summam quae taxam excedit. Si tamen potiores taxas exigat, ad restitutionem tenetur (can. 463). Hoc etiam valet quoad paroecias religiosas, quia etiamsi parochus ut religiosus monasterio dictas praestationes acquirat, communitas tamen certe ad illas ius habet.

2. Parochi possunt in casibus singularibus et iusta de causa suos, etiam absentes, et peregrinos praesentes a lege de observantia festorum, ieiunii vel abstinentiae dispensare (can. 1245); non autem ab aliis legibus sive generalibus sive particularibus (can. 83).

3. Possunt ab ecclesiis quoque non paroecialibus Eucharistiam pro infirmis desumere, si agatur de ecclesiis quae, Ordinarii loci iudicio, ita a paroeciali distent ut paroeciani non sine gravi incommodo possint ecclesiam parochialem adire, ibique divinis officiis interesse (can. 483, 2º).

4. Obtinent ordinariam iurisdictionem ad confessiones fidelium audiendas in toto paroeciae territorio (can. 873, §1).

5. Valent etiam toto tempore utili ad praeceptum paschale adimplendum fideles absolvere a casibus quos quoquo modo Ordinarii locorum sibi reservaverint (can. 899, §3).

6. Religiosi vicarii actuales ius habent ut Superiores religiosi eos audiant seu consulant quando agitur de praesentatione vicariorum cooperatorum ad normam can. 476, §4. Disputatur, et acriter quidem, utrum talis auditio vel consultatio ad validitatem requiratur. Quaestio in statu quo hodie invenitur rem dubiam reddit cum pro utraque sententia, negativa scilicet et affirmativa,

et fortia argumenta et magni nominis auctores militent, ideoque applicatio can. 15 est obvia. [34]

7. Vicarii actuales praecedunt omnibus aliis vicariis, non autem parochis saecularibus, nec vicario paroeciali Capituli Cathedralis. In communitate vero nulla speciali praecedentia gaudent, nisi constitutiones aliud statuant. [35]

III. *Obligationes tantum parochorum*

1. Obligatio Missam pro populo applicandi (can. 415, §2, 1°), quae obligatio est personalis, localis, et unica adimplenda diebus dominicis et festis de praecepto etiam suppressis ad normam cann. 466 et 339. [36]

Parochus religiosus dictis diebus hanc obligationem implere debet, ideoque Superior ei aliam intentionem commendare nequit. Quaeri autem potest utrum, quando dioecesana statuta praecipiunt ut Missa parochialis seu illa in qua homilia praedicanda est ad normam can. 1344 determinato modo celebretur, e.gr. ut sollemnis vel saltem cantata fiat, parochus eam celebrare debeat et pro po-

[34] Pro completo commentario huius generalis quaestionis vide Bastnagel, "The Requirement of Consultation for Valid Action," *The Jurist*, IX (1949), 365-395; Idem, *The Appointment of Parochial Adjutants and Assistants*, pp. 191-228; Michiels, *Principia Generalia de Personis in Ecclesia* (Lublin, Polonia: Universitas Catholica, 1932), pp. 406-408.

[35] Quod in hoc numero dicitur deducitur ex can. 478.

[36] Festa de praecepto et suppressa de iure communi, in quibus Missa pro populo applicanda est, sunt sequentia: Circumcisio; Epiphania; Purificatio B. M. V.; S. Matthiae Apost.; S. Joseph; Annuntiatio B. M. V.; Feria II post Pascha; Feria III post Pascha; Ss. Philip. et Jac. App.; Inventio S. Crucis; Ascensio Domini; Feria II post Pent.; Feria III post Pent.; SS. Corporis Christi; Nativ. S. Joan. Bapt.; Ss. Petri et Pauli App.; S. Jacobi Ap.; S. Annae Matris B. M. V.; S. Laurentii Mart.; Assumptio B. M. V.; S. Bartholomaei Ap.; Nativitas B. M. V.; S. Mathaei Ap. et Ev.; Ded. S. Michaelis Arc.; Ss. Sim. et Jud. App.; Omnium Sanctorum; S. Andreae Ap.; Nativitatis Domini; S. Stephani Protom.; S. Joannis Ap. et Ev.; Ss. Innocent. Mm.; S. Silvestri Pap. Animarum rectores Missam pro populo applicare tenentur etiam in festis Patronorum principalium et in aliis festis suppressis, quae respectivo in loco, vel ex iure vel ex indulto, olim sub utroque praecepto celebrabantur.

pulo applicare. Si agitur de parocho solo seu sine vicariis cooperatoribus, quamvis nullo iuris loco dicatur Missam pro populo applicari debere, plurimum suadetur ut ita fiat, quia etiamsi ei permittatur aliam vel forte alias Missas eodem die celebrare, pro illis stipendium accipere nequit (can. 824, §2), quod in aliis adiunctis eius animum inclinaret ad Missam non cantatam pro populo et cantatam pro stipendio applicare. Si vero est quaestio de parocho qui cooperatores habet, tunc stricte loquendo poterit ipse tempore sibi convenienti Missam pro populo applicare et postea in Missa paroeciali homiliam praedicare, quin ullo modo teneatur sive ad dictam Missam pro grege applicandam sive ad personaliter parochialem dicendam, nisi forsitan hoc ultimum a statuto dioecesano etiam praescribatur. Sed si tale statutum exsisteret, valde inconveniens erit, quia semper melius est ut parochus liber sit ad ministeria exercenda et Missam pro populo tempore opportuniore celebret. [37]

2. Parochus residere debet in propria paroecia ad normam can. 465. Nec obstat quod paroecia sit unita communitati, et quod parochus religiosus alios consodales habeat qui in eius absentia fideles attendant, nam residentiae obligatio parochum personaliter afficit. Communitas quidem est parochus habitualis, sed actualis cura animarum, ut iam dictum est, tota exclusive pertinet ad vicarium actualem, et quia tota ratio legis de residentia est ne parochiani defraudentur et sine cura sint, iam ex hoc sequitur parochum habitualem hac lege non affici, sed hoc ad parochum actualem pertinere. [38]

Attamen parochi religiosi etiam possunt a paroecia abesse, dummodo sequentes normas servent:

a) Si agitur de absentia infra bimestre et ultra hebdomadam duratura, indigent licentia scripta Ordinarii loci et consensu Superioris, qui pariter approbare debent vicarium substitutum qui de paroecia pro tempore absentiae curet (can. 465, §§2, 4). Consensus Superioris non necessario in scriptis constare debet, verba-

[37] Haec doctrina applicata fuit a S. C. C.; *Claromonten.*, 9 apr. 1881. Cf. *Fontes*, n. 4252.

[38] Cf. Ayape, *Ius Parochi Religiosi*, p. 70.

liter enim datus sufficit, nisi praxis vel consuetudo particularis contrarium ferat. [39] Praeterea consensus habitualis Superioris sufficit quin unaquaque vice debeat postulari et conferri. [40]

b) Si agatur de absentia diuturniore quam bimestre duratura, vel de diminutione temporis vacationum a iure concessi, gravis causa secundum iudicium Ordinarii loci requiritur (can. 465, §2). Causa gravis pro hac re esset e. gr. necessitas urgens communitatis, familiae, vel populi in altero loco, caritas christiana, obedientia debita loci Ordinario vel Superiori religioso, evidens utilitas Ecclesiae vel Reipublicae. [41] Superior autem religiosus posset quoque determinare vel reducere tempus absentiae et alias conditiones ponere, dummodo non sit in praeiudicium muneris paroecialis, et maxime si recreationis tantum causa absentia permittatur. [42]

c) Si agatur de absentia repentina, gravi de causa facienda, ultra hebdomadam duratura, parochus debet quamprimum per litteras Ordinarium commonefacere, ei indicans causam discessus et sacerdotem supplentem; eiusque mandatis stare debet (can. 465, §5).

d) Si denique agatur de absentia infra hebdomadam, parochus debet necessitatibus fidelium providere, maxime si id peculiaria rerum adiuncta postulent (can. 465, §6).

Quando parochus habet cooperatorem, in absentia parochi iam intelligitur ad ipsum cooperatorem pertinere "ratione officii parochi vicem supplere eumque adiuvare in universo paroeciali ministerio, excepta applicatione Missae pro populo" ad normam can. 476, §6, nisi aliud ferant statuta dioecesana vel litterae nominationis ab Ordinario datae. [43]

Approbatio vicarii substituti a Superiore religioso danda iuxta can. 465, §4, requiritur tantum ad liceitatem. [44a]

[39] Cf. Ayape, *op. cit.*, p. 71.

[40] Ita Goyeneche, "Consultationes," *CpR*, IV (1923), 181.

[41] Conc. Trident., sess. XXIII, *de ref.*, c. 1.

[42] Cf. Fanfani, *De Iure Religiosorum*, p. 464.

[43] Cf. Ayape, *loc. cit.*

[44a] Cf. Vermeersch-Creusen, *Epitome*, I, n. 565, p. 423; Cappello, "De Vicario Substituto," *Periodica de Re Morali, Canonica, Liturgica, utili praesertim Religiosis et Missionariis* (Brugis, 1905-), XIX (1930),

Parochus religiosus a paroecia abesse potest etiam tempore spiritualium exercitiorum et quidem quotannis per dies in constitutionibus designatos, iuxta can. 591, §1, 1º In hoc differunt a parochis saecularibus, quia isti vi can. 126 exercitia spiritualia facere debent tertio quoque anno, nisi Ordinarius loci praecipiat ut quotannis illa peragant. [44b]

3. Parochus religiosus assistere etiam debet conferentiis de re morali et liturgica, ad normam cann. 131 et 448 habendis. Et quamvis can. 591 praecipiat ut in domibus religiosis formatis solutio casus moralis et liturgici semel saltem in mense habeatur, haec obligatio minime liberat parochum religiosum ab assistentia conferentiis dioecesanis, quae ei imponitur ratione curae animarum, et praeterea in hac re subest Ordinario loci. Hoc ex ipso contextu citatorum canonum deducitur. Olim auctores, praesertim religiosi, a tali obligatione vicarios cooperatores excusabant eo quod can. 131 talem obligationem imponit religiosis "curam animarum habentibus." Arguebant praeterea vicarium cooperatorem ratione officii vicem parochi tantum supplere (can. 476, §6), ideoque proprie curam animarum non habere, quia qui pro alio agit, titulus alius habere non censetur. Hodie tamen ex responso Commissionis Pontificiae diei 12 februarii 1935, hoc amplius doceri nequit. [45]

4. Praeter obligationes iam recensitae quoad administrationem sacramentorum, parochi tenentur sequentes etiam adimplere:

4a (posthinc haec ephemeris citabitur *Periodica*); Claeys Bouuaert, "De Vicarii Substituti Constitutione ac Munere," *Jus Pontificium*, VII (1927), 77 et sqq.

44b Concilium Baltimorense III (1884) statuit ut Episcopi clerum suarum dioecesium quotannis vel saltem singulis bienniis in sacrum secessum ducant. Cf. *Acta et Decreta Concilii Plenarii Baltimorensis Tertii* (Baltimorae: Typis Joannis Murphy et Sociorum, 1886), n. 75, p. 39.

45 Cf. *AAS*, XXVII (1935), 92; Sartori, *Enchiridion*, pp. 19-20; Bouscaren, *Digest*, II, 53. Non obstante hoc responso Schaefer in 4. editione (1947) sui operis *De Religiosis*, p. 870, n. 1461, haec scripsit: "Vicarii cooperatores, ad Religionem exemptam pertinentes ad id [scilicet assistendum conferentiis] non obligantur, cum non censeantur ex officio curam animarum habere." Supponere autem necesse est clarum auctorem responsum Commissionis Pontificiae involuntarie praeteriisse, quia secus non intelligitur quare adhuc hoc doceat.

a) Quod attinet ad Baptismum: ut infantes quamprimum baptizentur et de hac obligatione fideles monere debent (can. 770); curare ut fideles, praesertim obstetrices, medici, etc., addiscant rectum baptizandi modum (can. 743), et ut baptizandis christianum nomen imponatur (can. 761).

b) Quod attinet ad Confirmationem, curare debent ut fideles opportuno tempore ad eam accedant (can. 787).

c) Quoad Eucharistiam: ut nec pueri indispositi ad eam accedant, nec dispositi ab ea abstineant (can. 854, §5; ut fideles frequenter etiam ad eam accedant (can. 863).

d) Quoad Poenitentiam: ut fideles qui velint peccata sua confiteri, eum praesto habeant (can. 892, §1).

e) Quantum ad Extremam Unctionem: ut fideles sine ea non decedant, servatis quoad eius administrationem cann. 468, §1; 514, §3; 939.

f) Quod attinet ad Ordinem: ut litterae testimoniales de ordinandi moribus et vita ad curiam transmittantur (can. 1000, §1).

g) Quantum ad Matrimonium: ut praescriptae investigationes peragantur (can. 1019, sqq.); ut nupturientes afferant testimonium Baptismatis et plerumque Confirmationis (can. 1021); ut edoceantur sponsi quoad sanctitatem matrimonii, mutuas coniugum obligationes et obligationes parentum erga prolem; sponsos praeterea adhortari vehementer debet ut ante matrimonii celebrationem sua peccata diligenter confiteantur, et Ssmam. Eucharistiam cum pietate recipiant (can. 1033); ut de hoc ipso et de matrimonii impedimentis populus edoceatur (can. 1018); ut sponsi nuptialem benedictionem accipiant. (can. 1101, §1).

5. Aliae obligationes positivae quoad res diversas sunt sequentes:

a) Emissio professionis fidei ante possessionem aut in ipso possessionis capiendae actu (can. 461). Quia tamen parochus religiosus non tenetur obligatione beneficii possessionem capiendi, ei haec obligatio non videtur imponenda.

b) Parochus debet officia divina celebrare, suas oves cognoscere et errantes prudenter corrigere, pauperes ac miseros paterna caritate complecti, maximam curam adhibere in catholica puerorum institutione (can. 467, §1).

c) Visitatio et auxilium spirituale infirmorum eorum praesertim morti proximorum, quos etiam Deo commendare debet (can. 468, §1).

d) Vigilantia ne quid contra fidem et mores in suos irrepat praesertim in scholis; institutum vel fomentum operarum caritatis, fidei ac pietatis (can. 469).

e) Cura ut temporibus a loci Ordinario statutis sacrae missiones ad populum habeantur (can. 1349).

f) Fomentum vocationis ecclesiasticae et religiosae puerorum (can. 1353).

g) Petitio oleorum sacrorum ab Ordinario loci eorumque diligens asservatio (cann. 735, 946).

h) Monitio fidelium de periculo et damno lectionis librorum pravorum (can. 1405, §2).

i) Vigilantia ne sacrae reliquiae occasione maxime haereditatum vendantur (can. 1289, §1).

j) Consignatio scripta denuntiationum delictorum forte sibi a fidelibus factarum eiusque delatio ad Ordinarium loci (can. 1936).

k) Stricta observantia secreti officii ad normam can. 1755, §2, 1º

l) Libens usus operae religiosorum in sacro ministerio, praesertim in confessionibus audiendis et instructionibus catecheticis adultorum et puerorum (cann. 608, §2, 1333).

m) Commendatio acatholicorum in paroecia degentium (can. 1350, §1).

n) Instructio et directio vicariorum cooperatorum quoad curam animarum eorumque vigilantia, ac obligatio de eisdem saltem quotannis ad Ordinarium referendi (can. 476, §7).

Articulus 2. Iura et Officia Superioris Localis quoad Curam Animarum

Paragraphus I. Notae historicae.

Quoad compatibilitatem inter officia Superioris localis et parochi, ante Codicem aliquod documentum invenitur ex quo clare apparet haec officia ut incompatibilia considerata fuisse. Textus documenti est sequens:

> Mature discussa in Sacra Congregatione super disciplina Regular, habita sub die 28 maii currentis anni 1715, causa incompatibilitatis Prioratus Conventus... et curae animarum eiusdem ecclesiae, unitim in persona Patris Hieronymi Allegri, Eminentissimi Patres, auditis partibus, unanimiter censuerunt praedicta duo munia esse inter se incompatibilia, et insuper nominationem praefati Patris Allegri in Priorem dicti Conventus esse nullam. Mandantes insimul, Sanctissimo Domino N. approbante, ut enuntiata duo officia seorsim provideantur in omnibus et singulis conventibus cuiuscumque Ordinis, Societatis, aut Instituti, quibus cura animarum incumbit, aut incumbere contigerit. Et ita perpetuo et inviolabiliter observetur, sub poenis arbitrio eiusdem Sacrae Congregationis. [46]

Anno 1910 die 12 augusti, S. Congregatio de Religiosis facultatem concessit Ministro Generali Fratrum Minorum dispensandi aliquem alumnum eius Religionis a decreto dato a quodam Delegato Apostolico cuius vigore dictus religiosus muneribus Superioris localis et parochi simul fungi debebat. In tali concessione adhuc ius antiquum a Congregatione applicatur, quia eam dedit precibus quae fundabantur in eo quod "cumulatio duorum officiorum [parochi scilicet et Guardiani] in una eademque persona alterutri ex officiis noxia practice resultat, et non semper in una eademque persona omnes qualitates ad utrumque munus fructuose explendum reperiuntur, atque demum tale decretum etiam iuri communi hodie vigenti refragatur ex quo Superior Regularis esse simul Parochus inhibetur." [47] Vi ergo talis iuris Superior localis a parocho distinctus esse debebat.

Superior tamen localis, ut dictum fuit in capite III huius thesis, per aliquod tempus consideratus fuit ut personalis parochus habitualis paroeciae pleno iure unitae. [48]

Tanquam Superior vero etiam ei aliqua iura antiquum ius concedebat quae relationem habent cum cura animarum. Itaque

[46] Cf. Ferraris, *Bibliotheca*, s. v. *Parochus*, art. 2, n. 85.

[47] Cf. *Periodica*, V (1913), 248.

[48] Cf. *supra*, p. 62.

Concilium Tridentinum in sess. XXV, *de regularibus,* c. 11, decrevit:

> In monasteriis seu domibus virorum seu mulierum, quibus imminet animarum cura personarum saecularium, praeter eas, quae sunt de illorum monasteriorum seu locorum familia, personae tam regulares quam saeculares huiusmodi curam exercentes subsint immediate in iis, quae ad dictam curam et sacramentorum administrationem pertinent, iurisdictioni, visitationi, et correctioni Episcopi, in cuius dioecesi sunt sita.

Congregatio autem Concilii die 11 ianuarii, anno 1698, respondit Episcopo Calaguritano Abbatem ius cumulativum cum Episcopo habuisse visitandi parochiam aliquam unitam:

> I. An et ad quem spectet visitare Ecclesiam parochialem?
> Resp. ad 1: spectare ad Ordinarios et Abbatem cumulative ad formam decretorum Sacrae Congregationis. [49]

Sacra Romana Rota praeterea die 1 ianuarii, anno 1679 (Toletana [iurisdictionis]) statuit ius visitandi parochias pleno iure monasteriis unitas spectare ad Episcopum, iure delegato, et ad Priorem seu Superiorem localem, iure ordinario, modo quidem cumulativo. Haec decisio citata est a Congregatione Concilii in suo decreto diei 19 novembris, anni 1729 (Vultuanensi [iurisdictionis]), ubi etiam definivit iurisdictionem et correctionem vicarii curam animarum exercentis non esse privativam Episcopi, sed cumulative ad Superiorem localem pertinere. [50]

Eodem loco Congregatio Concilii acceptavit explicationem a Cardinali de Luca (1614-1683) traditam, nempe quod:

> ...haec [iurisdictio] cumulativa non est intelligenda alternativa cum iure praeventionis, sed de simultanea et compatibili, quod nempe possit uterque [Episcopus et Superior]

[49] Cf. *Fontes,* n. 2959.
[50] Cf. *Thes. Res.,* IV, 365.

sive prius, sive postea, sua iurisdictione uti; ita ut male se gerens in exercitio curae subiacere possit duplici punitori. [51]

Paucis annis elapsis, Benedictus XIV, die 6 novembris, anno 1744, in sua Constitutione *Firmandis,* §10, eandem doctrinam clare confirmavit:

> §10. Uno verbo, quidquid Episcopus a Parocho saeculari exquirere atque exigere solet ac debet, id omne, regulari observantia unice excepta, a Parocho Regulari exquirere et exigere potest; atque ubi hunc muneri suo defecisse compererit, opportuna decreta condere et pronunciare ac meritas in eundem poenas statuere; in quo nihilominus Episcopi facultates minime privativae sunt, sed Praesul Regularis ius cumulativum cum ipso habet. [52]

Post Benedictum XIV nulla mutatio locum habuit circa hanc materiam particularem; notare autem oportet ius cumulativum Superioris religiosi eo modo intellectum quo Cardinalis de Luca illud exposuit et de quo hic agitur debuisse non exerceri contra decreta quae Episcopus, iure suo utendo, tulerit, quia si aliquando talis surrexerit oppositio, tunc decreta episcopalia praevalere debebant. Haec doctrina propugnata fuit a Congregatione Concilii, modo continuo, a temporibus paululum posterioribus Concilio Tridentino, ut apparet in responsis ab illa datis die 2 maii, anno 1595, die 29 iulii, anno 1628 (*in Veronensi*), [53] die 12 novembris, anno

[51] Cf. *Theatrum Veritatis et Iustitiae in XVI Tomis,* tom. IV (*De iurisdictione*), discurs. IV, n. 5; *Thes. Res., loc. cit.*

[52] Cf. *MBR,* XVI, 251; *Fontes,* n. 349.

[53] Haec responsa referuntur a Barbosa, *Iuris Ecclesiastici Universi Libri Tres* (Lugduni, 1660), lib. I, cap. XIV, n. 21, ubi citat Novari, in *Lucerna Regulari,* s. v. *Visitare,* nn. 13-14. Fortasse opus Novari a Barbosa citatum communiter ut *Lucerna Regularis* agnoscebatur, sed titulus integrus operis est: *Singularium et Practicabilium Postremi Recentiorisque Iuris Canonici Decisivarum Conclusionum Opusculum Novum* (Neapoli, 1628).

1689 (*in Mediolanensi*), [54] et denique die 18 augusti, anno 1696 (*in Hispalensi* [*visitationis*], ad 6). [55]

Hoc ipsum confirmatum est quoque a Benedicto XIV in citata Constitutione *Firmandis*, §10, ubi praeterea addidit Superiorem religiosum inquirere non posse circa vitam et mores parochianorum, ita ut, si aliqua scandala inter ipsos suscitarentur, Episcopus esset qui, auditis sinceris et prudentibus viris, de dictis scandalis cognoscere et illis providere debebat remediis opportunioribus, "nec enim Superioribus Regularibus in huiusmodi saeculares parochiae subditos ulla competit iurisdictio." [56]

Quaenam igitur erant, specifice loquendo, iura Superioris religiosi ad curam animarum spectantia? Ex Constitutione *Firmandis* responsum est in promptu. Debebat curare:

1. Ut parochus religiosus legem residentiae servaret;
2. ut, si ad synodum vocaretur, ipsae assisteret;
3. ut congregationes et conferentias circa casus conscientiae frequentaret.

Curare etiam debebat ut parochus religiosus fideliter adimpleret omnia munera ad curam animarum spectantia, nempe, inter alia:

1. ut diebus de praecepto festivis verbum Dei populo praedicaret;
2. ut pueris elementa doctrinae christianae doceret secundum normam Concilii Tridentini; [57]
3. ut diebus statutis confessiones fidelium audiret;
4. ut moribundis auxiliis assisteret spiritualibus et opportune illis sacramenta Ecclesiae administraret;
5. ut pueris et puellis apte instrueret antequam ad receptionem sacramentorum Confirmationis et Primae Communionis accederent;
6. ut, antequam fideles matrimonium in facie Ecclesiae con-

[54] Hoc responsum citat Monacellus, *Formularium Legale Practicum Fori Ecclesiastici* (3. ed. Romana, 4 voll. in 3, Romae, 1844), I, tit. V, Form. II, n. 2.

[55] Ita ipsa Congregatio declarat in responso dato die 19 nov. 1729, Cf. *Thes. Res.*, IV, 267.

[56] Cf. *MBR*, XVI, 251; *Fontes*, n. 349.

[57] Cf. Conc. Trident., sess. V, *de ref.*, c. 2; sess. XXV, *de ref.*, cc. 4, 7.

traherent, inquisitiones necessarias perageret, ad hoc ut invenire et congnoscere posset utrum aliquod impedimentum inter partes exsisteret, vel utrum ambae partes libere consensum in matrimonium praeberent, et denique utrum partes sufficientem instructionem religiosam haberent praesertim quoad praecipua mysteria nostrae Religionis;

7. ut ordinaret et servaret libros baptismorum (si ecclesia fontem baptismalem habebat), confirmationum, matrimoniorum et status animarum. [58]

Sicut autem in institutione parochi religiosi, ita etiam in visitatione paroeciae pleno iure unitae domibus in quibus Abbates Generales vel Capita Ordinum sedem ordinariam habebant, vel in illis in quibus Abbates vel Superiores religiosi iurisdictionem episcopalem et temporalem in parochos et parochianos exercebant, Superior religiosus erat qui ius exclusivum illam peragendi habebat, quin Episcopus ius cumulativum asserere potuisset. [59]

Abusus autem in hoc evitandi, et, si iam exsistebant, corrigendi erant, quia aliqui clausulam *Abbates Generales* corrumpebant, illam arbitrarie interpretando ac si diceret *Abbates et Generales* (duo subiecta distincta) contra mentem Concilii, quod excludere voluit domos tantum ubi Abbates Generales habitabant, et non illas in quibus Abbates simpliciter de regimine morabantur.

Ad hoc tamen ut mens Concilii servaretur, non requirebatur ut monasteria fuissent fundationes Ordinis religiosi primordiales seu quod domus fuissent matrices, sed sufficiebat quod in illis Abbates Generales et Supremi Moderatores suam sedem ordinariam haberent.

Praedicta vero exceptio non dabatur in aliis paroeciis quae fortasse dictae domui unitae fuissent, quia pro applicatione istius exceptionis supponebatur in lege ecclesiam insimul paroecialem exsistere in loco residentiae Superioris Generalis. [60]

[58] Const. *Firmandis,* §9, 6 nov. 1744. Cf. *MBR,* XVI, 251; *Fontes,* n. 349.

[59] Conc. Trident., sess. XXV, *de regularibus,* c. 11; Benedictus XIV in Const. *Firmandis,* §§12, 13. Cf. *MBR,* XVI, 251-252; *Fontes,* n. 349.

[60] Benedictus XIV, *ibid.,* §§13-15. Cf *MBR,* XVI, 252; *Fontes,* n 349.

Paragraphus II. Ius vigens.

I. Ante Codicem, ut dictum est in praecedenti paragrapho, officia Superioris localis et parochi uti incompatibilia habebantur. Post Codicem eandem doctrinam tenet Blat, [61] qui ut eam probet imprimis ad ius vetus provocat et postea ex Codice illam deducere satagit, praesertim ex eo quod in can. 452, §2, personae morali vel domui religiosae curam paroeciae tantum habitualem habere permittitur. Praeterea Clancy, qui hanc sententiam quoque amplectitur, argumentum a Blat propositum evolvit et complet addendo Superiorem localem repraesentare personam moralem, ideoque ex citato can. 452, §2, sequi dictum Superiorem habere non posse nisi curam habitualem paroeciae. Post dictum argumentum idem auctor negative procedit affirmando incongruum esse ut ab eadem persona utraque officia habeantur, quia ex una parte Superior personam moralem repraesentat in eius relationibus cum parocho religioso, et ex alia, si ipse simul parochus sit et conflictus surgat circa iura domus religiosae et paroeciae, ipse nequit eum solvere vel saltem valde difficile est ut sine alterutrius praeiudicio id faciat. [62]

Auctori autem huius opusculi talem doctrinam post Codicem solido fundamento carere videtur, et quidem propter sequentes rationes:

Can. 156, §2, modo generali statuit pro iure hodierno incompatibilia esse illa officia quae una simul ab eodem adimpleri nequeant. [63] Auctores praeterea docent incompatibilia esse officia realiter inter se non unita, quae sive ex natura rei, sive ex iure ecclesiastico, sive ex iure consuetudinario, particulari vel funda-

[61] Cf. *Commentarium,* II, n. 500, p. 484. Coady etiam pro incompatibilitate militat quin tamen ulla argumenta ad suam sententiam probandam offerat, et tantum citat Blat. Cf. *The Appointment of Pastors,* p. 106.

[62] Cf. *The Local Religious Superior,* p. 108, et praesertim nota 232.

[63] Can. 1439, §2, addit incompatibilia etiam esse duo beneficia quorum alterutrum ad honestam beneficiarii sustentationem sufficiat; sed hoc in casu applicationem non habet, quia etiamsi paroecia sit beneficium, hic potius attendi debet ad officium tum parochi cum Superioris.

tionis, ab uno clerico simul haberi non possunt. [64] Praescindendo igitur a quocumque iure particulari, ad compatibilitatem vel incompatibilitatem de qua hic agitur probandam necesse est inquirere utrum ipsa natura rei an ius commune unam vel aliam statuat. Ex ipsa natura rei incompatibilia dicuntur ea officia quorum obligationes in concreto una simul adimpleri nequeunt, e. gr. duo Canonicatus eiusdem Capituli cum iisdem obligationibus et iuribus. [65]

Iamvero, quod una et eadem persona simul obligationes Superioris localis et parochi adimplere nequeat probari non potest neque theoretice neque practice: non theoretice, quia absolute possibile est concipere personam quae adimpleat officia quae non exigunt duas distinctas residentias et quorum obligationes et iura perfecte diversa sunt, quin perfici et exerceri debeant uno et eodem temporis momento; non practice, quia experientia quotidiana in variis regionibus, ubi parcitas religiosorum vel quaecumque alia causa talium officiorum coniunctionem exigit, praecise contrarium probat.

Non restat igitur nisi quod ius commune incompatibilitatem decernat. Si vero Codex inspicitur, nullus canon invenietur qui absolutam incompatibilitatem munerum Superioris localis et parochi statuat. [66] Hoc probatur, quia can. 452, §2, a Blat et Clancy in contrarium allatus, utique praecipit ut persona moralis nonnisi curam habitualem paroeciae retineat; sed ex hoc non sequitur Superiorem curam actualem habere non posse, quia, quamvis Superior repraesentet personam moralem, non tamen cum ea confunditur seu identificatur. Hoc constat quia omnia membra quibus persona moralis constituitur, Superiore incluso, iuridice ab illa distinguuntur, eo quod iura et officia quae personae morali afficiunt nequeunt singulis membris applicari. Aliis verbis, personalitas iuridica Superioris alicuius corporationis distinguitur a personalitate ipsius corporationis, ideoque quae prohibentur personae morali non eo ipso prohibita habenda sunt pro Superiore. Consequentia proinde a Blat et Clancy deducta logica caret et incom-

[64] Cf. Wernz-Vidal, *Ius Canonicum,* II, n. 214, p. 274; Coronata, *Institutiones,* I, n. 217, p. 251.

[65] Cf. Coronata, *loc. cit.*

[66] Ita etiam Ayape, *Ius Parochi Religiosi,* p. 103, quin tamen suum assertum probet.

patibilitas officiorum Superioris localis et parochi a iure communi non statuitur: unde concludere licet talem compatibilitatem de iure vigenti exsistere. Caeterum, hoc ab ipso Codice confirmatur, quia iuxta can. 472, 2º, Superior localis regimen paroeciae assumere debet, nisi aliter provisum fuerit, quando paroecia religiosa vacat, et ita de facto, ex praescripto ipsius Codicis, Superior localis munus obit, temporarie saltem, quo ante paroeciae vacationem parochus religiosus fungebatur. [67]

Aliunde vero praescriptum citati can. 472, 2º, etiam evidenter praesupponit seiunctionem duorum officiorum. Hoc apparet ex eo quod Superior localis, eveniente vacatione parochiae, regimen curae animarum, quod tempore vacationis habere non praesumitur, assumere debet. Unde vi huius canonis tenendum est quod, etiamsi absoluta incompatibilitas non statuatur a Codice, tamen iuxta mentem ipsius, officia Superioris localis et vicarii actualis non sunt eidem personae conferenda, saltem ordinarie. Dicitur saltem ordinarie, quia auctor huius thesis credit necessitatem vel quamcumque aliam causam proportionatam licitam reddere coniunctionem in eadem persona officiorum de quibus hic quaestio movetur, quia eorum separatio a Codice praesupposita non ita stricta apparet ut nunquam contra eam agere liceat. [68] Probabilitas autem huius opinionis facilius admitti potest si in mente habetur Codicem nullibi explicitam prohibitionem quoad rem statuere et aliquando melius esse tam pro cura animarum quam pro disciplina regulari si idem religiosus sit parochus simul et Superior.

Compatibilitate officiorum probata, et a pluribus auctoribus praesupposita, ipsi in duas sententias distinctas vergunt quando agitur de convenientia vel inconvenientia coniunctionis in eadem persona talium officiorum. Alii, ut Maroto, varia argumenta in

[67] Cf. Bastnagel, "Compatibility of Posts of Local Superior and Parish Vicar," *The Jurist,* X (1950), 53.

[68] Notetur hic quaestionem esse de liceitate coniunctionis officiorum et non de validitate eiusdem. Validitas enim coniunctionis etiam sine causa in dubium vocari nequit, simpliciter quia deest lex quae certe irritans vel inhabilitans sit relate ad talem officiorum possessionem. Cf. Bastnagel, *ibid.,* p. 55.

favorem convenientiae proponunt, [69] alii, ut Delgado, per longum et latum incongruentias talis coniuctionis ostendunt. [70]

Quoad rem opinio auctoris huius thesis, ratione habita doctrinae superius expositae, est sequens: In unoquoque casu particulari Superiores, quibus hoc competat, antequam dictis officiis provideant pro illis assignando duas vel unam tantum personam, considerare debent quid melius sit ad hoc ut tum regimen familiae religiosae, tum cura animarum iuxta leges ecclesiasticas et particulares adimpleatur. Contingere enim potest ut aliquis religiosus requisitis qualitatibus gaudeat ad hoc ut utrisque muneribus fungatur et praeterea peculiaria communitatis adiuncta et paroeciae regimen hoc ipsum postulent. Aliquando vero melius erit si unus religiosus sit Superior, alius vero parochus, quia iterum circumstantiae particulares rerum et personarum hoc expetunt. Paucis verbis, difficillimum est regulam generalem quoad hoc statuere, quia quod verum est pro aliquo casu, applicari nequit in alio et viceversa; ideoque prudentia Superiorum in electionibus religiosorum pro muneribus et horum bona voluntas melius in praxi quaestionem solvere possunt quam omnes disquisitiones scriptorum.

II. Post solutionem huius quaestionis incidentalis pergere licet ad discussionem iurium et officiorum Superioris localis quoad curam animarum.

Can. 631, §1, statuit: *"Idem parochus vel vicarius religiosus, licet ministerium exerceat in domo seu loco ubi maiores Superiores religiosi ordinarium sedem habent, subest immediate omnimodae iurisdictioni, visitationi et correctioni Ordinarii loci, non secus ac parochi saeculares, regulari observantia unice excepta."* [71]

Et §2. *"Ordinarius loci, ubi eum suo muneri defecisse comperit, opportuna decreta condere ac meritas in eum poenas statuere potest; in quo nihilominus Ordinarii facultates minime pri-*

[69] Cf. "'Annotationes," *CpR,* I (1920), 102.

[70] Cf. *De Relationibus,* pp. 60-61.

[71] Quoad hoc, ius antiquum mutatum est, quia ante Codicem, ut dictum est supra p. 70, parochi religiosi a iurisdictione, etc. Ordinarii loci liberabantur quando habitabant in domo ubi Superiores maiores residentiam ordinariam habebant.

vativae sunt, sed Superior ius cumulativum cum ipso habet, ita tamen ut, si aliter a Superiore, aliter ab Ordinario decerni contingat, decretum Ordinarii praevalere debeat."

Ex praecedentibus paragraphis duae praecipuae quaestiones immediate surgunt: 1ª Ius cumulativum Superioris, de quo in §2, extenditurne solum ad decreta et poenas, vel etiam ad iurisdictionem, visitationem et correctionem de quibus in §1? 2ª Quisnam est Superior qui tali vel talibus iuribus gaudet, localis, scilicet, vel maior?

Quoad primam quaestionem aliqui tenent Superioris ius cumulativum sese extendere tantum ad poenas et decreta, non vero ad iurisdictionem, etc., quia can. 631, §1, statuit parochum religiosum subesse "immediate omnimodae iurisdictioni... Ordinarii loci," et ita excluditur Superior religiosus. [72] Alii e contra, et quidem rectius, docent ius cumulativum Superioris ad omnia sese extendere quae in duabus can. 631 allatis paragraphis includuntur. [73]

Haec secunda sententia haberi potest ut certa ex comparatione inter cann. 630, §2, et 631, §§1-2, quia dum in primo, quoad observantiam religiosam, ius privativum Superioris religiosi expresse asseritur, in secundo, quoad iurisdictionem, etc., ius cumulativum Ordinarii loci et Superioris in genere declaratur. Praeterea, ut merito notat Delgado, si vi can. 631, §2, Superiori conceditur ius poenas statuendi decretaque condendi, et certe quoad defectiones parochi religiosi in suo munere, ut ex ipso textu canonis apparet, necesse est ut ipsi etiam concedatur ius visitandi, etc., secus decreta dare non posset circa id quod ignorat, et talis ignorantia non tollitur si parochus religiosus ut independens in dictis rebus a Superiore habendus est. Caeterum, verba can. 631, §1, a prima sententia allata nihil probant, quia "immediate" idem est ac "directe," et "omnimode" aequivalet clausulae "in omnibus rebus."

[72] Cf. S. R., "Ordinario e Religioso Parroco," *IME* XLIV (1932), 139-142.

[73] Cf. Goyeneche, "Consultationes," *CpR,* X (1929), 182; Coronata, *Institutiones,* I, n. 635, p. 831; Delgado, *De Relationibus,* pp. 76-77; Vromant, "De Regimine Paroeciarum et Quasi-Paroeciarum Religiosis Sodalibus Concreditarum," *Jus Pontificium,* XIII (1933), 281.

Ex hoc tamen non affirmatur Superiorem localem aliquam iurisdictionem parochialem obtinere, quia haec exclusive ad parochum pertinet iuxta can. 471, §1; sed tantum asseritur Superiori ius competere vigilandi ut parochus suum munus recte adimpleat.

Ad secundam quaestionem solvendam imprimis distinguere necesse est inter varias classes seu species Superiorum et inter facultates seu potestates quibus gaudeant. Can. 501, §1, explicite statuit omnes Superiores potestatem dominativam habere in subditos ad normam constitutionum et iuris communis, et omnes Superiores in religione clericali exempta iurisdictionem ecclesiasticam habere tam pro foro interno quam pro externo.

Doctrina communis praeterea tenet constitutiones particulares uniuscuiusque Instituti moderari et definire valere non solum potestatem dominativam, quod evidenter apparet ex textu citati can. 501, §1, sed etiam potestatem iurisdictionalem Superiorum quibus talis potestas conceditur. [74] Ex hoc iam sequitur ante omnia constitutiones particulares inspiciendas esse ad cognoscendum quisnam sit Superior cui competat ius vigilandi, corrigendi parochum religiosum vel contra eum poenas infligendi decretaque statuendi in rebus ipsius munus respicientibus. Constitutiones tale ius tribuere possunt, sive Superiori maiori, sive Superiori locali. Si vero constitutiones de hoc sileant, aliqui [75] putant dictum ius pertinere ad Superiorem cui ex constitutionibus competat, una cum Ordinario loci, parochum religiosum designare et removere. Si igitur lex particularis talia iura Superiori locali agnoscat, dictus Superior vigilare, corrigere, etc. etiam potest parochum religiosum in rebus quae ipsius munus attingant. Idem Superior praeterea vim praebere debet poenis ab Ordinario loci forsan contra parochum statutis, etiam, si necesse sit, alias addendo poenas; [76] at simul ipsius est, quando tales poenae ipsi iniustae videantur, suum subditum defendere.

[74] Cf. Schaefer, *De Religiosis,* n. 438, p. 108; Berutti, *Institutiones,* III, 49; Coronata, *Institutiones,* I, n. 534, p. 635; Clancy, *The Local Religious Superior,* p. 29.

[75] Cf. Clancy, *op. cit.,* p. 116.

[76] S. C. de Prop. Fide, instruc. 8 dec. 1929. Cf. *AAS,* XXII (1930), 260.

Haec doctrina sustineri potest, sed praeterea addendum videtur Superiorem localem, etiam quando constitutiones ei ius denegant parocho religioso poenas imponendi decretaque statuendi in rebus ad curam animarum pertinentibus, adhuc facultate gaudere vigilandi parochum quoad perfectam adimpletionem sui muneris quoad ipsam curam animarum. Hoc explicite a Codice non dicitur, sed deduci potest ex ipsa natura muneris Superioris localis, qui qua talis repraesentat personam moralem cui paroecia unita est, ideoque et ipse curare debet ut meliori quo fieri possit modo animarum bono attendatur, quod simpliciter fieri nequit si ipse nullam vigilantiam quoad rem habeat. Huic accedit quod, etiamsi Superior localis nequeat parochum religiosum nominare vel removere, eo quod a constitutionibus hoc iure privatur, adhuc ei facultas agnoscenda est Superiori competenti referendi utrum talis persona apta sit ad munera parochialia exercenda, necne, in paroecia unita domui cuius est Superior; quod iterum fieri nequit si ipse vigilare non possit parochum et ex vigilantia pastorales qualitates religiosi agnoscere.

Sed bene notandum est sermonem hic esse de vigilantia, non autem de ingerentia cuiusque generis in ipsam curam animarum ex parte Superioris localis. Praeterea haec opinio firmari videtur ex illis canonibus ubi Superiores religiosi (locali incluso) exhortantur et requiruntur ad ministerium religiosorum libenter praestandum, salva religiosa disciplina, cum a locorum Ordinariis vel a parochis ad consulendum populi necessitati tale ministerium requiritur. [77] Evidens est enim, ex can. 415, §5, Superiorem localem et alios libentius tale ministerium praestare debere in paroeciis suae communitati unitis; sed quia parochus illud requirere debet "ad consulendum populi necessitati," talis necessitas, quando agitur de parocho religioso, diiudicanda videtur tum a parocho tum a Superiore ad hoc ut Superior exactum numerum religiosorum quorum opera indigetur praebere possit. Denique haec opinio confirmatur ex eo quod in iure veteri Benedictus XIV in §9 Constitutionis *Firmandis* explicite Superiori locali, non solum ius, sed et obligationem, imposuit curandi ut parochus religiosus suum mu-

[77] Can. 608, §1. Cf. etiam cann. 609, §1, et 415, §5.

nus perfecte adimpleret, et praeterea specifice descripsit actus qui sub tali cura cadebant. [78]

III. Can. 609, §1, una cum can. 415, §3, sequentia iura Superiori locali concedit quando ecclesia apud quam residet communitas religiosa est simul paroecialis:

a) Custodia Ssmae. Eucharistiae sacramenti, sed Superior prae oculis habere debet quod altera sacri ciborii clavis apud parochum servari debet;

b) vigilantia ut in functionibus a parocho peractis leges liturgicae serventur;

c) cura ecclesiae eiusque bonorum administratio cum piis legatis.

Quoad curam ecclesiae aliqua sunt notanda: Superior religiosus est Rector ecclesiae religiosae seu religiosorum, non autem ecclesiae saecularis, uti apparet ex can. 630, §4. Si igitur ecclesia paroeciae religiosis pleno iure unitae non ad religiosos sed ad dioecesim fortasse pertineat, iura de quibus in can. 415, §3, 3°, sermo est, non sunt Superioris localis sed parochi, quod etiam applicatur quando communitas non resideat apud ecclesiam parochialem. [79] Ecclesia vero est religiosa seu religiosorum, stricto sensu, si ipsa alicui Religioni plene sit addicta vi alicuius tituli acquisitivi vel translativi dominii. [80] Hic titulus potest esse originarius (aedificatio, fundatio) vel derivativus (praescriptio, donatio, consue-

[78] Cf. *MBR,* XVI, 251; *Fontes,* n. 349.

[79] Cf. Carmignani, *Il Piccolo Codice dei Parroci Regolari* (Arezzo, 1927), p. 58.

[80] Ita Delgado (*De Relationibus,* p. 101), cui adstipulandum est in eius distinctione relate ad notionem communiter datam in hac re. Praeter dictos titulos, iuxta notionem communem, includuntur etiam usus perpetuus vel quasi-perpetuus ecclesiae. Hi tituli tamen recte a Delgado excluduntur, quia, ut ipse merito notat, si usui non accedit alia circumstantia quae dominium transferat et cuius vi ecclesia dici possit propria religiosorum, solus usus semper est ius in re aliena. Pro citata notione communi cf. Maroto, "Annotationes," *CpR,* VII (1926), 438; Vermeersch-Creusen, *Epitome,* II, 328-329; Schaefer, *De Religiosis,* n. 1368, pp. 816-817, ubi hic auctor doctrinam quoad rem a Delgado evolutam admittit et refert.

tudo, unio pleno iure effecta si expresse in illa hoc concedatur).[81] Aliqua ecclesia potest sensu etiam minus proprio religiosa dici, si nempe commissa est curae alicuius communitatis religiosae quae apud ipsam residet.[82] Tunc pro aliquibus rebus huiusmodi ecclesia nomine ecclesiae religiosae etiam venit, e. gr. pro calendario, pro sepultura ecclesiastica.[83]

Hoc praenotato, si agitur de ecclesia communitatis stricto sensu, Superior, ut iam dictum est, est Rector, sed eius potestas coercita est fine quem ecclesia uti ecclesia parochialis intendere debet. E contrario, parochus actualis non absolute et illimitate et ad arbitrium suum uti potest ecclesia religiosa, sed tantum quantum curae animarum interest.[84]

Caeterum, cura ecclesiae sine dubio includit etiam observantiam praescripti can. 1178, scilicet ut in ecclesia "illa munditia servetur quae domum Dei decet, et ab eadem arceantur negotiationes et nundinae, quamquam ad finem pium habitae; et generatim quidquid a sanctitate loci absonum est." Ad Superiorem quoque pertinet:

a) Eleemosynas pro ecclesia paroeciali aedificanda, conservanda, instauranda, exornanda accipere, apud se retinere, colligere et administrare (can. 630, §4). In hac re notat Clancy dictum ius ad Superiorem localem pertinere solum in casu quo paroecia domui incorporata sit, per oppositionem ad incorporationem factam Provinciae vel toti Religioni. Praeterea, quando de facto Superior localis eo iure gaudet, videtur usum phrasis "ad Superiores" (in plurali) loco "ad Superiorem" (in singulari) indicare plus quam unum Superiorem participationem habere in administratione bonorum de quibus hic agitur. Ipse notat constitutiones consulendas esse, quia ipsae determinare possunt etiam in casu quo paroecia domui religiosae incorporata sit, solum Superiores maiores competentes esse ad agendum quandocumque ius commune "ad Superiores" refertur.[85]

[81] Cf. Anonymus, "De Ecclesiis et Oratoriis Religiosorum," *Periodica,* II (1907), 1-8; Schaefer, *loc. cit.*

[82] Cf. can. 609, §1.

[83] Cf. Schaefer, *loc. cit.;* Delgado, *op. cit.*. pp. 102-103.

[84] Cf. Schaefer, *De Religiosis,* n. 1478, p. 880.

[85] Cf. *The Local Religious Superior,* p. 114.

b) De necessaria suppellectili tam pro ecclesia quam pro ministris ad cultum necessaria providere (cann. 1297, 1302); ideoque parochus religiosus, si ipse vult de paramentis vel vasis sacris parochiae providere, consensu indiget Superioris.

c) Onus reficiendi parochialem ecclesiam, nisi aliter statuatur a conventionibus et peculiaribus legitimisque consuetudinibus, vel nisi leges civiles alium modum praecipiant (can. 1186, 2°).

IV. Can 415, §4, praecipit quod nec parochus religiosus conventuales, nec Conventus seu communitas paroeciales, functiones et munera impediat. Si vero quoad hoc conflictus oriatur, Ordinario loci ius tribuitur illum dirimendi, simulque obligatio imponitur curandi ut catechetica instructio et Evangelii explicatio hora fidelibus commodiore semper habeatur.

Quaenam autem sint functiones paroeciales et quaenam conventuales statim dicetur: [86]

A.—Functiones paroeciales, praeter eas quae parocho a can. 462 reservantur quaeque ab ipso vel eius vicariis perfici debent, sunt sequentes:

1. Celebratio festi Patroni paroecialis, si ad normam can. 1278 aliquis electus est; qui Patronus distinguendus est a Titulari ecclesiae habendo ad normam can. 1168.
2. Functiones sacrae quas a paroecia dependentes associationes celebrant, nisi earum celebratio a communitate fiat.
3. Functiones quas parochus propter bonum spirituales fidelium indicat et celebrat, nisi iterum communitas hoc faciat.
4. Functiones a populo qua tali postulatae ex aliqua publica causa, e. gr. ad gratias Deo agendas propter specialem favorem, ad petendam pluviam, etc.
5. Illae quae specialium circumstantiarum causa a R. Pontifice vel ab Episcopo dioecesano praescribuntur.

B.—Uti functiones conventuales a Superiore vel ab alio religioso ab ipso deputato celebrandae, modo non impediantur cate-

[86] Quoad omnes istas functiones cf. Carmignani, *Il Piccolo Codice dei Parroci Regolari*, pp. 20-24.

chetica instructio et Evangelii explicatio hora populo commodiore tradendae, recensentur:

1. Celebratio integra festi Fundatoris Religionis ad quam communitas pertinet.

2. Functiones in honorem Sanctorum ipsius Religionis, si quae celebrentur et non pertineant ad paroeciam, quia alias uti mixtae haberi debent.

3. Omnes functiones propriae Religionis quae exiguntur sive a iure generali, sive a particulari etiam consuetudinario Provinciae vel domus.

4. Functiones a personis privatis, non paroecianis, postulatae, e. gr. Missa sollemnis.

C.—Adsunt demum aliae functiones quae characterem mixtum habent, hoc est, eo quod neque parochi neque religiosorum sunt exclusive propriae, seu alterne celebrari queunt. Tali qualitate gaudent:

1. Celebratio festi Titularis ecclesiae. [87]

2. Celebratio functionum quae fieri solent occasione dierum festorum de praecepto.

3. Expositio sic dicta Quadraginta Horarum Ssmi. Sacramenti ad normam can. 1275 facienda. [88]

4. Functiones Maioris Hebdomadae. [89]

5. Functiones quae in omnibus ecclesiis, saecularibus scilicet et religiosis, fiunt in honorem SS. Cordis Iesu, B. M. Virginis, S. Ioseph, etc.

6. Functiones quae aliquo modo tanquam pars Officii Divini considerari possunt, e. gr. litaniae et preces Rogationum. [90]

[87] Hoc verum est casu quo ecclesia sit religiosorum. Cf. Coronata, *Institutiones*, II, n. 739, p. 40.

[88] S. R. C., 17 ian. 1704, ad IX. Cf. *Decreta Authentica Congregationis Sacrorum Rituum,* ex actis eiusdem collecta eiusque auctoritate promulgata sub auspiciis SS. Domini Nostri Leonis Papae XIII (5 voll. et 2 Appendices, Romae, 1898-1927), n. 2123 (posthinc hoc opus citabitur *Decreta Authentica*).

[89] S. R. C., 10 dec. 1703, ad VII. Cf. *Decreta Authentica,* n. 2123.

[90] Cf. Delgado, *De Relationibus,* p. 108, quoad duos ultimos numeros.

V. Canon 415, §5, Superiori et communitati praecipit ne impediat ullo modo parochum in exercenda cura paroeciali; et insuper obligationem eis imponit parocho adiutricem operam navandi, maxime si coadiutores desint, secundum modum ab Ordinario loci determinandum.

Haec mutua cooperatio a iure praescripta indubitanter in praxi multum pendet ab exacta cognitione uniuscuiusque iurium, facultatum et officiorum; sed praeterea sive ex parte Superioris, sive ex parte parochi religiosi, in exercitatione proprii muneris, et praesertim si de celebratione ecclesiasticarum functionum agitur, praesto debet esse methodus practica ne praebeatur causa cedens forte in scandalum fidelium. Quaenam autem methodus de facto sequenda sit, in unoquoque casu particulari a partibus decidendum est.

VI. Can. 630, §4, concedit Superiori religioso ius vigilandi supra receptionem, collectionem, administrationem et erogationem, salva offerentium voluntate, eleemosynarum in bonum paroecianorum destinatarum vel pro scholis catholicis aut piis locis paroeciae coniuctis: quae omnia a parocho fiunt. Quoad hoc denuo quaestio exsurgit an Superior, de quo in hoc canone, sit Superior localis vel potius Superior maior. Clancy opinat eum esse Superiorem maiorem, nisi Superior localis sit qui una cum Episcopo designet parochum religiosum. [91] Quia tamen nullum argumentum in favorem suae sententiae offert, et e contra admitti debet naturam ipsam vigilantiae, si revera eius effectus sortiri spectatur, requirere relationem directam et immediatam inter vigilantem et vigilatum, quae tantum habetur inter Superiorem localem et parochum ipsum, dicendum videtur Superiorem localem esse illum ad quem can. 630, §4, refertur, nisi aliud expresse constitutiones praescribant.

Obiici autem potest hanc esse strictam acceptionem vigilantiae, quae generatim ab Episcopis et Superioribus maioribus nunquam de facto servatur, quia plerumque quando vigilare debet e. gr. Ordinarius loci parochum quoad curam animarum, impossibile pro eo erit directam et immediatam relationem habere cum parocho;

[91] Cf. *The Local Religious Superior*, p. 113.

ideoque potius dicendum erit in hac re Ordinarium loci suum officium negligere. Attamen si res mature consideratur in exemplo allato quodque relationem intimam habet cum quaestione hic discussa, concludendum est Ordinarium loci aliquo modo directe vigilare debere dictum parochum ad hoc ut illum corrigere et, si necesse est, punire valeat, quod, si personaliter facere nequit, tunc per personas a se deputatas et quae eius vices gerunt hoc faciet; secus impossibile pro eo erit contra parochum procedere, quia probationibus requisitis carebit. Sed forsitan aliquis arguet: si Ordinarius loci per personas deputatas in his rebus plerumque agit, hoc ipsum Superioribus maioribus applicari potest et ita eorum ius quoad quaestionem discussam salvum manet et iuris adimpletio explicatur. Ad hoc vero respondetur talem quidem esse modum explicandi exercitium iuris a Superiore maiori ex praescripto legis particularis *si* de facto ei tale ius competit. Sed, de iure communi, hoc est praecise quod disputatur, et antequam explicetur modus exercitii iuris probari debet eius exsistentia, quod in casu fieri nequit ex can. 630, §4, quia ibidem in genere de Superiore sermo est.

Admittitur quidem Superiorem maiorem vigilare posse, et aliquo modo debere, omnes suos subditos, sed talis generalis vigilantia sufficere non videtur in casu ad mentem can. 630, §4, servandam, quia agitur de vigilantia circa actus parochi qui quidem ei ratione muneris incumbunt, sed, quia relationem intimam habent cum voto paupertatis, uti ex textu ipso canonis apparet, ut extraordinarii por illo considerantur a iure. Iamvero, si fragilitas humana attenditur, apparebit tales actus valde periculosos esse, quia abusibus occasionem praebere possunt et quidem in re quae votum religiosum respicit. Hac ergo de causa a can. 630, §4, exigi videtur vigilantia Superioris localis, cuius est summopere studere ut in omnibus suis subditis observantia religiosa et praesertim votorum integre servetur.

Si opinio praecedens admittitur, Superioris localis erit cognoscere de acceptis et expensis a parocho pro operibus paroeciae; exigere etiam potest ut administratio sit ordinata, prudens, etc. Minime vero poterit ipse determinare quo modo eleemosynae aliaque bona sint impendenda, neque a fortiori sibi avocare administrationem bonorum quae exclusive ad parochum pertinet. [92] Ad Superiorem pertinebit procurare ut parochus, suis facultatibus utendo, hoc faciat secundum praescriptiones iuris communis, praesertim circa pecuniae collocationes (can. 533, §1, 4°, et §2) et alienationes (can. 534), et iuxta omnes praescriptiones particulares sive religiosas sive dioecesanas quae ad rem pertineant.

VII. Quando paroecia vacat, can. 472, 2°-3°, Superiori locali facultatem facit, nisi aliud provisum fuerit, regimen paroeciae assumendi usque ad vicarii oeconomi constitutionem, cum onere Ordinarium loci de paroeciae vacatione statim certiorem faciendi. Iuxta Coronata [93] haec potestas Superiori locali concessa non videtur ordinaria sed a iure delegata. Quanta autem sit, ita auctor prosequitur, non determinatur a Codice; sed videtur delegata ad universitatem causarum, quia datur ad consulendum bono paroecianorum. Codex quidem dicit solummodo: "paroeciae regimen assumat interim;" at regimen importat potestatis paroecialis exercitium.

Coronata praeterea scripsit: "...at iura utilia, si iura stolae excipias, non videtur habere [Superior localis] nec item tamen obligationes vicarii oeconomi aut parochi habere videtur nisi quantum id necessario includatur in cura animarum ex iure divino, praesertim circa sacramentorum administrationem." [94]

Haec sententia vero admitti nequit, quia Codex explicite statuit Superiorem in casu regimen paroeciae habere. Iamvero, regimen paroeciae, uti ipse Coronata docet, importat potestatis paroecialis exercitium et quidem integrum; [95] unde, si logice arguere intenditur, tenendum est Superiorem localem habere, durante tempore quo paroeciam regit, omnia iura et officia parochorum vel, si praefers, vicarii oeconomi. Iam ex hoc apparet auctorem huius thesis propugnare sententiam iuxta quam Superior localis, eo tem-

[92] Cf. Fanfani, *De Iure Parochorum ad Normam Codicis Iuris Canonici* (Taurini-Romae: Marietti, 1924), p. 363 (posthinc hoc opus citabitur *De Iure Parochorum*).

[93] Cf. *Institutiones*, I, n. 489, p. 580.

[94] *Loc. cit.*

[95] Cf. Fanfani, *De Iure Regularium*, p. 465.

pore quo paroeciam regit, Missam pro populo applicare debet et omnia alia peragere quae cura alicuius paroeciae includit.

Alia vero ex parte quaeri potest quid faciendum sit in casu quo unus religiosus sit simul Superior localis et parochus et paroeciae vacatio eveniat? Responsum in promptu est, praesupposita exsistentia legitimae causae quae coniunctionem officiorum exegit: ille religiosus qui ex iure particulari munus Superioris localis assumere debet, eveniente morte praecedentis domus Superioris qui simul erat parochus, sibi etiam vindicabit regimen paroeciae quoadusque Ordinarius loci vicarium oeconomum designet. [96]

In paroeciis pleno iure religiosis unitis, nisi dentur speciales adiunctae, generatim vicarius oeconomus non constituitur, quia Superior cui id competit, quando paroecia vacat, immediate Ordinario loci praesentat religiosum qui regimen paroeciae assumet tanquam vicarius actualis. Ei proinde Superior rationem reddere debet de qua in can. 473, §2, fit mentio, eique tradere quae ibidem praescribuntur.

Articulus 3. Iura Parochi et Superioris in Religiosos qui Vicarii Cooperatoris Munere Funguntur

I. Ante Codicem Concilium Tridentinum praecepit Rectoribus ecclesiarum et aliis ad quos pertinebat ut, quando numerus paroecianorum illud exigebat, alii sacerdotes designarentur qui parocho adiuvarent in ministerio paroeciali. Verba Concilii sunt sequentia:

> Episcopi, etiam tanquam Apostolicae Sedis delegati, in omnibus ecclesiis parochialibus vel baptismalibus, in quibus populus ita numerosus sit, ut unus rector non possit sufficere ecclesiasticis sacramentis ministrandis et cultui divino pera-

[96] Cf. Bastnagel, "Compatibility of Posts of Local Superior and Parish Vicar," *The Jurist,* X (1950), 54. Iste auctor talem solutionem *violentam* et *artificiosam* vocat, sed hoc explicatur quia dum talia scripsit probare intendebat Codicem separationem officiorum supponere, quod et auctor huius thesis concedit. Si vero admittitur coniunctionem officiorum legitimam aliquando et semper validam esse, solutio exposita est naturalis et logica.

gendo, cogant rectores, vel alios ad quos pertinet, sibi tot sacerdotes ad hoc munus adiungere, quot sufficiant ad sacramenta exhibenda et cultum divinum celebrandum. [97]

Hic textus Concilii Tridentini imprimis parochis ius concedit sibi adsciscendi vicarios cooperatores, sed quia additur Episcopos cogere posse "alios ad quos pertinet" ad eorum designationem perficiendam, sequitur Superiorem religiosum et quidem localem in paroeciis religiosis talem nominationem fecisse, uti iam ex antiquo fiebat, iuxta facultates concessas Prioribus a saec. XII usque ad XV. [98]

Caeterum, iam ante Codicem non ad parochum sed ad Ordinarium loci pertinebat ius nominandi vicarios cooperatores e clero saeculari, et ad Ordinarium et Superiorem religiosum ius nominandi vicarios cooperatores e clero regulari. Haec erat vigens praxis in pluribus Europae regionibus, e. gr., in Gallia, Belgio, Hispania, Germania, Austria, ex consuetudine vel alio iure particulari. [99] Immo, in pluribus regionibus parochus nec audiendus erat quidem. [100]

Tales vicarii, quia aliquo modo participationem habebant in cura animarum, subiecti manebant iurisdictioni, visitationi et correctioni Episcopi dioecesani, eodem modo ac parochi religiosi. [101]

[97] Conc. Trident., sess. XXI, *de ref.*, c. 4. Hoc ius parochorum confirmatum fuit ab Innocentio XIII in §13 Constitutionis *Apostolici ministerii,* 23 maii 1723. Cf. *Fontes,* n. 280.

[98] Cf. *supra,* p. 11.

[99] Vermeersch-Creusen, *Epitome,* I, n. 570, p. 425; Regatillo, *Cuestiones Canónicas,* I, 623; Bastnagel, *The Appointment of Parochial Adjutants and Assistants,* p. 231, et nota 156.

[100] Hoc patet ex resolutione S. C. C., *in Zagrabien.*, 13 nov. 1920. Cf. *AAS,* XIII (1921), 43-46; Sartori, *Enchiridion,* p. 91; Bouscaren, *Digest,* I, 262.

[101] Illis enim applicabatur decretum Gregorii XV (1621-1623):

"...matura deliberatione nostra, et ex certa scientia, ac de apostolicae potestatis plenitudine, hac generali, ac perpetuo valitura Constitutione decernimus, statuimus ac declaramus, ut deinceps... regulares... sive animarum curam personarum saecularium monasteriis, seu domibus regularibus, aut quibusvis aliis ecclesiis, vel beneficiis, sive regularibus, sive saecularibus incumbentem exerceant;

Analogice autem, quia nullo in loco aliud expresse constat, tenendum est Superiorem religiosum iure visitandi et corrigendi sacerdotes adiutores una cum Episcopo gavisum esse.

Iidem sacerdotes sub immediata potestate parochi religiosi erant quoad ea quae curam animarum respiciebant; hoc enim praescriptum fuit a Clemente XIV (1769-1774) in Constitutione *Inter multiplices,* diei 21 sept. 1769, §7, ubi legitur:

> Hi tamen sacerdotes pro-parochi appellandi [102] praedictis respective vicariis [actualibus] subiecti erunt, tanquam iis, quibus praecipue, et immediate concreditum est onus pascendarum ovium, iisdemque morem gerent in iis, quae ad curam animarum pertinent. [103]

II. De iure hodierno imprimis habetur can. 476, qui sequentia statuit:

"§1. *Si parochus propter populi multitudinem aliasve causas nequeat, iudicio Ordinarii, solus convenientem curam gerere paroeciae, eidem detur unus vel plures vicarii cooperatores, quibus congrua remuneratio assignetur.*"

sive alias Ecclesiastica Sacramenta, aut unum ex illis ministrent, praevia Episcopi licentia, et approbatione, sive quoquo modo in dictae curae exercitio... absque ulla auctoritate se ingerant in his quae eiusmodi curam... concernunt, omnimodae iurisdictioni, visitationi, et correctioni Dioecesani Episcopi, tanquam Sedis Apostolicae delegati, plene in omnibus subiiciantur..."—Const. *Inscrutabili,* 5 febr. 1622, §4. Cf. *Bull. Rom.,* V, 3; *Fontes,* n. 199

[102] Pro-parochi vocantur in hoc documento sacerdotes adiutores de quibus Concilium Tridentinum loquitur, ut apparet ex §9 eiusdem Constitutionis ubi dicitur: "Iidem quoque parochi habituales proponent, et offerent Ordinariis locorum presbyteros, seu pro-parochos pro frequentia populi, locorumque ratione vicariis [actualibus]... addendos, qui ubi a praedictis Ordinariis litteras approbationis obtinuerint, ministerium assument curae animarum."—Const *Inter multiplices,* 21 sept., 1769, §9. Cf. *Bull. Rom. Cont.,* VII, 45, *Fontes,* n. 466.

[103] Cf. *Bull. Rom. Cont.,* VII, 44; *Fontes, loc. cit.*

"§2. *Vicarii cooperatores constitui possunt sive pro universa paroecia, sive pro determinata paroeciae parte.*"

"§4. *Vicarios cooperatores religiosos Superior cui id ex constitutionibus competit, audito parocho, praesentat Ordinario, cuius est eosdem approbare.*"

"§6. *Eius iura et obligationes ex statutis dioecesanis, ex litteris Ordinarii et ex ipsius parochi commissione desumantur; sed, nisi aliud expresse caveatur, ipse debet ratione officii parochi vicem supplere eumque adiuvare in universo paroeciali ministerio, excepta applicatione Missae pro populo.*"

"§7. *Subest parocho, qui eum paterne instruat ac dirigat in cura animarum, ei invigilet et saltem quotannis ad Ordinarium de eodem referat.*"

A.—Imprimis quoad §§1-2 notandum est in praxi, propter auctam populi multitudinem, vel praesertim ob locorum distantiam aut magnam aliam difficultatem accedendi ad ecclesiam parochialem, vel ob alias causas, numerum paroecianorum dividi in districtus cum ecclesia propria, unde habentur illae vicariae quae diversimode in variis regionibus appellantur, veluti ecclesiae paroeciales adnexae seu adiutrices, seu filiales seu succursales, cappellaniae paroeciales, vice-paroeciae, curatiae, vicariae perpetuae, [104] etc., in quibus unus vel plures constituuntur vicarii cooperatores, ut loco parochi exerceant totam curam animarum, etsi aliqua functio specialis sit reservata ecclesiae paroeciali matrici, vel parocho. Insuper, iuxta can. 477, §2, possunt esse vicarii cooperatores qui obtineant vicariam beneficiariam, atque ideo teneantur ex onere quodam proprio, stabili, et inamovibili operam parocho praestare. [105]

B.—Quoad §4 haec sunt notanda: Ante omnia constitutiones

[104] Nisi istae ultimae separatae a paroecia iam sint per veram divisionem territorii ad norman can. 1427, §1, et sint veluti paroeciae minores, quibus ob aliquam peculiarem causam nondum tribuatur nomen paroeciae.

[105] Cf. Maroto, "Annotationes," *CpR,* XVI (1935), 221-222.

sunt consulendae ad agnoscendum quisnam sit Superior qui vicarios praesentat Ordinario loci; ibidem autem plerumque invenietur Superiorem maiorem tali iure gaudere. Attamen ex eo quod Codex generali modo de Superiore loquitur, ius particulare potest Superiorem localem ut competentem in hac re habere. Hoc praesertim hodie invenitur in monasteriis sui iuris, ubi Abbas, etiamsi ex can. 488, 8º, ut Superior maior habetur, est etiam Superior localis quatenus directam et immediatam potestatem in omnes suos subditos habet.

In eadem paragrapho sermo est de auditione parochi a Superiore facienda antequam candidatos praesentet. Iam dictum est [106] acrem controversiam inter auctores adesse circa necessitatem auditionis ad validitatem vel liceitatem tantum actorum qui ea praemissa poni debent, et etiam notatum fuit statum actualem quaestionis rem dubiam reddere, ideoque usum can. 15 legitimum esse, quin tamen dubium iuris, quod validos reddit actus Superiorum qui consultationem omittunt, eos facultet ad negligendum praescriptum (pro hac re) can. 476, §4.

Ulterius vero, Augustine docuit parochum audiri debere tantum quoad necessitatem vicarii cooperatoris, non vero quoad personam eiusdem. [107]

E contra, Beste explicite scripsit: "Parochus audiendus est tum quoad necessitatem assumendi cooperatorem cum quoad electionem eiusdem personae." [108]

Clancy opinionem ab Augustine propositam in conformitate

[106] Cf. *supra*, p. 96.

[107] Cf. *Commentary,* II, 547. Attamen citatus auctor in operibus posterioribus non tantam vim ponit in sua primitiva doctrina. Cf. *Rights and Duties of Ordinaries According to the Code and Apostolic Faculties* (St. Louis, 1924), pp. 182-183; *The Pastor According to the New Code of Canon Law* (3. ed., St. Louis, 1926), p. 46. Et uti notat Bastnagel (*Appointment of Parochial Adjutants and Assistants,* p. 191, nota 14), verba auctoris in ultimo opere (*loc. cit.*): "Such consideration ought to render Ordinaries very careful in appointing assistants or curates to pastors, not to speak of the natural courtesy they owe their own helpers."—potius admittere videntur interpretationem latiorem communiter a canonistis traditam.

[108] Cf. *Introductio in Codicem,* p. 305.

cum verbis legis invenit, sed simul credit finem eiusdem legis potius requirere consultationem etiam quoad personam. [109]

Si autem textus ipse canonis inspicitur, scilicet §4 quae clare statuit: "Vicarios cooperatores religiosos... Superior..., audito parocho, praesentat..." admittendum est consultationem quoad personam versari debere, quia praecise de personis religiosorum ibi sermo est, et non de necessitate eorum ministerii auxiliaris. Immo, uti merito notat et probat Bastnagel, iuxta §1 can. 476, iudicium de necessitate nominationis vicarii cooperatoris pertinet modo exclusivo ad Ordinarium loci, et quidem sine ulla obligatione aliquem consulendi; [110] unde concludere licet consultationem de qua in §4 nonnisi ad personam vicarii religiosi referri posse. Utique in aliquibus casibus, e. gr. quando agitur de paroeciis extra civitatem episcopalem sitis, Ordinarius loci, si in visitatione episcopali necessitatem cooperatoris non invenit aut non notavit, de ea a parocho notificari potest; sed iterum ipse, ex rationibus a parocho allatis, iudicare debet an de facto necessitas exsistat necne; at dicta notificatio Ordinario loci facienda est et non Superiori, et praeterea minime appellari potest consilium seu auditio de quo in can. 105, 1°, agitur.

C.—Can. 476, §7, sub cura parochi vicarios cooperatores ponit, et quia can. 630, §§1-2, eos ad observantiam votorum et constitutionum sub Superiore locali adstrictos manere dicit, hic habetur casus peculiaris in quo religiosi duos Superiores immediatos habent. Haec tamen peculiaritas nullas necessario difficultates parit, quia canones citati valde explicite determinant res in quibus utrique Superiori religiosi vicarii cooperatores subsunt, nempe, quoad disciplinam religiosam Superiori locali et quoad curam ani-

[109] "It seems to be more in conformity with the end of the law that the consultation concern also the person to be supplied, although according to the strict letter of the law Augustine's conclusion is warranted." Cf. *The Local Religious Superior,* p. 111, nota 243.

[110] Cf. *The Appointment of Parochial Adjutants and Assistants,* pp. 193-194. Ibidem auctor haec scripsit:"... the pastor is to be consulted before the appointment of an assistant takes place. It is precisely the question of the assistant's person, and not the question of his necessity in the parish that forms the content of the required consultation."

marum parocho. Igitur quidquid sub materia votorum, constitutionum et observantiae religiosae in genere cadit, ad Superiorem localem privativo modo pertinet ut ipse de eo curet correctionem instituat, etc. Quidquid relationem ad curam animarum habet sub directione parochi erit, et in hac materia illi subsunt religiosi vicarii.

Ad dignoscendum autem quaenam sint hae res attendi debet ad ministeria quae religiosi vicarii vi muneris exerceri debeant, quod caeterum ad normam can. 476, §6, valde determinatum in quocumque casu esse debet, sive ex statutis dioecesanis, sive ex litteris Ordinarii, sive, nisi aliud expresse caveatur, ex eo quod ab ipso iure facultantur ex officio [111] ad vicem parochi supplendam eumque adiuvandum in universo parochiali ministerio. Superior religiosus proinde investigare debet quibusnam de facto facultatibus vicarii gaudeant, et absolutam et completam libertatem eis concedere ad talia munera perfecte obeunda, quia a momento eorum nominationis et approbationis ad observantiam religiosam tenentur solum in quantum cum muneris sui officiis consistere possit (can. 630, §1).

Praeterea, quia vicarii vicem parochi supplere debent et quia explicite parochus a iure facultatur ad eos praeponendos ut alias functiones perficiant quae forsitan in determinatione supradicta non continentur, tunc et solummodo tunc videtur parochum de hac re Superiorem certiorem facere debere, nisi hoc fiat tempore quo ad ordinarias functiones perficiendas vicarius vacat, et Superiorem libenter etiam acquiescere debere, quin ullam difficultatem interponat, quia parochus iure suo utitur. Ad summum, Superior investigare poterit utrum adsint abusus alicuius generis

[111] Magna controversia adest inter auctores, qua disputatur utrum potestas vicarii cooperatoris ordinaria sit vel delegata, ex eo quod can. 476, §6, statuit eos *ex officio* supplere debere, etc. Pro expositione argumentorum in favorem sententiae quae delegatam vocat potestatem vicariorum cooperatorum cf. Vermeersch-Creusen, *Epitome,* I, n. 571, p. 426; pro sententia in favorem potestatis ordinariae vide Coronata, *Institutiones,* I, p. 585, nota 2. Hodie ex responso Commissionis Pontificiae, 31 ian. 1942, tenendum est ad assistendum matrimoniis in paroecia potestatem vicarii cooperatoris non esse ordinariam. Cf. *AAS,* XXXII (1942), 50; Sartori, *Enchiridion,* p. 216; Bouscaren, *Digest,* II, 333.

qui redundent in detrimento disciplinae religiosae, et tunc, quia ipse parochus est eius subditus, remedia necessaria ponere.

Parochus in rebus curam animarum respicientibus vicarios cooperatores instruere, dirigere et vigilare debet. Quaeri autem potest an, si vicarii in illis defecerint, parochus competens sit ad illos corrigendos et puniendos. Ex §7 hoc minime deduci potest, et quod in talibus casibus parochus facere debet est rem deferre ad Ordinarium loci, vel ad Superiorem religiosum, qui vi can. 631 soli competentes sunt in casibus huiusmodi ad parochos et vicarios religiosos corrigendos et puniendos. Si hoc verum est, a fortiori etiam tenendum est parochum nulla potestate gaudere ad corrigendos vicarios religiosos qui defecerint, non in muniis paroecialibus, sed in rebus personalibus: in istis casibus competentia Superioris religiosi est absoluta et exclusiva, quia tales defectiones uti disciplinam religiosam laedentes habendae sunt. [112]

Illi vicarii religiosi qui extra ecclesiam matricem habitant in sic dictis vicariis fixis vel vice-paroeciis, constituti ad normam can. 472, §2, pro determinata parte paroeciae, et in illa parochum adiuvantes in universo paroeciali ministerio excepta applicatione Missae pro populo, [113] uti veri vicarii cooperatores habendi sunt, ideoque observare debent omnia quae supra dicta sunt quoad subiectionem parocho et Superiori locali. Si igitur, uti pluries contingit, ipsi libros paroeciales speciales pro sua vicaria habeant et a parocho requirantur ut statutis temporibus de illis ipsi rationem reddant, sine dubio ei obedire tenentur, sicut in omnibus aliis rebus quae cum animarum cura relationem habent. Attamen Ordinarii locorum providere solent normas speciales pro istis casibus ad difficultates practicas vitandas, et eas tum vicarii cum parochi ante omnia adimplere et servare tenentur.

In regionibus ubi vicariae dicti generis habeantur et desint statuta ad rem, optandum est ut promulgentur, quia experientia eorum necessitatem quotidie probat.

[112] Cf. cann. 616, §2; 618, 2°, et 619 pro casibus in quibus Ordinarius loci religiosos punire potest.

[113] Cf. can. 476, §. Tales vicarii plerumque inveniuntur in regione mexicana.

CAPUT V

DE SUBIECTIONE PAROCHI RELIGIOSI DISCIPLINAE SUI INSTITUTI

Sub nomine disciplinae hic amplecti intenditur quidquid relationem habet cum observantia religiosa proprie dicta, quaeque includit omnes obligationes a Codice impositas in cann. 592-611, statuta constitutionum particularium, et praesertim adimpletionem trium votorum obedientiae, castitatis et paupertatis.

Ad faciliorem huius materiae tractationem in quantum relationem habet cum parocho religioso, hoc caput in duobus articulis dividetur, quorum primus de observantia religiosa in genere et de voto obedientiae agetur, et secundus de voto paupertatis et de rebus cum eo connexis.

Articulus 1. De Parocho Religioso ac Observantia Voti Obedientiae et Obligationum sui Status

Paragraphus I. Notae historicae.

Iam in saec. XIII Ioannes Teutonicus docebat, quamvis modo aliquo confuso, monachum de paroecia etiam saeculari curantem non sese liberasse ab observantia earum rerum quae erant de substantia monachatus. Eius verba sunt sequentia:

> ...quatenus ad ea quae sunt de substantia monachatus, ut de habito ferendo, et de continentia, et de non habendo propria, in his enim non absolvitur [monachus] licet transeat ad Ecclesiam saecularem: sed in ieiunio, silentio et vigiliis absolvitur... Distinguitur tamen: quia si monachus... transfertur ad Ecclesiam saecularem quae non sit subiecta Abbati suo, nec in spiritualibus vel temporalibus, ex toto eximitur a iurisdictione Abbatis... Si vero Ecclesia subes Abbati suo

quoad temporalia, quoad temporalia respondebit Abbati suo; sed quoad spiritualia eximitur a iurisdictione Abbatis... Si vero Ecclesia illa ex toto est subiecta Abbati quoad omnia, tunc remanet obediens Abbati quoad omnia, nisi in ieiuniis et aliis ut dixi.[1]

Ut per se patet, Teutonicus tres casus distinguit in quibus monachus curae animarum dicari poterat, videlicet, in paroecia absolute independenti ab Abbate, vel in paroecia ab eo dependenti quoad temporalia, vel denique in paroecia quae sub Abbate erat quoad temporalia et spiritualia. In primo casu monachus eximebatur ex toto a iurisdictione Abbatis; in secundo ei rationem reddere debebat quoad temporalia. Haec redditio rationis, iuxta ipsum Teutonicum, consistebat in eo quod, si ecclesia censum impositum non habebat, hoc est, si deerat contractus explicitus vi cuius monasterium certam pensionem accipere debebat, tunc Abbas ius habebat censum imponendi vel impletionem iam exsistentis exigendi, quin tamen illum augere potuisset.[2] In tertio casu monachus obediens Abbati manebat quoad omnia, exceptis ieiuniis, vigiliis et silentio.

Confusio supra indicata in doctrina Teutonici provenit ex eo quod in principio explicite statuit monachum ad observantiam earum rerum quae sunt de substantia monachatus adstrictum mansisse, etiamsi transiret ad ecclesiam saecularem; postea vero supponit vinculum obedientiae non amplius exstitisse in duobus primis casibus,[3] et tamen constat obedientiam ad essentiam status monachalis pertinuisse. Quid igitur constituit substantiam monachatus iuxta Teutonicum?

Si Glossa examinatur, substantia monachatus reduci videtur ad usum habitus et observantiam votorum castitatis et paupertatis, quod admitti nequit. Sed forsitan tota obscuritas evanescit si con-

[1] Cf. *Glossa Ordinaria* ad c. 3, C. XVI, q. 1, s. v. *discedere.*

[2] Cf. *Glossa Ordinaria* ad c. 6, C. XVI, q. 2.

[3] Hoc certe supponit in primo casu, in quo aperte declarat monachum ex toto sese eximere a iurisdictione Abbatis; et fere certe in secundo, in quo dicit monachum Abbati subiicisse tantum in quantum ei rationem reddere debebat de rebus temporalibus.

iicitur Episcopum fuisse qui in primo casu observantiam obligationum sui status a monacho exigebat, quod tamen, fatendum est, difficillime probari potest. In secundo casu difficultas non amplius exsistit si supponitur monachum postquam regimen accipiebat paroeciae Abbati subiectae quoad temporalia adhuc monachum consideratum fuisse, et tantummodo quoad curam animarum a potestate Abbatis sese liberasse et Episcopo subiicisse.

Caeterum, eodem saec. XIII, Hostiensis dum tractavit de monachis paroecias saeculares regentibus clariorem reddidit doctrinam Teutonici. Ipse enim docuit monachos paroecias saeculares regentes a potestate Abbatis liberos fuisse ita ut pro illis Episcopus de caeteris fuerit Abbas. Et huius ratio est, ita prosequebatur auctor, analogia exsistens inter monachum qui paroeciam saecularem regit et illum qui ad Episcopatum evehitur; hic enim ab Abbate liberatur, [4] non quia est Episcopus, sed ratione curae animarum, quod etiam applicatur monacho-parocho. Poterat tamen talis monachus etiam sine socio, si ipsum commode habere non poterat, solus habitare. Ipse tenebatur ad divini Officii parochialis recitationem, et sese, quantum bono modo poterat conformare cum presbyteris et collegis suis aliis in actibus iustis, licitis et honestis. Huius ratio est quia talis monachus ab omnibus observantiis, exceptis essentialibus, regulae liberabatur quas quidem commode observare nequibat. Illis vero quas commode servare poterat, tenebatur. Paucis verbis, conclusit Hostiensis, "obediens erit Episcopo vice Abbatis, continentiam servabit, quia illam promisit. Proprium tamen habebit, ratione administrationis illi commissae quod (si veritatem consideremus) nec proprium est. . . et sic semper remanet regularis: quia haec tria quae servat substantialia sunt." [5]

Post Concilium Tridentinum Romani Pontifices nonnisi incidentaliter loquebantur de obligatione quam parochus religiosus paroeciam pleno iure unitam monasterio regens habebat observandi disciplinam religiosam. Quando autem de facto talem obligationem memorabant, generatim hoc faciebant dum agebant de iure quo Episcopus gaudebat visitandi parochias religiosorum, ad determi-

[4] Cf. c. 1, C. XVIII, q. 1.

[5] Cf. Hostiensis, *Commentaria,* lib. III, tit. 35, *de statu monachorum et canonicorum regularium,* c. 5, nn. 8, 9.

nandas enim res super quibus visitatio fieri debebat, immediate propriae Instituti religiosi disciplinae observantiam excludebant, quia de ea inquirere, exclusivo iure, ad Superiorem religiosum pertinebat. Ad hanc assertionem probandam sufficit in testimonium vocare Benedictum XIV, qui in Constitutione *Firmandis*, diei 8 novembris, anni 1744, §8, scripsit:

> Visitationi locali proxima ea est, quae personam respicit parochi, cuius quidem, si regularis sit, agendi rationem, in iis, quae spectant ad observantiam proprii ipsius Regularis Instituti, non est Episcopi inquirere, cum ad ipsius Superiorem regularem privative id pertineat... [6]

Si autem doctrina magis evoluta quaeritur, necesse est ad canonistas recurrere, et speciatim ad Suarezium (1548-1617) [7] et Bouix (1808-1870), [8] quia ex eo quod concordant in sua doctrina, et attenta periodo temporis quae inter ipsos intercessit, eorum doctrina haberi potest uti communiter accepta, maxime si consideratur quod ceteri auctores vel nihil vel certe non contrarium docuerunt.

Doctrina Suarezii et Bouix modo sequenti proponi potest. Parochus religiosus, si paroeciam pleno iure domui religiosae unitam administrabat, subiectum manebat observantiae regulae quam adimplere promisit in professione religiosa; hac de causa proinde tenebatur obedire Superiori locali; eius enim ad regimen et curam paroeciae facta designatio illum non separabat a corpore monasterii.

Haec autem obligatio non erat eodem modo generalis et absoluta sicut ea quam habebat simplex religiosus cui animarum cura concredita non fuerat; obligatio enim qua parochus religiosus tenebatur non erat extendenda ad ea quae incompatibilia erant cum suo munere pastorali, quia hoc munus fideliter adimplendum erat

[6] Cf. *MBR*, XVI, 251; *Fontes*, n. 349.

[7] Cf. *De Religione*, tr. IV, lib. III, cap. XIX, nn. 18-19, in *Opera Omnia*, XVI, 421-422.

[8] Cf. *De Jure Regularium*, II, 39.

ex eo quod salus animarum omnibus rebus anteponenda erat quando ex officio aliquis eidem incumbere debebat.

In illis religiosis officiis quae compatibilia erant cum suo munere, parochus religiosus suo regulari Superiori omnimode subiiciebatur, et in hoc utique simplici religioso adaequabatur, quia nulla ratio aderat cur talis religiosus, eo quod parochus erat, dispensari debuerit ab onere quarundam obligationum a quibus ceteri religiosi dispensari non solebant.

Haec doctrina fundatur in operibus doctorum qui ante Concilium Tridentinum scripserunt, et praesertim in doctrinis Teutonici et Hostiensis, uti visum est in principio huius paragraphi.

Notari autem debet nullum canonistam (saltem eorum quos scriptori consulere licuit), sive ante sive post Concilium Tridentinum, specifice docuisse quaenam erant officia quae incompatibilia cum munere parochi considerari poterant, et contenti fuerunt in affirmando plus minusve quod in sequenti textu Suarezii continetur:

> ...In his vero quae fuerint contraria seu repugnantia obligationi beneficii, aut utilitati ecclesiae suae, non tenebitur talis religiosus parere Praelato suo, quia nemo potest duobus dominis servire, maxime si repugnantia iubeantur; item quia ille [parochus religiosus] ex iustitia tenetur implere munus suum; ergo non potest Praelatus contrariam obligationem imponere, esset enim de re iniqua. [9]

Paragraphus II. Legislatio hodierna.

Codex in can. 630, §§1-2, statuit: "*Religiosus qui paroeciam regit sive titulo parochi sive titulo vicarii, manet adstrictus ad observantiam votorum et constitutionum, quatenus haec observantia potest cum muneris sui officii consistere.*

Quare, in iis quae ad religiosam disciplinam attinent, subest Superiori, cuius proinde est, et quidem privative respectu Ordinarii loci, in eius agendi rationem circa haec omnia inquirere eumque, si casus ferat, corrigere."

[9] Cf. Suarez, *loc. cit.*

Imprimis vi huius canonis notari oportet Superiorem localem vigilare debere parochum quoad adimpletionem suarum obligationum tam sacerdotalium quam religiosarum, quin Ordinarius loci quoad eas ullum ius asserere valeat, nisi agatur de obligationibus sacerdotalibus a parocho religioso violatis cum fidelium scandalo. Ordinarius enim loci, ut statuitur in can. 631, etiam potest vigilare parochum religiosum, sed tantum in his rebus quae ad curam animarum pertinent. Quapropter quoad obligationem Missam celebrandi (excepta quidem Missa pro populo), examina, studia aliaque exercitia sacerdotalia, solus Superior religiosus est competens, et praeterea quoad ea omnia parochum vigilare et corrigere potest.

Ex canone citato praeterea patet religiosum parochum vel vicarium adstrictum manere ad omnes observantias suae religionis, non autem simplicter sed quatenus dictae observantiae cum novis parochi muneribus consistere possunt. Itaque si inter diversa officia conflictus oriatur, officia paroecialia praevalere debent, et quoad hoc nihil refert utrum paroecia sit Religioni incorporata necne; utrum parochi religiosi ministerium exerceant in domo aut loco ubi Superiores maiores resident necne; [10] iam abrogatum est enim privilegium vi cuius in rebus etiam curae animarum Superiores maiores decidere poterant in paroeciis unitis domibus ubi ordinariam residentiam habebant. [11]

E contra, tamen, animadvertendum est parochum religiosum vi suae nominationis nullum privilegium, exemptionem aut praecedentiam in religione acquirere, nisi forsitan aliud constitutiones statuant. [12]

1. Votum obedientiae in particulari, primo obtutu prout ex textu canonis apparet, integre a parocho religioso observari debet, ideoque ipse sub potestate Superioris localis et Superiorum maiorum manet non secus ac alii religiosi. Attamen clausula, "quatenus

[10] Cf. Schaefer, *De Religiosis,* n. 1455, p. 866.

[11] Cf. Chelodi, *De Personis,* p. 476; Biederlack-Führich, *De Religiosis,* p. 160.

[12] Cf. Larraona, "Consultationes," *CpR,* II (1921), 186; Carmignani, *Il Piccolo Codice dei Parroci Regolari,* n. 111.

haec observatio potest cum muneris sui officii consistere," evidenter supponit relaxationem quarundam regularum et, quatenus ad obedientiam relationem habet, nonullorum praeceptorum quae aliter a Superioribus imponi possent. Ex memorata enim clausula clare apparet adimpletionem perfectam sui muneris in quantum curam exercet animarum pro parocho religioso primum locum obtinere debere, et solum postquam munus paroeciale ad mentem Ecclesiae perfectum est remanent praecepta Superiorum a parocho adimplenda. [13] Superiores proinde in mente habere debent quod eo ipso quod paroeciae curam acceperunt, et parochum actualem designarunt, hunc religiosum a stricta observantia omnium praeceptorum liberarunt. Dicitur autem *omnium praeceptorum* non ad significandum parochum religiosum nullum adimplere debere, sed ad exclusionem statuendam eorum quae directe in detrimentum curae animarum redundant, et etiam eorum quae nonnisi magno cum incommodo ex parte parochi adimplere possunt quin cura paroeciae detrimentum patiatur. Paucis verbis, Superiores (incluso locali) nequeunt parocho religioso praecepta imponere quae cedant aliquo modo in negligentiam curae paroeciae quam in unione pleno iure ipsa domus religiosa accepit.

Alia vero praecepta quae nullam cum animarum cura relationem habeant, quaeque proinde, quoad rem, indifferentia sint, Superiores utique parocho imponere possunt, et hic ea adimplere tenetur. Sed prudentia in eorum impositione nunquam sufficienter commendabitur, quia antequam impositio fiat plurimum necesse erit prius videre utrum revera hoc vel illud mandatum Superioris a parocho sine difficultate servari queat, maxime in illis locis ubi munera parochialia, ratione numeri fidelium vel alia quacumque de causa, valde onerosa sunt.

Aliunde vero multum iuvabit ad spiritum religiosum parochi servandum, si praecepta essentialiter ad vitam religiosam pertinentia ex parte Superiorum non desunt, quia secus parochus religiosus forsitan obliviscetur se adhuc votum obedientiae habere, quod in vita quotidiana consequentias practicas gignit. Hac de

[13] Cf. Goyeneche, *Iuris Canonici Summa Principia, De Religiosis* (Roma: Typ. Polig. "Cuore di Maria," 1938), p. 181 (posthinc hoc opus citabitur *De Religiosis*).

causa ipse parochus non omnia Superiorum praecepta uti suo muneri contraria iudicare potest et ab eorum adimpletione abstinere; sed si in casu particulari revera sentiat se non posse Superiori obedire, ei mentem suam aperiat ad hoc ut Superior ponderare possit eius rationes et, sua prudentia utendo, praecepta non imponat: hoc enim ipse exigit spiritus religiosus. Si tamen quacumque de causa quoad rem quandam oriatur conflictus parochum inter et Superiorem localem, locus erit recursui ad Superiorem maiorem, qui controversiam solvere debet ratione habita et voti obedientiae et curae animarum. Quod si tempus ad recursum faciendum desit et Superior praecipiens insistat in mandato, dubie curam animarum laedenti, sine dubio parochus obedire debet, salvo iure recurrendi quando tempus adsit, quia in hoc faciendo secure procedit, et si effectus contra animarum curam surgant, non ei sed praecipienti adscribentur. [14] Si vero praeceptum indubitanter curae animarum est nocivum, tunc, secluso scandalo, parochus religiosus Superiori obedire non tenetur.

2. Dictum est in principio huius capitis leges contentas in canonibus 592-611 una cum statutis generalibus constitutionum et particularibus Provinciarum et forsitan domorum constituere normas iuxta quas tota observantia religiosa etiam a parocho religioso adimpleri debet. Quia vero in ac dissertatione ius commune tantum subiacet examini, hic breviter sermo erit de illis solummodo rebus quae a Codice statuuntur.

De vita communi praescripta a can. 594 iam tractatum est, quamvis modo incidentali, in primo capite huius thesis; sed cum eius immediati effectus relationem intimam cum voto paupertatis habeant, in sequenti articulo ampliori modo de eis agetur.

3. Praescripta can. 595 maximi momenti sunt etiam pro parocho religioso, et praesertim ea quae ad exercitia spiritualia, orationem mentalem et officia pietatis propria cuiusque Instituti referuntur. Parochus religiosus aliquoties inhabilis erit ad memorata officia pietatis perficienda hora statuta pro communitate; sed hoc factum eum non liberat ab eorum observantia, quia talia opera

[14] Cf. Delgado, *De Relationibus,* p. 63.

constituunt partem essentialem exercitii vitae religiosae et praeterea characterem distinctivum imprimunt singulis communitatibus et Religionibus.

4. Quaestio etiam alicuius momenti est ea quae ad clausuram refertur.

Can. 597, §1, statuit: *"In domibus regularium virorum... canonice constitutis, etiam non formatis, servetur clausura papalis."*

Praeterea in can. 604, §1, legitur: *"In domibus etiam Congregationum religiosarum sive pontificii sive dioecesani iuris clausura servetur, in quam nemo alterius sexus admittatur..."* [15]

Vi horum canonum tenendum est domum religiosam adnexam paroeciae pleno iure unitae sub lege clausurae sive papalis sive, ut aiunt, episcopalis esse debere, quia memorati canones nullam exceptionem admittunt. Attamen eo quod ministerium paroeciale plerumque postulabit accessum foeminarum ad domum paroecialem, quae pars est domus religiosae, etiam tenendum est Superiores quibus hoc competat obligatione teneri aliquam partem aedificii a lege clausurae immunem declarare ad hoc ut tales accessus locum habere possint. In determinatione et declaratione locorum quae sub lege clausurae non comprehenduntur Superior et parochus concordare debent. Iudicium autem parochi aliquando praevalere poterit, quia ipse est qui melius necessitates paroeciae cognoscere potest. Necessarium non est insistere obligationi qua omnes tenentur clare indicandi loca ubi lex clausurae vigeat.

Vermeersch, eo quod in locis missionum non habentur proprie domus canonice erectae, docet domos in quibus religiosi muneribus quasi-parochorum funguntur non esse clausurae papali subiectas. [16]

5. Can. 606, §1, obligationem Superioribus religiosis imponit curandi ut statuta constitutionum quoad egressum religiosorum e

[15] Distinctio inter clausuram papalem et clausuram de qua sermo est in can. 604, §1, consistit in eo quod qui papalem violat contrahit poenas in can. 2342 descriptas; qui vero secundam non servat vel nullas poenas contrahit vel solum subiicietur poenis ab Episcopo forsitan statutis ad normam can. 604, §3.

[16] Cf. "De Beneplacito Apostolico et Clausura in Missionibus," *Periodica,* XII (1923), (3).

claustris accurate serventur. Hac lege parochi et vicarii religiosi utique etiam ligantur, sed non eodem modo ac religiosi qui curam animarum non habent: paroecialia enim ministeria, e. gr., administratio sacramentorum moribundis, plerumque egressum parochi vel vicarii exigent. Superiores religiosi exigentias huiusmodi ministerii curae animarum cognoscere supponuntur, ideoque auctor huius opusculi credit parochum religiosum intentionem in iure fundatam habere ut sine explicita et peculiari licentia Superioris e domo egrediatur quotiescumque suum munus pastoris hoc requirat. Nec Superior hoc impedire valet, quia agitur de exercitio curae animarum, quae pro parocho est suprema lex.

Pariter si quaestio oritur de egressu e domo religiosa ad res tractandas quae aliquo modo cum cura animarum connectuntur, licentia Superioris necessaria non videtur. [17]

Quoad egressus vero qui nullam connectionem cum officio parochi habent, tam parochus quam vicarii religiosi omnino licentia indigent Superioris, et praeterea servare tenentur quidquid constitutiones praescribant quoad tempus, socium, etc. [18] Sed, ut notat Fanfani, etiam in his casibus convenit certo ut parocho religioso ampliores facultates a Superioribus habitualiter concedantur ac ceteris religiosis. [19]

6. Communitas religiosa cui incorporata est paroecia aliquando chori obligatione tenetur, id est, debet in communi Officium divinum recitare. Quaeri igitur potest utrum in casu quo parochus religiosus ad aliquam talium communitatum pertineat obligatione chori etiam teneatur. Responsum negativum est tam pro parocho quam pro aliis religiosis qui muneribus paroecialibus funguntur, si tempore quo communitas ordinarie Officium divinum recitat illi suis muneribus vacant. [20]

Uti patet, hac assertione minime affirmari intenditur dictos religiosos nunquam chori obligatione ligari; sed haec norma ap-

[17] Strictiorem opinionem defendit Larraona. Cf. "Consultationes," *CpR*, II (1921), 185.

[18] Cf. Carmignani, *Il Piccolo Codice dei Parroci Regolari*, p. 75.

[19] Cf. *De Iure Religiosorum*, p. 459.

[20] Hoc sequitur certe ex can. 420, 4°

plicari debet tantum in casu quo ex chorali recitatione parochi et vicarii munera sui officii rite adimplere nequeunt. Haec impossibilitas tamen non necessario physica esse debet, sed moralis sufficit.

Caeterum si agatur de conventu qui paroeciam ita unitam habet ut omnes sacerdotes communitatis, vel illi saltem qui necessarii sunt ad complendum numerum requisitum pro instanti chori obligatione, ipsius paroeciae servitio addicti sint, liceret hac ratione choralem recitationem omittere, quando ipsa cum animarum cura componi non posset. [21]

7. In aliquibus Religionibus, forsitan in omnibus, litterae sive a sodalibus missae sive eis directae, subiici debent inspectioni Superioris. Hoc supponitur a can. 611, qui omnibus religiosis utriusque sexus facultatem facit mittendi litteras sine ulla inspectione ad S. Sedem eiusque in natione Legatum, ad Cardinalem protectorem, ad proprios Superiores maiores, ad Superiorem domus forte absentem, ad Ordinarium loci cui forte subiecti sint. Vi eiusdem canonis omnes religiosi a supradictis personis litteras a nemine inspiciendas accipere valent.

Per se patet parochum religiosum posse ad Ordinarium loci mittere et ab eo recipere litteras sine ulla inspectione, quia qua parochus Ordinario subest et ideo statutum canonis applicatur. [22]

Larraona merito docet parocho religioso etiam competere ius recipiendi et mittendi litteras quae a Superiore nullimode inspiciantur, si de his agatur quae ad officium paroeciale pertinent,

[21] Ita Larraona, "Consultationes," *CpR,* II (1921), 362.

[22] Commissio Pontificia publici iuris fecit sequens quaesitum et responsum: die 27 novembris, anno 1947:

> D.—An religiosi exempti, in casibus in quibus Ordinario loci subiiciuntur, libere possint, ad normam can. 611, litteras nulli obnoxias inspectioni ad eundem Ordinarium mittere et ab eodem recipere.
>
> R.—Affirmative.

Cf. *AAS,* XL (1948), 301. Pro generali commentario huius responsi et can. 611, cf. Morán, "Derecho del Superior Religioso a Revisar las Cartas de sus Súbditos," *Revista Española de Derecho Canónico* (Madrid, 1946-), IV (1949), 161-172.

dummodo non adsit rationabilis et gravis suspicionis causa. Si talis enim suspicio exsisteret, doctores concedunt has litteras a Superioris inspectione ac censura immunes non esse. [23]

Idem auctor abunde probat ex hoc non sequi parocho religioso verum ius competere ad arculam separatam pro suis litteris habendam vel ad sibi reservandam communis arculae clavim peculiarem.

Caeterum evidens est ex parochiali munere parocho nullum ius obvenire ut de rebus quae ad paroeciam et curam animarum nullo modo pertinent, cum personis quae ipsi concreditae non sunt, liberum a Superioris inspectione epistolare commercium sustineant. Et ratio est quia observantia constitutionum quoad hanc rem optime consistere potest cum officiis parochialis muneris. [24]

Articulus 2. De Voto Paupertatis et Parocho Religioso

Hic articulus tribus paragraphis constabit, in quarum prima notae historicae exponentur, in secunda directe de voto paupertatis agetur, et in tertia de administratione diversorum bonorum paroeciae sermo erit.

Ratio cur includatur sub generali titulo paupertatis quaestio administrationis bonorum cum paroecia connectionem habentium est in eo quod saltem partialiter a parocho ipso talis administratio fieri debet. Iamvero neminem fugit hoc aliquid extraordinarium esse pro religioso, qui praecise vi voti paupertatis generatim prohibetur bonorum administrationem gerere.

Paragraphus I. Doctrina auctorum ante Codicem.

I. Bartolus a Saxoferrato (1314-1359) primus fuit qui modo explicito tractavit de voto paupertatis religiosi in suo opere *Commentaria Iuris Civilis,* in quo sequentem quaestionem proposuit:

[23] Cf. "Consultationes," *CpR,* II (1921), 183-185; Fanfani, *De Iure Religiosorum,* p. 458. Alii auctores idem docent, sed semper Larraona citant.

[24] Cf. Larraona, *loc. cit.*

Cuinam acquirit monachus qui regimen alicuius ecclesiae habet? Ipse respondit distinguendo:

1. Si agatur de ecclesia a monasterio independenti, ita ut ipse monachus eius regimen assumendo independens quoque a monasterio fiat, tunc quidquid monachus acquirit ecclesiae cedit, et ratio in eo est quod "illud quod dictus monachus quaerit ex re Ecclesiae, quam regit, vel ex opera sua, quaerit illi Ecclesiae quam regit: cum praedicta Ecclesia possit dici quodammodo fructuaria dicti monachi: ipsi enim Ecclesiae debet operari." [25] Quidquid autem acquirat alia ratione quam ipsa ecclesia vel sua opera, sibi seu potius monasterio acquirit.

2. Si agatur de monacho qui, etiamsi curam ecclesiae habeat, Abbati subiiciatur, tunc quidquid acquirit ex re ecclesiae, vel ex opera sua, ecclesiae acquirit propter eandem rationem ac in primo casu; quidquid vero quacumque alia causa acquirat, monasterio cuius de familia est cedit, et in hoc monachus Abbati subiectus est. [26]

II. Navarrus (1493-1586) relate ad eandem rem sequentes distinctiones fecit:

1. Si agitur de ecclesia domui religiosae non pleno iure unita, ita ut Ordinarius monachi institutionem et destitutionem faciat, tunc monachus ecclesiae acquirit, quia exemptus est a potestate Abbatis eo quod iste eum aliquid praecipere nequit quod cum

[25] Cf. Bartolus a Saxoferrato, *Commentaria Iuris Civilis,* Vol. VI, *In Secundam Digesti Novi Partem* (Venetiis, 1590), Commentarium in legem 37, "Si servus communis," tit. "de stipulatione servorum," n. 6.

[26] Bartolus a Saxoferrato, *loc cit.* Bartolus suam doctrinam fundabat in c. 9, *de officio ordinarii,* I, 16, in VI°, ubi legitur: "Praesenti prohibemus edicto, ne Episcopi aut Abbates seu... regulares Praelati... vacantibus dignitatibus... vel ecclesiis quibuscumque sibi subiectis... bona morientibus eorum rectoribus vel ministris in ipsis inventa sive vacationis ipsorum tempore obvenientia, quae in utilitatem eorundem expendi vel futuris debent successoribus fideliter reservari, occupare, aut in usus convertere quoquo modo praesumant, nisi de speciali privilegio vel consuetudine iam praescripta legitime, seu alia causa rationabili hoc iisdem competere dignoscatur."

ecclesia relationem habeat, vel eum transferre aut ad monasterium vocare; ad summum Abbas exigere poterit pensionem annualem vel aliam rem quae a iure ipsi ex ecclesia cedere debeat, vel exigere ut monachus adiuvet monasterium cuius de familia est.

2. Idem valet eademque de causa in casu quo monachus praeficitur ecclesiae monasterio pleno iure unitae, dummodo monachus non sit amovibilis ad nutum et culpam non commiserit cuius vi meruerit officii privationem. Attamen, parvi refert utrum monachus dictam stabilitatem habeat ex iure communi, ex privilegio, vel ex legitima consuetudine. Huius ratio est, dixit Navarrus, quia nullum argumentum dari potest ad contrarium docendum.

3. Iterum idem verum est eademque de causa si agatur de monacho cui a R. Pontifice, ex scientia certa, beneficium regulare concessum fuit pro tota eius vita, quin referat utrum beneficium Praelato regulari unitum pleno iure sit necne, vel monachus sit necne amovibilis ad nutum. Alia ratio pro hoc casu est quia monachus nequit removeri, onerari, vel ad claustrum revocari ab Abbate, eodem modo ac si saecularem ecclesiam regeret.

4. Navarrus ulterius processit et etiam docuit, quamvis quadam cum haesitatione, monachum ecclesiae et non monasterio acquirere, etsi ecclesiam pleno iure unitam regat et ipse sit ad nutum Superioris amovibilis. Argumenta lata a Navarro pro hac doctrina sunt sequentia:

a) Eaedem rationes quarum vi, ecclesiae et non monasterio, acquirit monachus cui R. Pontifex concessit pro tota eius vita beneficium regulare pleno iure monasterio unitum, et ad nutum amovibile, valent etiam in hoc casu valore argumenti *e toto ad partem.*

b) [27], c. un., *de supplenda negligentia praelatorum,* I, 5, in

[27] Ad hoc argumentum intelligendum prae oculis habere oportet sequens textus Concilii Viennensis, anni 1311: "...quia regulares Praelati... ecclesias aut quaevis alia beneficia ad eorum dispositionem spectantia, cum vacant, interdum committere negligunt vel conferre intra tempus in Lateranensi Concilio [III, nempe, qui sex menses concessit ad illas confe-

Clem., aequiparat beneficia manualia, seu ad nutum amovibilia, beneficiis non manualibus. Concilium enim Viennense, anni 1311, Praelatis praecipit ut prima beneficia intra sex menses conferant, intra quos etiam secunda debent conferri. Concilium praeterea declarat Superiores non posse beneficia manualia suis mensis unire, nec illa novis pensionibus onerare, aut antiquas pensiones augere, immo nec fructus eorum tempore vacationis obvenientes sibi capere.

Iamvero, arguebat Navarrus, haec "omnia coniuncta efficaciter probant propositum: si enim quaesita ex fructibus beneficii manualis pertinerent ad Praelatum et monasterium cuius est membrum, a fortiori possit Praelatus et monasterium imponere aliquam pensionem, vel augere impositam, vel unire illud mensae suae. Tum quia fructus vacationis tempore obvenientes, non fiunt monasterii ut habet illa Clem.; ergo minus fiunt eius quaesita ex eis tempore quo non vacat ecclesia, sed habet suum specialem beneficiarium et rectorem. Maior enim ratio suadet ut quaerantur ea quae obveniunt tempore vacationis quando nullum habet specialem dominum vel dispensatorem, quam quae obveniunt tempore quo illum habent, et non vacant, ut palam est."

5. Denique, Navarrus etiam docuit, explicite contra Bartolum, monachum, de quo in numero praecedenti, ecclesiae et non monasterio acquirere, etsi bona ipsi obvenientia originem ducant non ex fructibus beneficii vel operis beneficiarii, sed ex successione

rendas.—c. 2, X, *de concessione praebendae et ecclesiae non vacantis,* III, 8] constitutum: dioecesani... negligentiam suppleant eorundem... Eadem quoque auctoritate dioecesani suffulti nullo modo permittant quod iidem Praelati... ecclesias... huiusmodi applicent mensis suis, pensionesve novas eis imponant, aut veteres augeant, sive quae ipsis de novo impositae, sive auctae solvantur. Praemissa vero de... ecclesiis intelligimus quae non sint de mensa Praelatorum ipsorum, sed speciales... administratores... consueverunt habere: licet... administratores huiusmodi libere possint ad claustrum, cum oportuerit, revocari. In quibus etiam Constitutionem Bonifacii VIII [cf. c. 9, *de officio ordinarii,* I, 16, in VI°] bona beneficiorum vacantium occupari a Praelatis vel aliis prohibentem... locum sibi censuimus vindicare."

legitima vel testamentaria, donationibus intuitu personae, etc. Quia tamen in hac re Suarezius (1548-1617) ei, recte, ut videtur, contradixit, Navarri argumenta una cum doctrina Suareziana exponentur, et hoc inserviet ad inutilem repetitionem vitandam et simul ad meliorem intellectionem ipsorum Suarezii argumentorum obtinendam. [28]

III. Parochus religiosus, iuxta Suarezium, duobus modis aliquid acquirere poterat, nempe, intuitu ecclesiae et intuitu personae. In primo casu quidquid acquirebat religiosus, acquirebat ecclesiae et non monasterio. Hoc valebat etiam de paroeciis pleno iure unitis, in quibus nulla specialis concessio pontificia habebatur et in quibus quaestio agitari poterat an, ex eo quod parochus persona religiosa erat suo monasterio et Superiori subiecta, sequeretur talem parochum monasterio acquirere id omne quod intuitu ecclesiae et quidem alicuius determinatae ecclesiae dabatur.

Suarezius, eodem modo ac Navarrus, suam doctrinam fundavit in capite Decretalium Clementinarum, ubi legitur:

> ...Eadem quoque auctoritate dioecesani suffulti, nullo modo permittant, quod iidem Praelati [religiosi] prioratus, ecclesias, administrationes aut beneficia [ad eorum dispositionem spectantia] applicent mensis suis, pensionesve novas eis imponant, aut veteres augeant, sive quod ipsis de novo impositae, sive auctae solvantur. [29]

Si enim in hoc capite, dixit Suarezius, Superiores prohibentur bona beneficiorum sibi annectere, ratio in eo est quod supponitur quaesita ex fructibus beneficii non pertinere ad monasterium; secus non intelligitur quare Superiores capaces non sint novas pensiones imponendi, immo et sibi reservandi omne id quod necessarium non est beneficiario in adimpletione sui muneris.

Caeterum, sic Suarezius prosequitur, parochus religiosus administrator est bonorum ecclesiasticorum et administrationem ex-

[28] Quidquid hucusque et posthinc Navarro tribuitur inveniri potest in eius *Opera Omnia,* II, 233-235.

[29] C. un., *de supplenda negligentia praelatorum,* I, 5, in Clem.

ercere potest libere et independenter a voluntate sui Superioris. Ex his bonis debet necessitatibus ecclesiae providere, pauperibus et indigentibus adiuvare, et si, postquam talia fecerit, adhuc aliquid superest, illud suo monasterio donare potest: hoc enim a nulla lege prohibetur, et praeterea tanquam opus misericordiae considerari potest. Quia vero religiosus non dominium sed solam administrationem bonorum habet, illa nunquam in testamento donare potest. [30]

Suarezius etiam docuit peculium, omnibus parochis debitum, numerari inter res quarum libera administratione parochus religiosus gaudere debebat; immo, addidit talem religiosum, si a munere amotum fuisset, potuisse de dicto peculio libere disponere antequam ad monasterium reverteretur; si tamen tali iure usus non fuerit et peculium suum monasterio adduxerit, ipso facto peculium proprietati monasterii cedebat, quia iam tunc religiosus liberam de eo administrationem amplius non habebat. [31]

Quando agitur de bonis quae parochus religiosus intuitu personae acquirebat, oppositio inter Suarezium et Navarrum surgit. Secundus docuit quod quidquid talis religiosus intuitu personae acquirebat non monasterio sed ecclesiae acquirebat; primus vero tenuit in hoc casu religiosum monasterio acquirere.

Primus suam sententiam probabat dicendo parochum religiosum considerari posse tanquam partim monasterio et partim ecclesiae pertinentem; haec vero quasi-divisio ita intelligenda est ut quidquid iure ad ecclesiam non pertinet, monasterii esse dici debeat. Cur? Quia evidens est quod, si parochus religiosus non esset, sibi et non ecclesiae ea acquireret quae ipsi data fuerint

[30] Cf. Suarez, *De Religione,* tr. IV, lib. III, cap. XIX, nn. 8-10, in *Opera Omnia,* XVI, 418-419.

[31] Cf. Suarez, *ibid.,* n. 11, in *Opera Omnia,* XVI, 419.

Ad hoc intelligendum prae oculis habeatur quod in antiquitate maxima pars paroeciarum monasteriis unitarum et quarum regimen religiosi habebant non inveniebantur, uti generatim hodie accidit, in eodem loco ubi communitas religiosa degebat, sed potius in locis valde ab illo remotis; hac de causa etiam exigebatur ut monachi, si tanquam parochi erant designati, secum alios fratres vel saltem unum eorum haberent quocum vitae religiosae consuetudinem servarent. Mirandum proinde non est si Suarezius loquebatur de regressu ad monasterium.

intuitu personae; idem proinde dicendum est de parocho religioso, qui tamen eo ipso quod religiosus est non sibi sed monasterio acquirit vi voti paupertatis.

In hoc casu, ita prosequitur Suarezius, non applicatur caput Decretalium Clementinarum, [32] non obstante sententia Navarri, quia illud "solum disponit de beneficio, et de immunitate eius (ut ita dicam), non vero de persona, nec de omnibus bonis quae quacumque via possunt ad illam pervenire". [33]

Navarrus arguit: bona acquisita ex fructibus beneficii manualis seu ad nutum amovibilis, et ex opera ipsius monachi, non debentur monasterio; ergo nec bona aliunde acquisita. Consequentia argumenti probatur, quia si religiosus monasterio acquireret, multo magis talem acquisitionem faceret ex re propria ipsius monasterii quam ex re ipsi aliena; iamvero, tam fructus quam opera monachi sunt quodammodo propria monasterii cuius est religiosus, et hoc non obstante nihil ex illis monasterio acquirit; ergo si ex istis mediis non acquirit monasterio, nec illud faciet aliis mediis.

Suarezius respondit: pars antecedens argumenti loquitur et de fructibus et de opera religiosi: quoad fructus, conceditur: quoad operam vero religiosi distinguitur: si agitur de operis religiosi propriis ministerii paroecialis et beneficii, conceditur, quia, sensu lato, operae considerari possunt tanquam fructus beneficii; si tamen agitur de aliis operis personalibus omnino ministerio alienis, videtur partem antecedentem argumenti veram non esse, quia in tali casu religiosus non agit qua beneficiarius sed qua homo.

Caeterum, consequentia Navarri falsa est, quia certum non est, sicut ille contendit, ecclesiam acquirendo ex opera religiosi hoc facere ex mediis alienis et non propriis; quamvis enim persona religiosi refertur de facto ad monasterium, attamen, dum ecclesiam vel parochiam regit, possessio, usus et ususfructus personae ad ecclesiam pertinent, eodem modo ac si aliquis servus commodatur:

[32] Suarezius hic refert caput transcriptum in principio expositionis suae doctrinae, scilicet, c. un., *de supplenda negligentia praelatorum,* I, 5, in Clem.

[33] Suarez, *ibid.,* n. 12, in *Opera Omnia,* XVI, 419.

hoc enim casu proprietas servi adhuc apud dominum est, fructus operae eius tamen commodatario cedunt.

Refutatio argumenti Navarri his verbis finitur: "Possumus ergo retorqueri rationem Navarri, quia multo maior ratio est acquirendi monasterio ea bona, quae praecise intuitu personae acquiruntur, quam alia, quae respiciunt opera, vel fructus ecclesiae; nam persona secundum se manet semper sub potestate, et quasi sub dominio monasterii, licet quoad opera sit pro tunc applicata ecclesiae."

In hoc stadio quaestionis Suarezius probabilitatem admisit sententiae Bartoli (1314-1359), quae tenuit ecclesiam, etiamsi a religioso regeretur, habere debuisse usumfructum personae suae; si ergo, dixit Bartolus, hic religiosus emat rem aliquam et solvat illam pecunia acquisita de opera sua, res illa ecclesiae acquiritur. [34]

Attamen, animadvertit Suarezius, etiamsi haec sententia Bartoli admittatur, tenendum semper est illam non valere quando agitur de haereditatibus vel de donationibus, vel in genere quando religiosus aliquid adipiscitur "potius recipiendo quam agendo." Ratio in eo est quod religiosus ad ecclesiam pertinet solum quantum ad ministerium suum et quasi-usumfructum operarum suarum; quatenus autem persona est, manet subiectus suo monasterio.

Paucis verbis, vi professionis religiosae et actualis subiectionis Superiori regulari, cum quidquid sit monachi ad monasterium pertineat, nisi constet certe et evidenter monasterium tali iure privatum esse, concludendum est quod quidquid parochus religiosus intuitu personae acquirit, ad monasterium pertinet; praesertim si attenditur principium: *in dubio melior est conditio possidentis.* Ex hoc sequitur quod idem parochus plene Superiori religioso subiicitur quantum ad possessionem, usum, usumfructum, et administrationem bonorum quae ipsi obveniunt intuitu personae, et quod Superior de illis disponere potest sicut et de aliis quibusvis bonis monasterii, quin parochus religiosus illis uti possit, nisi hoc

[34] Bartolus a Saxoferrato, *In lege "sed et si,"* 30, §*"interdum." Digestum de usufructu;* citatus a Suarezio, *ibid.*, nn. 15-16, in *Opera Omnia,* XVI, 420-421.

Superiori placuerit. Contrarium esset verum si sententia Navarri admitteretur. [35]

Paragraphus II. Doctrina Codicis quoad paupertatem parochi religiosi.

Canon 630, §3, statuit: *"Bona quae ipsi [parocho religioso] obveniunt intuitu paroeciae cui praeficitur, ipsi paroeciae acquirit; cetera acquirit ad instar aliorum religiosorum."*

Bona paroeciae ea dicuntur quae paroeciae tanquam personae morali legitime acquiruntur, nec ecclesiae paroeciali cultuive divino in eadem exercendo specialiter destinantur. [36]

Quaenam autem sint talia bona a Codice non determinatur, sed, ut notatum fuit in capite secundo huius thesis, ex diversis ipsius locis specificari possunt. [37]

Ad agnoscendum quaenam sint bona a parocho personaliter acquisita, auctores recte ad Constitutionem *Romanos Pontifices,* §26, et ad statuta Concilii Westmonasteriensis II (1855) recurrunt,

[35] Cf. Suarez, *ibid.,* nn. 14-17, in *Opera Omnia,* XVI, 420-421.

[36] Cf. Bernier, *De Patrimonio Paroeciali,* p. 62.

[37] Cf. *supra,* pp. 54-55. Bernier (*op. cit.,* p. 63) sequentia inter bona paroeciae enumerat: Paroeciae reditus qui, "deductis omnibus et necessariis expensis," tributo seminaristico obnoxii manent (can. 1356, §3), et quidem titulo diverso ac reditus fabricarum ecclesiarum (can. 1356, §1).

Ad hanc bonorum paroecialium categoriam pertinent etiam illa "bona communia quae in commodum totius territorii sunt destinata" (can. 1500), dummodo tamen ipsi paroeciae tanquam personae morali iuridice acquisita fuerint, non autem solum parocho commissa.

Huiusmodi enumerari possunt, v. gr., fructus, reditus et proventus utut pertinentes ad paroeciam, ceteraque bona ex largitionum, donationum, fundationum, exactionum, taxarumve fonte promanantia, et destinata solvendis expensis omne genus inhaerentibus organizationi, ministerioque paroeciali. Sic plura ipsi paroeciae acquiri solent pro pauperibus sublevandis aut peregrinis suscipiendis, pro infirmis adiuvandis, pro pueris instituendis in spem sacerdotii, pro oratoriis, recreatoriis, et patronatibus exstruendis et dotandis, pro *Actione Catholica* exercenda, pro piis ephemeridibus edendis aut divulgandis, pro quibusvis denique "operibus caritatis, fidei ac pietatis fovendis aut instituendis."

ibi enim clare talia bona determinantur, et praeterea normae statuuntur ad mentem donantium dignoscendam. [38]

Bona a parocho religioso acquisita in adimpletione sui muneris, si agatur de eo qui professionem emisit sollemnem, cedunt: 1) in Ordine capaci bona possidendi, ipsi Ordini vel Provinciae vel domui, secundum constitutiones; 2) in Ordine incapaci, acquiruntur S. Sedi in proprietatem (can. 583). Si agitur vero de religioso a votis simplicibus, dicta bona Religioni acquirit, quia etsi proprietatem bonorum iam possessorum immo et capacitatem alia acquirendi talis religiosus servet, tamen quidquid industria sua vel intuitu religionis acquirit, suae Religioni cedunt (can. 580, §§1-2), et certum est bona a parocho religioso acquisita in adimpletione sui muneris tanquam industria sua acquisita censeri debere. Sed si parocho a votis simplicibus quaedam donationes obveniant non intuitu religionis vel paroeciae, sed mere intuitu personae, tunc talis religiosus ea ut propria habere potest et addere illis quae forsitan iam possideat, servando tamen quoad earum adminstrationem praescriptum can. 569.

Praeterea omnis parochus religiosus, iuxta can. 630, §4, potest, non obstante voto paupertatis, eleemosynas in bonum paroecianorum, vel pro scholis catholicis aut locis piis paroeciae coniunctis, quovis modo oblatas accipere et colligere et acceptas sive collectas administrare, itemque, servata offerentium voluntate, pro prudenti suo arbitrio, erogare, salva semper vigilantia sui Superioris.

Bona in bonum paroecianorum collecta vel accepta intelliguntur ea quae complectuntur omnes fines omniaque opera religionis, vel caritatis sive spiritualis sive temporalis (can. 1489, §1), cum paroecianorum profectu attingendos et exercenda. Insuper, ea quae pro opere catechistico, pro opere vocationum ecclesiasticarum, pro pauperum verecundorum sublevamine, undequaque praebentur. [39]

[38] Cf. Nebreda, "Quaestiones Selectae de Iure Administrativo Ecclesiastico," *CpR,* VII (1926), 264; Coronata, *Institutiones,* I, n. 635 b, pp. 827-830; Goyeneche, "Consultationes," *CpR,* X (1929), 42-44; *supra,* pp. 34-38, ubi textus citati transcribuntur.

[39] Bernier, *De Patrimonio Paroeciali,* pp. 68-69.

Facultas parocho religioso a can. 630, §4, concessa non stricte interpretanda est, ita ut solus parochus personaliter possit eleemosynas colligere, et accipere; sed tenendum est ipsum etiam alio modo posse dicta facultate uti, per se vel per alios, per ephemerides, per collectas in ecclesia vel in domibus, etc. [40]

Caeterum loca pia sunt e. gr. hospitalia, orphanatrophia, xenodochia, hospitia, etc., et quia bona pro illis accepta vel collecta non censentur data paroeciae, sed potius parocho fiducialiter commissa, ipse ea libere acceptare potest, integreque erogare, iuxta offerentium voluntatem et quidem sine formalitatibus de quibus in can. 1516: ex officio namque in casu parochus agit. [41]

Stricte autem loquendo facultas colligendi, acceptandi, administrandique tales eleemosynas, per se non importat ius apud se illas retinendi. Hoc sequitur quia can. 630, §4, dum memoratam potestatem parochis religiosis facit, silet de retentione eleemosynarum apud ipsum parochum, et praeterea earum collectio, acceptatio, administratio et erogatio optime fieri possunt, quin illas parochus apud se retineat. De stricto igitur iure parochus religiosus tales eleemosynas deponere debet apud oeconomum domus cui ipse est adscriptus, a quo pro prudenti suo arbitrio petat quod erogare intendit, [42] nam parochus tenetur ad observantiam votorum in quantum cum obligationibus sui muneris componi possunt. Non datur autem incompatibilitas inter facultatem eleemosynas erogandi vel administrandi et obligationem eas apud oeconomum deponendi. [43]

Hoc tamen, ut dictum est, valet tantum stricte loquendo, quia in praxi paululum aliter tenendum est. Admisso enim principio quod

[40] Cf. Melo, *De Exemptione Regularium,* p. 90.

[41] Bernier, *loc. cit.*

[42] Necessarium non est animadvertere oeconomum illa bona separata a bonis domus religiosae servare debere, eo quod agitur de bonis quae nullo modo religiosa vocari possunt.

[43] Cf. Wernz-Vidal, *Ius Canonicum,* III, n. 416, p. 448; Vitali, "De Officiis et Iuribus Parochi Religiosi iuxta Normas a Iure Novissimo Latas," *The American Ecclesiastical Review* (1905-1943: *The Ecclesiastical Review,* Philadelphia, 1889-1943, Baltimore, 1944-), LXXV (1926), 176 sqq. (posthinc haec ephemeris citabitur *The Eccl. Rev.,* et articulus, *"De Officiis et Iuribus Parochi Religiosi"*).

de stricto iure ad administrationem, erogationem, etc., non requiratur ut administrator et erogator bona apud se retineant, eo quod officia administratoris et oeconomi separata perfecte consistere possunt, tamen, quando agitur de bonis pro necessitatibus paroecianorum destinatis videtur saltem opportunum ut parochus ea apud se retineat ex toto, vel saltem aliqua pars pro casibus urgentioribus. [44] Nemo enim non videt parochum in ministeriis quotidianis urgentes expensas in bonum paroecianorum peragere debere, et valde incommodum molestumque esse pro omnibus si parochus singulis vicibus ad oeconomum recurrere debeat. [45] Nec dicatur can. 630, §4, hoc prohibere, quia potius phrasis "non obstante voto paupertatis" indicare videtur legislatorem velle, ea mediante, parocho religioso illas facultates concedere quae, etsi forte contra votum paupertatis essent, utiles tamen aut convenientes sunt pro meliori adimpletione sui pastoralis muneris; iamvero, negari nequit retentionem saltem partialem bonorum apud parochum et utilem et convenientem esse ad officium paroeciale facilius reddendum. Ius vero vigilantiae ex parte Superioris intactum manet. [46]

Paragraphus III. De Administratione bonorum in paroecia religiosa.

Quando hic sermo fit de administratione bonorum, illam tantum administrationem includere intenditur quae ab auctoribus ut privata, immediata et ordinaria consideratur, [47] quaeque definiri potest: Cura bonorum temporalium alicuius personae moralis ecclesiasticae sub vigilantia competentis auctoritatis gesta, eo fine ut illa intentionem servare possint propter quam acquisita sunt. [48]

Hac definitione succincte complectitur descriptio administra-

[44] Cf. Goyeneche, *De Religiosis*, p. 183; Blat, *Commentarium*, II, 701-702.

[45] Cf. Wernz-Vidal, *loc. cit.*

[46] Cf. Delgado, *De Relationibus*, p. 69.

[47] Per oppositionem respective ad publicam, supremam aut superiorem, et extraordinariam. Cf. Bernier, *De Patrimonio Paroeciali*, pp. 107-120, ubi alias species administrationis distinguit et explicat.

[48] Cf. McManus, *The Administration of Temporal Goods in Religious Institutes*, p. 79.

tionis ab aliquibus auctoribus facta dum affirmant bona administrare idem esse ac bona temporalia gerere iuxta propriam naturam et fines suos proprios, seu ex una parte ita agendo ut bona frugifera fructus ferant, bona consumptibilia utiliter consumantur, et quidem salva substantia eorum quae servanda sunt; ex alia vero parte attendatur ad oblatorum voluntatem et intentionem, necnon ad proprias Religionis constitutiones. [49]

In paroecia pleno iure incorporata, sequentes species bonorum inveniri possunt, de quarum administratione in hac paragrapho agetur: a) bona beneficialia; b) bona paroeciae qua talis; c) bona ecclesiae paroecialis; d) bona fundationum et legatorum piorum; e) bona associationum fidelium; f) bona in commodum paroecianorum accepta vel collecta.

I. *De bonis beneficialibus.* Bona beneficii ecclesiastici constituuntur a dote, quae sua vice constituitur, iuxta can. 1410, sive bonis quorum proprietas est penes ipsum ens iuridicum, sive certis et debitis praestationibus alicuius familiae vel personae moralis, sive certis et voluntariis fidelium oblationibus, quae ad beneficii rectorem spectent, sive iuribus, ut dicitur, stolae intra fines taxationis dioecesanae vel legitimae consuetudinis, sive distributionibus choralibus, etc.

Proprietatem seu dominium bonorum beneficialium in paroecia non incorporata habet ipsum beneficium seu persona moralis; reditus autem ex istis aliosque omnes proventus, ipsi beneficiario, servatis de iure servandis, acquiruntur (cann. 1473; 1475, §2). [50]

[49] Cf. Vitali, De Officiis et Iuribus Parochi Religiosi," *The Eccl. Rev.* LXXV (1926), 177; Vromant, *De Bonis Ecclesiae Temporalibus ad Usum praesertim Missionariorum et Religiosorum* (Louvain: Editions du Musseum Lessianum, 1927), p. 185 (posthinc hoc opus citabitur de *Bonis Ecclesiae Temporalibus*); Fanfani, *De Iure Religiosorum,* pp. 171-172; Larraona, "Commentarium Codicis," *CpR,* XII (1931), 355-356.

[50] Cf. Bernier, *De Patrimonio Paroeciali,* p. 65, ubi hoc probat contra Bartlett, qui cum haesitatione suam opinionem proposuit iuxta quam ecclesia paroecialis est ens iuridicum penes quod iacet proprietas bonorum dotalium beneficii paroecialis. Cf. *The Tenure of Parochial Property in the United States of America,* The Catholic University of America Canon Law Studies, n. 31 (Washington, D. C.: The Catholic University of

In eadem quoque paroecia non incorporata parochus ex officio administrare debet beneficium paroeciale, et hoc constat quia "beneficiarius bona ad suum beneficium pertinentia, ut beneficii curator, administrare debet ad normam iuris," ut statuit can. 1476, §1; quinimo, can. 1477, §1, addit: "sumptus ordinario modo connexi cum bonorum beneficialium administratione et fructuum perceptione, a beneficiario ferendi sunt."

Quando vero agitur de paroecia incorporata seu pleno iure religiosis unita, bona beneficialia in dominium personae moralis religiosae transeunt, saltem iuxta opinionem auctoris, ideoque talia bona una cum bonis domus religiosae unam mensam communem bonorum constituunt, cuius proprietas est penes domum religiosam. Consequenter illis bonis omnes leges applicantur quae in Codice et praesertim in cann. 516; 532, et sqq. continentur pro bonis religiosorum. Itaque si paroecia unita sit domui religiosae exemptae, bona beneficialia pariter a iurisdictione Episcopi exempta erunt, nec ulla ratio de eis ipsi reddi debet. Hoc praeterea verum est etiam quando agatur de Religionibus iuris pontificii, quia can. 618, §2, vetat quominus Episcopi de re oeconomica talium Religionum cognoscere queant. [51]

Administrator horum bonorum non est parochus religiosus, sed communitas, et hoc verum est quin aliquid intersit utrum proprietas illorum transeat vel non ad domum religiosam cui incorporatio fit. Ratio autem est obvia: beneficium paroeciale, in casu, communitati et non parocho incorporatum est, ideoque com-

America, 1926), p. 44, ubi legitur: "It is ventured that the commentators have erred in interpreting the term *ens iuridicum* in can. 1410, as meaning the benefice itself: there is a possibility... that the term refers to the parochial church to which the benefice is attached."

Fanfani (*De Iure Parochorum*, p. 16) tenet in casu ens iuridicum esse paroeciam vel dioecesim.

[51] Cf. caput II huius thesis, ubi evolvitur controversia de transitu vel non transitu proprietatis beneficialium bonorum quando unio pleno iure paroeciae locum habet. Si admittitur sententia propugnans dominium beneficii ad domum religiosam non transire, tunc tenendum est Ordinarium loci rationem exigere posse et debere de administratione bonorum beneficialium.

munitati quae proprie est beneficiarius, competit administratio bonorum sui beneficii, quia in re beneficiali regula generalissima est, ex can. 1476, §1, desumpta, iuxta quam beneficiarius, ut curator beneficii, eius administrationem gerere debet. [52]

Dictum est hoc verum esse quin aliquid intersit utrum proprietas beneficii transeat vel non ad domum cui incorporatio facta est, quia, si supponitur transitus proprietatis, illa bona ut religiosa a potestate parochi tolluntur; si tamen non-transitus propugnetur, adhuc domus religiosa et non parochus est quae fructus et titulum beneficii acquirit, ideoque eius administratio ad primam et non ad secundum est adiudicanda.

II. *De bonis paroeciae qua talis.* Iam alio loco declaratum fuit sub hac specie venire complexum bonorum temporalium ad paroeciam qua personam iuridicam pertinentium. [53]

Horum bonorum administratio, de iure communi, pertinet ad parochum sub immediata potestate Ordinarii loci, etiam in paroeciis pleno iure incorporatis. Assertum probatur quia, ut iam pluries dictum est, vi can. 471, §4, religioso munere vicarii actualis fungenti competunt omnia iura et officia parochorum; iamvero parochus semper consideratur a Codice tanquam rector paroeciae, [54] qui ad eam administrandam praeficitur. Praeterea can. 1182, §2, explicite statuit parochum administratorem esse oblationum factarum in commodum paroeciae. Et iterum in §3 eiusdem canonis legitur: "Parochus... debet huiusmodi oblationes [in commodum paroeciae datas] administrare ad normam sacrorum canonum deque iis rationem loci Ordinario reddere ad normam can. 1525."

Ex tenore can. 1525 huiusmodi redditio rationis Ordinario loci facienda est singulis annis, et quoad rem certissime parochus ei subiicitur. Insuper can. 533, §1, 4°, statuit parochum religiosum, etiam regularem, consensum Ordinarii loci obtinere debere quando agatur de collocatione pecuniae datae paroeciae vel religiosis intuitu paroeciae.

Quaeri autem potest an Superior religiosus etiam cumulative

[52] Cf. Goyeneche, "Consultationes," *CpR,* X (1929), 41-42.

[53] Cf. *supra,* pp. 54-55, et p. 148, nota 37.

[54] Cf. cann. 216, §1; 454, §1.

cum Ordinario loci possit parochum religiosum circa hanc administrationem vigilare.

Ex analogia cum can. 630, §4, affirmativa responsio dari potest. Si enim Superior religiosus vi memorati canonis vigilare potest et debet administrationem oblationum acceptarum vel collectarum in commodum paroecianorum, scholarum catholicarum et locorum piorum, sine dubio quia extraordinarius est pro parocho religioso actus administrativus et relationem intimam habet cum voto paupertatis, eaedem rationes valent quando agitur de administratione bonorum paroeciae qua talis. Salvo igitur meliori iudicio, Superior religiosus, etsi agatur de bonis ad Religionem non pertinentibus, potest de ipsis rationem petere, rectam administrationem demandare, libros accepti et expensi videre. Nullo autem modo potest administrationem sibimetipsi reservare vel in eam quoquo modo directe sese immiscere.

III. *De bonis ecclesiae paroecialis.* Antequam de horum bonorum administratione agatur, perutile erit notare quid sit ecclesia, quid fabrica ecclesiae, et quaenam bona uti ecclesiae paroeciali pertinentia habeantur.

a) Ecclesia, iuxta can. 1161, est aedes sacra divino cultui dedicata eum potissimum in finem ut omnibus fidelibus usui sit ad divinum cultum publice exercendum.

b) Fabrica ecclesiae est persona iuridica, ex ipso iuris praescripto constituta, cui tanquam subiecto dominii omnia illa bona et iura temporalia adscripta sunt quae cultui divino et omnibus necessitatibus alicuius ecclesiae inserviunt. [55]

Fabrica ecclesiae et ecclesia ipsa inter se distinguuntur, quia ecclesia est subiectum omnium iurium loco sacro competentium et quidem a momento eius dedicationis, [56] et fabrica non consideratur nisi ut subiectum iurium patrimonialium: hoc autem fit quando a legitima auctoritate constituitur dos vel patrimonium

[55] Cf. Wernz-Vidal, *Ius Canonicum,* IV, 469; Bernier, *De Patrimonio Paroeciali,* pp. 92-93.

[56] Cf. Vermeersch-Creusen, *Epitome,* II, n. 482, p. 331.

ecclesiae, quod locum habere potest etsi ecclesia nondum sit exstructa. [57]

c) Bona ecclesiae paroecialis, iuxta Codicem, [58] sunt ea quae, sive ex natura sua, sive ex legis dispositione, sive demum ex offerentium voluntate, expresse destinantur ad ecclesiam aedificandam, conservandam, decorandam, exornandam aut reficiendam, divinumque cultum in eadem debito modo exercendum.

Ex natura sua ad ecclesiam pertinent ipsa aedes sacra, sacrarium, cappellae, oratoria, dos ecclesiae, reliquiae sacrae, imagines, sacra suppellex, campanae, organa, libri, documenta, etc. Ex legis dispositione, ecclesiae sunt ea emolumenta quae ex praescripto Codicis ecclesiae cedunt, e. gr., emolumenta clerici qui sine iusto impedimento canonicas horas non recitaverit. [59] Ecclesiae paroecialis etiam sunt oblationes fidelium, rectoribus ecclesiarum factae, quae ipsi ecclesiae destinatae praesumuntur a Codice (can. 1536, §1), et tandem contributiones et praestationes quae intuitu ecclesiae exiguntur, aut suasione requiruntur, aut quoquo modo ex lege vel consuetudine percipiuntur (cann. 1186; 1297). Denique, ex offerentium voluntate, uti ecclesiae proprium censetur quidquid cum expressa designatione ecclesiae quaeritatur, accipitur aut colligitur, et quidquid tanquam donarium seu ex voto alicui altari, alicuius Sancti imagini, alicui oratorio vel sanctuario donatur. [60]

Ad voluntatem fidelium cognoscendam, quando ipsi eam non sufficienter determinant, recurrendum est ad implicitam manifestationem quae habetur, e. gr., quando ipsi eleemosynas deponunt in arcis vel truncis habentibus inscriptionem quae scopum eleemosynarum clare determinant. Eleemosynae autem vel donationes factae absque ulla determinatione finis, rectori ecclesiae praesumuntur factae, ideoque ipsi ecclesiae iuxta can. 1536, §1. [61]

Quando agitur de administratione omnium bonorum supra memoratorum, distinguendum est imprimis an agatur de ecclesia

[57] Cf. Bernier, *op. cit.*, pp. 94-95, ubi ampliori modo hanc distinctionem probat.

[58] Cf. cann. 630, §4; 1182, §1; 1297.

[59] Cf. can. 1475, §2. Cf. etiam cann. 1300; 2347, 2°; 2381, 1°

[60] S. C. C., 14 ian. 1922. Cf. *AAS*, XIV (1922), 160; Bernier, *op. cit.*, pp. 61-62; Gómez, "Casuistica," *Christus*, IV (1939), 51.

[61] Paulo aliter Goyeneche, "Consultationes," *CpR*, X (1929), 178.

religiosa stricto sensu, scilicet, quae ad religiosos pertineat vi tituli acquisitivi vel translativi dominii, vel potius an agatur de ecclesia saeculari. Ratio huius distinctionis in eo est quod, ut alibi notatum est, unio alicuius paroeciae pleno iure facta non necessario secumfert conversionem ecclesiae ex saeculari in religiosam stricto sensu, ideoque possibile est ut religiosi paroeciam pleno iure incorporatam habeant, et tamen ecclesia paroecialis saecularis remaneat, quin religiosi aliquod ius asserere possint quoad bona eiusdem.

Si ecclesia est religiosa stricto sensu, administratio eius bonorum pertinet ad communitatem vel Superiorem, ut praescribitur a cann. 630, §4; 609, §1; 415, §3, 3°. Immo in hoc casu ecclesia religiosorum velut unum corpus efformat cum domo religiosa constituitque cum illa unum iuris subiectum, [62] ideoque proprie loquendo non exsistit alia persona iuridica separata constans exclusive de bonis destinatis ad ecclesiam reparandam, aedificandam, etc. Hoc evidens est quando ecclesia est religiosa ab initio, sed etiam quando ecclesia quae prius saecularis erat et postea fit religiosa per aliquem titulum acquisitivum vel translativum dominii, personalitas iuridica quam prius habuerat unitur domui religiosae ita ut unum subiectum iuris utraeque constituant, et iterum haec ecclesia non habetur ut persona moralis separata, nam in hoc casu, ex facto conversionis ecclesiae saecularis in religiosam, ipsa unum tantum subiectum iuris efformat cum domo religiosa. [63]

Superior igitur religiosus, dummodo agatur de Religione iuris pontificii (can. 618, §2, 1°), administrationem bonorum ecclesiae religiosae paroecialis gerere debet, et quidem quin Ordinarius loci ullo modo de tali administratione rationem exigere poterit, etsi agatur, ut supponitur, de ecclesia ubi paroecia constituta est. [64]

[62] Hoc deducitur ex can. 497, §2, qui praescribit permissionem constituendi domum religiosam secumferre ius ecclesiam adnexam habendi.

[63] Cf. Delgado, *De Relationibus,* p. 104.

[64] Cf. Goyeneche, "Consultationes," *CpR,* III (1922), 271; Maroto, "Annotationes," *CpR,* VII (1926), 440; Nebreda, *De Locis Ordinariorum Iuribus circa Pia Legata Donationesve tum Religiosis tum Eorum Ecclesiis etiam Paroecialibus Facta* (Romae: Typ. Polyg. "Cuore di Maria," 1926), p. 43 (posthinc hoc opus citabitur *De Loci Ordinariorum Iuribus*).

Ab hac doctrina dissentit Vromant, qui in variis locis [65] tenet loci Ordinario competere ius vigilantiae circa haec bona; sed immerito, quia praescripta canonum 415, §3, 3°; 609, §1; 618, §2, 1°, et 630, §4, valde clara sunt, et non intelligitur ubinam dictus auctor suam sententiam fundare possit.

Parochus religiosus proinde in hoc casu nullum ius quoad bona ecclesiae paroecialis asserere potest, sed non prohibetur (immo in praxi valde conveniens erit) quominus Superior ei quaedam iura quoad haec bona concedat, salva semper vigilantia exclusiva et directa eiusdem, ut si abusus committantur facile remedia aptiora ponantur.

Si vero ecclesia paroeciae pleno iure unitae non sit religiosa, etsi communitas apud illam resideat et sensu minus proprio religiosa etiam dici possit, administratio eius bonorum ad Ordinarium loci pertinet. Ratio est evidens: bona enim dictae ecclesiae non sunt religiosa, sed ad personam moralem ecclesiae pertinent, quae in casu est saecularis. Quia tamen loci Ordinarius directe talem administrationem gerere plerumque nequit, non prohibetur quominus eam parocho committat qui tunc administrationem geret sub eius vigilantia et illa Superioris religiosi. [66]

[65] Cf. *De Bonis Ecclesiae Temporalibus*, pp. 206, 257; "De Regimine Paroeciarum et Quasi-Paroeciarum Religiosis Sodalibus Concreditarum," *Jus Pontificium*, XIII (1933), 282; "De Donis quae Missionariis sive Saecularibus sive Religiosis quandoque ab Extraneis Mittuntur," *Periodica*, XVIII (1929), 21*.

Vermeersch-Creusen (*Epitome*, II, n. 492, pp. 342-343) dicunt: "Observes, quod ad obligationem reddendae rationis, distinctionem ecclesiae saecularis a non saeculari valere tantum de ecclesiis quae non sint paroeciales vel missionis. Namque, ut modo dicebamus, de paroecia etiam regulari, potest Ordinarius loci rationem exigere."

Non intelligitur quare dicti auctores sic loquantur si prae oculis habetur can. 630, §4, et praesertim quod ipsi auctores prius in loco citato statuerant: "Ac si sunt paroeciales [ecclesiae] attendendus est can. 630, §4, qui vult ut eleemosynas datas pro ipsa ecclesia paroeciali accipere. . ., pertineat ad Superiorem, si ecclesia sit communitatis religiosae, secus ad loci Ordinarium."

[66] Cf. Vromant, *De Bonis Ecclesiae Temporalibus*, p. 256; "De Regimine Paroeciarum et Quasi-Paroeciarum Religiosis Sodalibus Concreditarum," *Jus Pontificium*, XIII (1933), 282.

IV. *De bonis fundationum et legatorum piorum.* Can. 1544, §1, statuit: *"Nomine piarum fundationum significantur bona temporalia alicui personae morali in Ecclesia quoquo modo data, cum onere in perpetuum vel in diuturnum tempus ex reditibus annuis aliquas Missas celebrandi vel alias praefinitas functiones ecclesiasticas explendi, aut nonnulla pietatis aut caritatis opera peragendi."*

Ex praecedenti canone apparet bona fundationum piarum dari posse: 1) cuicumque personae morali, quae eius iurium subiectum fit, et ideo bona ipsa personalitatem iuridicam non habent; 2) quoquo modo, scilicet, per testamentum, legatum, brevi manu, etc. [67]

Bona fundationum piarum sunt bona frugifera quae consistere possunt in pecunia, agris, campis, etc., [68] et tunc proprie nomine fundorum a Codice designantur. [69]

Legatum pium est dispositio testamentaria continens donationem aliquam in bonum religionis a defuncto relictam. [70]

Distinctio inter pias fundationes et pia legata consistere videtur in eo quod "onera piae fundationi adnexa ex reditibus bonorum sunt adimplenda, dum in altero casu ex ipsis bonis onera adimpleri debent." [71]

Ad cognoscendum quisnam administrationem fundationum et legatorum piorum gerere debeat, determinare ante omnia oportet cui personae morali ex pluribus quae in paroecia religiosa inveniri possunt data sint bona. Haec enim dari possunt: a) paroeciae qua tali; b) domui religiosae; c) ecclesiae paroeciali; d) beneficio paroeciali.

1. Si fundatio vel legatum pium relinquitur paroeciae, tunc

[67] Cf. Nebreda, *De Loci Ordinariorum Iuribus,* p. 20; "Quaestiones Selectae de Iure Administrativo Ecclesiastico," *CpR,* VII (1926), 115.

[68] Maroto, "Annotationes," *CpR,* VII (1926), 439.

[69] Cf. cann. 533 et 535, ubi explicite sermo est de fundis, et iuxta auctores non solum agri frugiferi designantur, sed etiam pecunia vel quaecumque res immobilis in pecuniam convertibilis. Ita Vermeersch-Creusen, *Epitome,* I, n. 656, p. 488; Nebreda, *op. cit.,* p. 18; "art. cit.", *CpR,* VII (1926), 114.

[70] Cf. Nebreda, *locc. citt.;* Vermeersch-Creusen, *Epitome,* II, n. 865, p. 606.

[71] Delgado, *De Relationibus,* p. 131.

parochus bona administrat et de tali administratione rationem reddere debet Ordinario loci. Si vero non parocho sed religiosis in genere sunt data intuitu tamen paroeciae, tunc communitas administrat bona, iterum cum obligatione reddendi rationem Ordinario loci.

2. Si fundatio vel legatum relinquitur domui religiosae non exemptae sub conditione tamen ut bona dedicentur ad Dei cultum beneficentiamve eo ipso loco impendendam, tunc administratio a communitate religiosa geri debet, sub vigilantia pariter Ordinarii loci. [72] Vigilantia Ordinarii loci excludi debet in isto casu si fundatio vel legatum relinquitur domui religiosae exemptae: canon enim 533, §1, 3º solum religiosos non exemptos respicit. Pariter si fundatio vel legatum domui religiosae relinquitur simpliciter, hoc est, sine ulla conditione vel fine determinato, tunc bona administranda sunt ut quaelibet alia bona religiosa, iuxta statum et exemptionem cuiusque Religionis. [73a]

3. Si ecclesia paroecialis est iuris subiectum cui bona fundationis vel legati relinquuntur: a) si ecclesia est religiosa stricto sensu et pertinet praeterea ad religiosos exemptos, tunc Superior religiosus, iuxta can. 1550, ius exclusivum habet quoad administrationem; b) si vero ecclesia sit religiosorum non exemptorum, aut sit saecularis, Ordinarius loci vel parochus sub eius directa vigilantia talia bona administrat. [73b] Attamen in omnibus his casi-

[72] Hucusque asserta fundantur in sequenti quaestione et responso Commissionis Pontificiae, in lucem editis die 25 iul. 1926: "An vi cann. 631, §3; 535, §3, 2º; 533, §1, 3º-4º, loci Ordinarius ius habeat exigendi rationes de administratione fundorum legatorumque paroeciae religiosae, de qua in can. 1425, §2?"

Resp.—"Affirmative, firmis praescriptis canonum 630, §4, et 1550." Cf. *AAS*, XVIII (1926), 393; Sartori, *Enchiridion*, p. 130; Bouscaren, *Digest*, I, 699.

Optimum huius responsi commentarium scriptum fuit a Maroto. Cf. "Annotationes," *CpR*, VII (1926), 438-442.

[73a] Cf. Mayer, "Die nicht inkorporierte Klosterpfarrei," *AKKR*, CXII (1932), 480.

[73b] Cf. cann. 1545-1549.

bus constare certo debet fundationem vel legatum formaliter ecclesiae relictum esse, et non tantum materialiter, uti esset casus si bona darentur ecclesiae quidem sed pro necessitatibus paroeciae.

4. Denique, si fundatio vel legatum datur beneficio paroeciali, tunc in quantum hoc, iuxta opinionem auctoris, ad religiosos pertinet quando paroecia pleno iure incorporata est religiosis, illa bona pariter religiosa erunt a religiosis exclusive administranda.

V. *De bonis associationum fidelium.* Omnes fidelium associationes, nisi aliud cautum sit, bona temporalia possidere et administrare possunt sub auctoritate Ordinarii loci, cui rationem administrationis saltem quotannis reddere debent, minime vero parocho, licet in eius territorio erectae sint, nisi aliud Ordinarius ipse statuerit. (cann. 691, §1; 1525).

Iam ex hoc patet quod, etsi religiosi exempti associationes proprias habeant, videlicet, tertios ordines saeculares, confraternitates et pias uniones, quas Ordinariis locorum fas non est visitare quod attinet ad ea quae internam disciplinam seu spiritualem associationis directionem spectant (can. 690, §2), attamen quod attinet ad administrationem bonorum earundem, Ordinarius loci est qui exclusivo iure de ea cognoscere debet. Ipse vero Ordinarius poterit actualem administrationem sub vigilantia religiosorum ponere, quin tamen excludatur obligatio ei reddendi rationem singulis annis iuxta praescriptum cann. 691, §1, et 1525.

Si hoc verum est de associationibus propriis religiosorum, a fortiori applicandum quoque est aliis confraternitatibus et piis unionibus quae in paroecia religiosa institutae forte sint.

VI. *De bonis in commodum paroecianorum acceptis vel collectis.* Quoad harum eleemosynarum administrationem nulla exstat difficultas, quia can. 630, §4, valde clare statuit parocho religioso illam competere sub vigilantia tamen Superioris religiosi et Ordinarii loci, qui ex ipsa natura rei ius de ea cognoscenda habet.

CAPUT VI

TRES QUAESTIONES PRACTICAE

Auctor huius opusculi confidit legislationem canonicam doctrinamque auctorum relationes vicarium actualem inter et Superiorem localem respicientes, utut in praecedentibus capitibus pro posse expositas, lucem quandam apportaturas esse in solutione praecipuorum problematum quae occurrere possunt in regimine paroeciae incorporatae.

Adsunt autem quaedam quaestiones ortae praesertim ope experientiae pastoralis quorundam consodalium auctoris, quae forsan ex iam dictis solvi etiam queunt, sed quae utilius maiori cum claritate et praecisione singulatim considerari possunt. Tales quaestiones materiam brevem huius ultimi capitis constituunt. Antequam ad earum discussionem perveniatur, hic denuo animadvertendum est auctorem praesupponere illas agitari in paroecia pleno iure incorporata.

I. Cuinam competat ius Missarum ordinem statuendi, Superiori, nempe, vel parocho?

Responsum rectum huius quaestionis pendet a solutione alterius generalioris quaestionis, videlicet, quisnam sit rector ecclesiae paroecialis. [1]

Haec autem quaestio generalior proprie agitari potest quando communitas religiosa apud ecclesiam paroecialem resideat, ita ut in eadem ecclesia habeantur, praeter functiones paroeciales, illae quoque quae a religiosis perfici possunt ac debent. Hoc patet quia, si communitas resideat apud aliam ecclesiam, tunc rector ecclesiae

[1] In paroecia saeculari sine dubio rector ecclesiae paroecialis est parochus, quia hoc statuit e. gr. can. 1355, 1°, et etiam subindicatur a cann. 446, §1; 479, §1; 843, §1; 1176, §3; 1536, §1, etc. Cf. Bernier, *De Patrimonio Paroeciali*, pp. 142-143.

paroecialis est parochus religiosus, qui proinde ius exclusivum habet omnes actus cultus, Missis inclusis, ordinandi.

Ex can. 497, §2, constat domos religionum clericalium ipso iure facultatem habere ecclesiam domui adnexam exstruendi, quae ecclesia religiosa consideratur et partem domus religiosae efformat. Itaque si communitas religiosa residet apud ecclesiam paroecialem, indubitanter talis communitas sacra ministeria peragere et pia opera propria religionis exercere potest (can. 497, §2). Sed sequiturne ex hoc facto Superiorem esse rectorem ecclesiae paroecialis?

Ex tali facto singulari, consequentia in superiori quaestione indicata deduci nequit. Ad hoc enim ut Superior sit rector ecclesiae paroecialis requiritur ut penes ipsam communitas resideat et praeterea ut ecclesia sit religiosa stricto sensu, scilicet, ad religiosos pertineat titulo acquisitivo vel translativo dominii. Assertum probatur quia rector ecclesiae, iuxta can. 485, debet, inter alia, curare seu advigilare ut bona ecclesiae rite administrentur, et ex can. 630, §4, constat Superiorem hoc facere posse et debere solum si ecclesia sit religiosorum, non autem si sit dioecesana. Praeterea, quando auctores, hac de re tractantes, Superiorem vocabant ecclesiae paroecialis rectorem, supponebant ecclesiam esse religiosorum. [2] Et S. Romana Rota in decisione data die 1 iulii, anno 1913, ad IV respondit Capitulum cuiusdam ecclesiae quae simul paroecia erat solum et verum rectorem ecclesiae fuisse, praecise quia Capitulum dominium habebat ecclesiae. [3]

Si igitur ecclesia paroecialis ad religiosos pertinet, Superior est rector ecclesiae et qua talis ipse curare debet ut divina officia ad normam sacrorum canonum praescripta rite celebrentur (can. 485). Ipsius erit ordinem Missarum componere, "si Missam paroe-

[2] "Superior Domus religiosae est Rector ecclesiae religiosae" ait Schaefer, *De Religiosis*, n. 1478, p. 880. Cf. etiam Larraona, "Consultationes," *CpR*, II (1921), 181-183. Hic auctor tamen supponere videtur ecclesiam fieri religiosam stricto sensu mediante unione pleno iure. Iam autem alibi dictum est unionem pleno iure factam non necessario importare conversionem ecclesiae ex saeculari in religiosam.

[3] S. R. R., *Salutiarum*, Iurium, 1 iul. 1913, coram R. P. D. Seraphino Many, dec. XXXIV, nn. 82-85 —*Sacrae Romanae Rotae Decisiones seu Sententiae inde ab Anno* 1909— (Romae, 1912-), V (1913), 420-421; *AAS*, VI (1914), 66-67.

cialem excipias,"[4] functiones indicere, peragere, ordinare quae ad servitium proprie dictum paroeciale non pertineant (cann. 609, §1; 415, §3). Attamen in hoc casu parochus religiosus indicere et ordinare potest et debet illas functiones quae iura parochialia constituunt, et ideo quotiescumque necesse sit benedictionem nuptialem impertire, funebria persolvere quarum celebratio ad parochum pertinet, etc., ipse ordinare poterit Missas in quibus memoratae functiones peragi debeant, et quidem sine ulla obligatione consulendi Superiorem, dummodo parochus cooperatores habeat sufficientes ad hoc agendum quando forsitan plures huiusmodi functiones in eodem die habentur. Si vero aliquando opera indigeat religiosorum qui ex officio ministeriis paroecialibus non incumbunt, parochus ad Superiorem accedere debet ad hoc ut iste ei adiutricem operam navet designando religiosos quorum ministerio parochus indigeat. Hoc autem vi cann. 609, §1, et 415, §5, Superior facere tenetur. Parochus praeterea indicere et ordinare poterit eas functiones quae in paroecia fieri solent etsi non sint stricte paroeciales, quando Superior eas peragere non intendat, nec caeterum iuste ipse sese opponat.[5]

Superior in Missis ordinandis ac officiis celebrandis in mente habere debet praescriptum can. 415, §4, scilicet, ut nec parochus religiosas nec communitas paroeciales functiones ac munera impediat; "exorto autem conflictu, quaestiones dirimat loci Ordinarius, qui imprimis curare debet ut catechetica instructio et Evangelii explicatio hora fidelibus commodiore semper habeatur."

Si autem ecclesia paroecialis ad religiosos non pertineat, etsi communitas residentiam apud illam habeat, tunc eius cura non ad Superiorem sed ad parochum spectat. Ex eo tamen quod communitas apud illam residet et ius habet ad sacra etiam ministeria peragenda et pia opera propria religionis exercenda, iura et officia parochi restringuntur et veluti partiuntur eodem modo ac iura et officia Superioris quando ipse est rector ecclesiae.

Hoc recte, ut videtur, Carmignani et Delgado docent,[6] et

[4] Larraona, *loc. cit.*

[5] Cf. cann. 415, §2, 4°-5°; 462.

[6] Cf. respective, *Il Piccolo Codice dei Parroci Regolari*, p. 58; *De Relationibus*, pp. 114-115.

cum illis etiam concordat auctor in affirmando parochum non posse, quando communitas residet apud ecclesiam paroecialem, ordinem Missarum componere, nisi praevia cum Superiore consultatione; si enim in casu parochus solus posset ordinem Missarum et functionum in ecclesia disponere, nesciens vel prae oculis non habens quid communitas religiosa his vel illis horis peragere debeat, quasi necessario orirentur conflictus quos certe legislator evitare vult. [7]

In praxi igitur solutio quaestionis propositae fere eadem est, quia si agitur de ecclesia religiosorum Superioris est Missas ordinare; si vero non sit ecclesia religiosorum, ipse Superior partem activam in determinatione dicti ordinis habere debet.

II. Utrum parocho religioso aliqua iura competant et quaenam sint, in ecclesias vel cappellas intra territorium paroeciae erectas et in quibus non residet sacerdos qui proprie dictam curam animarum gerat?

Haec quaestio difficultatem aliquam implicare potest quando ecclesiae vel cappellae intra territorium paroeciae sitae pertinent ad religiosos eiusdem religionis cui paroecia unita est, vel ipsis religiosis tales ecclesiae vel cappellae concreditae sunt, etsi ad eos non pertineant. Evidens est enim quod, si de supradictis ecclesiis vel cappellis curant religiosi diversae religionis, vel forsitan sacerdotes dioecesani, parochus in illas nullum ius habet, si excipias praescriptum can. 483, 2°, quatenus scilicet, parochus poterit ex iisdem "Sanctissimum Sacramentum, inibi ad normam can. 1265 forte asservatum pro infirmis desumere." Quod praeterea patet, quia in talibus ecclesiis "sine rectoris vel alius legitimi Superioris licentia saltem praesumpta, nemini [ergo nec parocho] licet in ecclesia Missam celebrare, sacramenta ministrare aliasve functiones sacras peragere; haec vero licentia dari vel negari debet ad normam iuris" (can. 484, §1).

Quando autem religiosi eiusdem religionis ac parochi curant de dictis ecclesiis vel cappellis, tres hypothesis fingi possunt, videlicet, vel ecclesiae aut cappellae iuridice separatae sunt a paroecia et proprium rectorem habent, vel unitae sunt paroeciae perpetuo

[7] Delgado, *loc. cit.*

et definitive ita ut considerentur quid unum formans cum eadem paroecia, vel unitae sunt paroeciae temporarie aut ad nutum Ordinarii loci donec aliter provideatur. [8]

Si primum, tunc parochus nullum ius in ecclesias vel cappellas habet, quia omnia iura quoad sacra ministeria quae inibi celebrari possunt pertinent ad rectorem (cann. 484-485). Iura vero quoad administrationem bonorum, si ecclesia est religiosorum, ex analogia cum praescripto can. 630, §4, Superiori sunt adscribenda; si autem non est religiosorum, ad Ordinarium vel eius deputatum pertinent.

Si secunda hypothesis datur, quae, ut optime animadvertit Goyeneche, non supponitur sed probari debet, [9] tunc parochus in eas (ecclesias scilicet vel cappellas) iura paroecialia habet, et exercere potest omnes functiones paroeciales non aliter ac in ecclesia paroeciali, quia, ex supposito, hae ecclesiae vel cappellae sunt filiales paroeciae et ad casum ab ea dependentes. Integra vero manent iura concessa Superiori religioso a cann. 609, §1; 415, §3, et 630, §4.

Quod vero attinet ad administrationem bonorum, iterum distinguendum est et determinandum an ecclesiae vel cappellae pertineant ad religiosos vel potius dioecesis sint: [10] si primum, Superior religiosus ius administrationis habet; si secundum, tale ius Ordinario loci vel eius deputato competit.

Quoad tertiam hypothesim, placet ad verbum citare doctrinam a Goyeneche propositam, quae recta auctori videtur: In tali casu "vivendi sunt termini cessionis ab Ordinario loci factae. Agedum in has ecclesias vel cappellas hoc modo unitas paroeciae religiosae, cum non sint proprie commissae religioni nisi ad effectum iuvandi paroeciae religiosae, potiora iura parocho tribuenda dicerem

[8] Quoad duas ultimas hypotheses, cf. Goyeneche, "Consultationes," *CpR*, VI (1925), 148-149.

[9] *Loc. cit.*

[10] Goyeneche (*loc. cit.*) scripsit: "Profecto hae ecclesiae ut cappellae unitae sunt communitati *pleno iure* (c. 1425, §2) ac proinde fiunt religiosae et sub dicione superiorum, eadem ratione ac ipsa ecclesia paroecialis commissa communitati." Hoc tamen admitti nequit quia, ut iam pluries dictum est, unio alicuius paroeciae pleno iure facta non necessario secumfert conversionem ecclesiae paroecialis ex saeculari in religiosam, quod probatur ex citatissimo can. 630, §4.

quam superiori. Huic tamen semper remanet sartum tectumque ius vigilantiae de actione subditi parochi, qui illius subest potestati et correptioni (c. 630, §2) quique potest ad nutum superioris removeri, monito quidem Ordinario loci, quin tamen eius assensus requiratur (c. 454, §5)." [11]

III. Quaenam sint iura Superioris et parochi quoad associationes fidelium?

Vi can. 686, §2, praeter Romanum Pontificem, Ordinarii locorum sunt qui generatim associationes laicales erigunt. Dicitur *generatim,* quia alii quoque hoc facere possunt dummodo privilegium apostolicum habeant. Attamen etiam in hoc casu consensus scripto datus Ordinarii loci requiritur ad validitatem erectionis, nisi agatur de associatione a religiosis constituta sed non ad modum corporis organici, in domo canonice erecta vel in eius ecclesia adnexa, quo in casu consensus praestitus pro erectione domus secumfert consensum ad erectionem talis associationis (can. 686, §3).

Cura, directio et regimen cuiuscumque associationis pertinent ad sacerdotem qui designatus fuerit moderator eiusdem. [12]

Praeter moderatorem associationes habere possunt cappellanum proprium, scilicet, sacerdotem qui functiones sacras ad normam statutorum et canonum peragat. [13]

Nominatio moderatoris et cappellani, nisi privilegium apostolicum aliud expresse caveat, pertinet ad Ordinarium loci, etiamsi agatur de associationibus a religiosis erectis, dummodo in hoc casu erectio fiat extra eorum ecclesiam (can. 698, §1). Si igitur in paroecia religiosa (etiam si ecclesia saecularis maneat) habentur associationes quae ex privilegio a religiosis eriguntur, tunc Superior religiosus moderatorem et cappellanum nominare valet, et in hac nominatione facienda eligere potest quemcumque sacerdotem (non necessario parochum) etiam saecularem: si tamen hoc ultimum

[11] Cf. "Consultationes," *CpR,* VI (1925), 149.

[12] Codex nullibi hoc explicite statuit, sed eo quod mentio fit in can. 698 de tali moderatore, auctores recte ei dicta iura adscribunt. Cf. Fanfani, *De Iure Parochorum,* p. 73; Coronata, *Institutiones,* I, n. 683, p. 904, nota 7.

[13] Cf. Coronata, *loc. cit.*

faciat, indiget consensu ordinarii loci (can. 698, §1). Iam ex hoc patet parochum religiosum per se nullum ius habere in has associationes, nisi forsitan ipse a Superiore moderator vel cappellanus nominatus fuerit.

Si agatur vero de associationibus a religiosis non erectis, iterum parochus per se et ratione sui officii nullum ius quoad eas asserere potest. Ad hoc enim ut de eis curet, necesse est ut ab Ordinario loci nominetur sive moderator sive cappellanus. Haec autem nominatio implicite datur quando Ordinarius loci aliquam associationem erexit in paroecia quin tamen ei rectorem assignaverit, et praeter parochum nullus alius sit qui de illa curare possit. Sed notandum est in hoc casu parochum esse rectorem associationis "non iure suo utendo, sed Sodalitatis necessitate rectorem exigentis." [14] Attamen, quia can. 711, §2, obligationem imponit Ordinariis locorum curandi ut pro posse in omnibus paroeciis instituantur confraternitates Ssmi. Sacramenti et Doctrinae Christianae, hoc praescriptum Codicis maiorem connexionem paroeciam inter et dictas associationes ponere videtur, ideoque vi talis connexionis, casu quo Ordinarius loci directorem pro ipsis non elegerit, parocho ius prae aliis agnoscendum esse videtur. [15]

In genere autem pro munere moderatoris vel cappellani associationum quae non sint propriae religiosorum, Ordinarius loci potest designare parochum, Superiorem vel etiam alium religiosum. Quicumque autem nominatus sit, independenter ab aliis suum officium adimplere debet, quin eis rationem aliquam reddere teneatur. Hoc clare patet ex cann. 697 et 716, §1, in quibus associationes independentes considerantur, et ex can. 691, §1, in quo expresse excluditur obligatio reddendi rationem parocho de administratione bonorum.

Associationes sub directione cappellani proprias functiones non paroeciales celebrare possunt, dummodo hoc fiat servatis de iure

[14] S. C. Indulg., *Corisopiten.*, 7 iun 1842. Cf. *Decreta Authentica Sacrae Congregationis Indulgentiis Sacrisque Reliquiis Praepositae ab Anno* 1668 *ad Annum* 1882 (Romae: Typis Friderici Pustet, 1883), n. 304, p. 266; *Fontes*, n. 5025; Fanfani, *De Iure Parochorum*, pp. 73, 77; Coronata, *Institutiones*, I, n. 683, p. 905.

[15] Cf. Delgado, *De Relationibus*, p. 90, nota 57.

servandis et praeterea ministerio paroeciali in paroeciali ecclesia non noceant (cann. 716, §1; 717, §1).

Quando supradictae functiones celebrantur sub cappellano qui distinctus est a parocho, dubia oriri possunt an dictae functiones noceant, necne, ministerio paroeciali. Hac de causa can. 716, §2, statuit in illis casibus Ordinarii loci esse dubia decidere et statuere practicas normas servandas. Cum verba canonis generalia sint, tenendum est ius Ordinarii sese extendere etiam ad casum in quo de associationibus propriis religiosorum agatur.

Si conflictus oriatur inter functiones associationum et functiones non paroeciales, rector ecclesiae [16] et cappellanus associationis concordare debent in solutione conflictus; quod tamen si non faciant, iudicium rectoris ecclesiae praevalere debet, ut videtur, dummodo ius non negetur associationi proprias functiones celebrandi.

Si denique conflictus exsistat inter functiones conventuales et functiones associationis propriae religiosorum, Superior religiosus quaestionem dirimere valet. [17]

[16] Qui rector, ut alibi dictus est, potest esse Superior, si ecclesia est religiosorum, vel parochus in casu contrario.

[17] Delgado, *op. cit.*, p. 91, nota 59.

CONCLUSIONES

1. De iure Codicis, sacerdos qui in paroecia pleno iure religiosis incorporata vicarii actualis munere fungatur semper sodalis esse debet Religionis cui paroecia unita est (pp. 19-22).

2. Beneficium paroeciale, paroecia qua talis et ecclesia paroecialis sunt tres personae morales realiter inter se distinctae (pp. 52-55).

3. Iuxta docrtinam ante Codicem communem, dominium proprietatis beneficii paroecialis transibat ad personam moralem cui paroecia pleno iure uniebatur (pp. 30-40). Idem verum videtur etiam post Codicem, etsi non eadem certitudine sicut in iure veteri, quia non desunt auctores qui contrarium docent, saltem probabiliter. Auctor autem, cum pluribus aliis, ut certam tenet sententiam propugnantem dominium beneficii paroecialis utique ad religiosos transire mediante incorporatione paroeciae pleno iure effecta (pp. 46-59).

4. Paroecia qua talis semper Ordinario loci subest, ideoque ei vicarius actualis de eius cura et bonorum administratione rationem reddere debet (pp. 54, 154-155).

5. Incorporatio pleno iure peracta non necessario secumfert conversionem ecclesiae paroecialis ex saeculari in religiosam stricto sensu. Talis conversio proinde non praesumitur sed probari debet. Ecclesia religiosa stricto sensu ea est quae ad religiosos pertinet vi cuiusdam tituli acquisitivi vel translativi dominii, non autem ex mero usu perpetuo vel quasi-perpetuo. Si ecclesia paroecialis sit religiosa sensu supra indicato, administratio bonorum eiusdem a Superiore vel communitate fieri debet, quin Ordinarius loci de tali administratione rationem exigere valeat (pp. 55, 114-115, 155-159).

6. De iure immediate ante Codicem vigenti, munera Supe-

rioris localis et parochi incompatibilia erant. Talis incompatibilitas post Codicem, absolute loquendo, non amplius exsistit. Relate autem ad unionem vel non-unionem duorum officiorum in eadem persona: theoretice, plurima argumenta in favorem sicut et contra adsunt; practice, in casibus particularibus Superiores quibus hoc competat decidere debent quidquid melius sit tam pro cura animarum quam pro disciplina religiosa. In mente tamen habendum est Codicem generaliter supponere dicta officia a duabus diversis personis exerceri (pp. 101-102, 107-110).

7. Parochus religiosus votum obedientiae observare tenetur, sed Superiores religiosi nequeunt legitime ei imponere praecepta quorum observantia cedat sive in detrimentum sive in negligentiam curae animarum (pp. 134-136).

8. Superior localis est rector ecclesiae paroecialis cum omnibus iuribus et officiis tali muneri inhaerentibus, dummodo ecclesia paroecialis sit religiosa stricto sensu et communitas penes eam resideat. Hac de causa, ad Superiorem et non ad parochum pertinet, inter alia, ordinem Missarum statuere. Integrum tamen manere debet ius parochi ad ordinandas functiones et Missas paroeciales (pp. 114, 162-165).

9. Quando ecclesia paroecialis non est religiosa stricto sensu vel communitas apud eam residentiam non habet, parochus religiosus est rector ecclesiae. In primo autem casu, si communitas in ecclesia paroeciali sedem habeat, ipsi ius competit functiones proprias celebrandi, dummodo non noceant functionibus paroecialibus, et praesertim instructioni catecheticae et Evangelii praedicationi, quae semper hora populo commodiore haberi debent (pp. 114, 162-165).

BIBLIOGRAPHIA

FONTES

Acta Apostolicae Sedis, Commentarium Officiale, Romae, 1909-

Acta et Decreta Concilii Plenarii Americae Latinae in Urbe Celebrati Anno Domini MDCCCXCIX, Romae: Typis Polyglottis Vaticanis, 1902.

Acta et Decreta Concilii Plenarii Baltimorensis Tertii, Baltimorae: Typis Joannis Murphy et Sociorum, 1886.

Acta et Decreta Secundi Concilii Provincialis Westmonasteriensis, habiti Deo adiuvante mense Iulio *MDCCCLV* in Collegio S. Mariae apud Oscott, adiectis pluribus decretis, rescriptis, aliisque documentis ad ipsum spectantibus, Parisiis: Ex Typis J. P. Migne, 1857.

Bouscaren, T. Lincoln, S. J., *The Canon Law Digest,* 2 voll. and Supplement Through 1948, Milwaukee: Bruce, 1934, 1943, 1949.

Bruns, H. T., *Canones Apostolorum et Conciliorum Saeculorum IV-VII,* 2 voll., Berolini, 1839.

Bullarii Romani Continuatio Summorum Pontificum, 19 voll. in 20, Prati, 1845-1857.

Bullarium Ordinis FF. Praedicatorum, Opera Revmi. F. Thomae Ripoll, Magistri Generalis, Editum, et a R. F. Antonio Bremond S. T. M. Illustratum, 8 voll., Romae, 1729-1740.

Bullarum Diplomatum et Privilegiorum Sanctorum Romanorum Pontificum Taurinensis Editio, 24 voll. et Appendix, Augustae Taurinorum, 1857-1872.

Canones et Decreta Sacrosancti Oecumenici Concilii Tridentini, Editio novissima ad Fidem Optimorum Exemplarium Castigate Impresa (XIX Reimpressio stereotypa), Taurini, 1913.

Codex Iuris Canonici Pii X Pontificis Maximi iussu digestus Benedicti Papae XV auctoritate promulgatus, Romae: Typis Polyglottis Vaticanis, 1917; Reimpressio, 1919.

Codicis Iuris Canonici Fontes, cura Emi. Petri Card. Gasparri editi, 9 voll., Romae (postea Civitate Vaticana): Typis Polyglottis Vaticanis, 1923-1939. (Voll. VII-IX ed. cura et studio Emi. Iustiniani Card. Serédi).

Collectanea S. Congregationis de Propaganda Fide, 2 voll., Romae: Typographia S. C. de Propaganda Fide, 1907.

Corpus Iuris Canonici, Editio Lipsiensis secunda, post Aemilii Richterii curas... instruxit Aemilius Friedberg, 1879-1881.

Decreta Authentica Congregationis Sacrorum Rituum, ex actis eiusdem collecta eiusque auctoritate promulgata sub auspiciis SS. Domini Nostri Leonis Papae XIII, 5 voll. et 2 Appendices, Romae, 1898-1927.

Decreta Authentica Sacrae Congregationis Indulgentiis Sacrisque Reliquiis Praepositae ab Anno 1668 ad Annum 1882, Romae: Typis Friderici Pustet, 1883.

Denzinger H.—Bannwart C., SS. JJ., *Enchiridion Symbolorum Definitionum et Declarationum de Rebus Fidei et Morum,* ed. 14. et 15., quam curavit Ioannes Bapt. Umberg, S. J., Friburgi Brisgoviae, 1922.

Jaffé, Philippus, *Regesta Pontificum Romanorum ab condita Ecclesia ad annum post Christum natum MCXCVIII,* 2. ed. correctam et auctam auspiciis Gulielmi Wattenbach, curaverunt S. Löwenfeld, F. Kaltenbrunner, P. Ewald, 2 voll. in 1, Lipsiae, 1885-1888.

Labbaeus P.—Cossartius G., *Sacrosancta Concilia ad Regiam Editionem Exacta,* 17 voll., Lutetiae Parisiorum, 1671-1672.

Magnum Bullarium Romanum, 32 voll., Romae 1733-1762.

Mansi, Ioannes Dominicus, *Scrorum Conciliorum Nova et Amplissima Collectio,* 53 voll. in 60, Parisiis, Arnhem, Lipsiae, 1901-1927.

Missale Romanum, 3. ed. iuxta Typicam Vaticanam, Neo Eboraci: Benziger Brothers, 1944.

Monumenta Germaniae Historica, Gregorii I Papae Registrum Epistolarum, 4 voll., ed. L. M. Hartmann post Pauli Ewaldi obitum, Berolini, 1887-1899.

— *Legum Sectio III, Concilia Aevi Karolini,* 2 voll., ed. A. Werminghoff, Hannoverae et Lipsiae, 1906-1908.

Potthast, Augustus, *Regesta Pontificum Romanorum inde ab anno post Christum natum MCXCVIII ad annum MCCCIV,* 2 voll., Berolini, 1874-1875.

Rituale Romanum, Editio iuxta Typicam Vaticanam, Neo Eboraci: Benziger Brothers, 1944.

Sacrae Romanae Rotae Decisiones seu Sententiae inde ab Anno 1909, Romae, 1912.

Sacrae Rotae Romanae Decisiones Recentiores in 14 *Partes a Paulo Rubeo I. C. Romano Redactae,* 18 voll., Romae, 1661.

Sartori, Cosmas, O. F. M., *Enchiridion Canonicum seu Sanctae Sedis Responsiones,* 8. ed., Romae: Pontificium Athenaeum Antonianum, 1947.

Thesaurus Resolutionum Sacrae Congregationis Concilii, 167 voll., Romae, 1718-1908.

Scriptores

Aichner, Simon, *Compendium Iuris Ecclesiastici,* 6. ed., Brixinae, 1887.

Appeltern, Victorius ab, *Compendium Praelectionum Iuris Regularium,* 2. ed., Parisiis-Tornaci, 1931.

Augustine, Charles, O. S. B., *A Commentary on the New Code of Canon Law,* 8 voll., Voll. VI-VIII, 2. ed., 1923-1924; Voll. III-V, 3. ed., 1922-1925; Voll. I-II, 4. ed., 1921-1923, St. Louis: Herder.

— *Rights and Duties of Ordinaries according to the New Code and Apostolic Faculties*, St. Louis, 1924.
— *The Pastor according to the New Code of Canon Law*, 3. ed., St. Louis, 1926.
Ayape, Eugenius, O. R. S. A., *Ius Parochi Religiosi*, Bogotae: Pontificia Universitas Xaveriana, 1943.
Barbosa, Augustinus, *Collectanea Doctorum qui in suis operibus Concilii Tridentini loca referentes..*., Lugduni, 1762.
— *De Officio et Potestate Parochi Descriptio*, ed. U. Giraldi a S. Caietano, Romae, 1774.
— *Iuris Ecclesiastici Universi Libri Tres*, Lugduni, 1660.
— *Pastoralis sollicitudinis seu de Officio el Potestate Episcopi*, Lucduni, 1656.
Bartlett, Chester Joseph, *The Tenure of Parochial Property in the United States of America*, The Catholic University of America Canon Law Studies, n. 31, Washington, D. C.: The Catholic University of America, 1926.
Bartolus a Saxoferrato, *Commentaria Iuris Civilis*, Vol. VI, *In Secundam Digesti Novi Partem*, Venetiis, 1590.
Bastnagel, Clement Vincent, *The Appointment of Parochial Adjutants and Assistants*, The Catholic University of America Canon Law Studies, n. 58, Washington, D. C.: The Catholic University of America, 1930.
Berardi, C. S., *Commentaria in Ius Publicum Universum*, 2 voll., Mediolani, 1846-1847.
Bernier, Paul, *De Patrimonio Paroeciali*, Quebeci, 1938.
Berutti, Christophorus, O. P., *Institutiones Iuris Canonici*, 6 voll. in 7, Vol. III, Taurini-Romae: Marietti, 1936.
Beste, Udalricus, O. S. B., *Introductio in Codicem*, 3. ed., Collegeville, Minn.: St. John's Abbey Press, 1946.
Biederlack J.—Führich M., *De Religiosis*, Oeniponte, 1919.
Blat, Albertus, *Commentarium Textus Codicis Iuris Canonici*, 6 voll., Vol. II (Lib. II, *De Personis*), 2. ed., Romae, 1921.
Bollandistae, *Examen Canonicum et Historicum Libri Mariani Verhoeven*, Bruxellis, 1847.
Bonaventurae, S., O. F. M., *Opera Omnia*, 11 voll., Prope Florentiam ad Claras Aquas, 1882-1902.
Bouix, D., *Tractatus de Jure Regularium*, 3. ed., 2 voll., Parisiis, 1882-1883.
— *Tractatus de Parocho*, 3. ed., Parisiis, 1880.
Cappello, Felix M., S. J., *Summa Iuris Canonici*, 3 voll., Vol. I, 4. ed., Romae: Apud Aedes Universitatis Gregorianae, 1945.
— *Tractatus Canonico-Moralis de Sacramentis*, 5 voll., Vol. I, 4. ed., Domus Editorialis Marietti, 1945.
Carmignani, C., O. F. M., *Il Piccolo Codice dei Parroci Regolari*, Arezzo, 1927.

Chelodi, Ioannes, *Ius Canonicum de Personis*, 3. ed. curavit P. Ciprotti, Vicenza: Societá Anonima Tipographica, 1942.

Clancy, Patrick M. J., O. P., *The Local Religious Superior*, The Catholic University of America Canon Law Studies, n. 175, Washington, D. C.: The Catholic University of America Press, 1943.

Coady, John Joseph, *The Appointment of Pastors*, The Catholic University of America Canon Law Studies, n. 52, Washington, D. C., The Catholic University of America, 1929.

Coronata, P. Matthaeus Conte a, O. F. M. Cap., *Institutiones Iuris Canonici*, 5 voll., Voll. I-IV, 3. ed., Vol. V, 2. ed., Taurini-Romae: Marietti, 1947-1948.

De Angelis, Philippus, *Praelectiones Iuris Canonici*, 2. ed., 5 voll., Romae, 1908.

Delgado, Conradus, O. F. M., *De Relationibus inter Parochum Religiosum et eius Superiores Regulares*, Editora Vozes Limitada, Petropolis, R. J., 1943.

De Luca, Card. Ioannes Baptista, *Theatrum Veritatis et Iustitiae in XVI Tomis*, 8 voll., Coloniae Agrippinae, 1706.

Deroux, J., *La Vie Commune du Clergé Séculier et le Droit Ecclésiastique*, Nimes: Editions Notre-Dame, 1938.

Devoti, Ioannes, *Institutionum Canonicarum Libri IV*, 7. ed. Romana, 4 voll., Romae, 1829.

Donnellan, Thomas Andrew, *The Obligation of the Missa pro Populo*, The Catholic University of America Canon Law Studies, n. 155, Washington, D. C.: The Catholic University of America Press, 1942.

Eichmann, Eduard, *Lehrbuch des Kirchenrechts auf Grund des Codex Iuris Canonici*, 4. ed., 2 voll., Paderborn: Schoeningh, 1934.

Engel, Ludovicus, O. S. B., *Collegium Universi Iuris Canonici*, 7. ed., Venetiis: apud Iosephum Bertinelli, 1733; 9. ed., cum annotationibus Gaspari Barthel, Venetiis, 1760.

Fagnanus, Prosperus, *Commentaria in Quinque Libros Decretalium*, 5 voll., Venetiis, 1709.

Fanfani, Ludovicus, O. P., *De Iure Parochorum ad Normam Codicis Iuris Canonici*, Taurini-Romae: Marietti, 1924.

— *De Iure Religiosorum ad Normam Codicis Iuris Canonici*, 2. ed., Taurini-Romae: Marietti, 1925.

Ferraris, Lucius, *Prompta Bibliotheca Canonica, Iuridica, Moralis, Theologica necnon Ascetica, Polemica, Rubricista, Historica*, ed. novissima, 9 voll., Romae, 1885-1899.

Fogliasso, Aemilius, S. D. B., *Introductio in Vigentem Disciplinam de Iuridicis Relationibus inter Religiones et Ordinarium Loci*, Augustae Taurinorum: Schola Typographica Salesiana, 1948.

Garcia, Nicolaus, *Tractatus de Beneficiis Ecclesiasticis*, Coloniae Allobrogum, 1636.

Gonzalez, Hieronymus, *Dilucidum ac perutile Glossema, seu Commentarium ad Regulam Octavam Cancellariae, de Reservatione Mensium et Alternativa Episcoporum,* Romae, 1604.

Goyeneche, Servus, C. M. F., *Iuris Canonici Summa Principia, De Religiosis,* Roma: Typ. Polyg. "Cuore di Maria," 1938.

Hinschius, P., *Das Kirchenrecht der Katholiken und Protestanten in Deutschland,* 6 voll., Berlin, 1869-1897.

Hostiensis, (Henricus Card. de Segusia), *Commentaria in Quinque Libros Decretalium,* 3 voll., Venetiis, 1581.

Kelly, Bernard. *The Functions Reserved to Pastors,* The Catholic University of America Canon Law Studies, n. 250, Washington, D. C.: The Catholic University of America Press, 1947.

Kilker, Adrian Jerome, *Extreme Unction,* The Catholic University of America Canon Law Studies, n. 32, Washington, D. C.: The Catholic University of America, 1926.

Maroto, Philippus, C. M. F., *Institutiones Iuris Canonici,* 2 voll., Vol. I, 3. ed., Vol. II, 1. ed., Matriti, 1918-1921.

McManus, James Edward, C. SS. R., *The Administration of Temporal Goods in Religious Institutes,* The Catholic University of America Canon Law Studies, n. 109, Washington, D. C.: The Catholic University of America, 1937.

Melo, Antonius, O. F. M., *De Exemptione Regularium,* The Catholic University of America Canon Law Studies, n. 12, Washington, D. C.: The Catholic University of America, 1921.

Michiels, Gommarus, O. F. M. Cap., *Principia Generalia de Personis in Ecclesia,* Lublin, Polonia: Universitas Catholica, 1932.

Miguélez, Alonso, Cabreros, *Código de Derecho Canónico y Legislación Complementaria,* 3 ed., Madrid, 1949.

Migne, Jacques Paul, *Patrologiae Cursus Completus.—Series Latina,* 221 voll., Parissis, 1844-1864.

Monacellus, Franciscus, *Formularium Legale Practicum Fori Ecclesiastici,* 3. ed. Romana, 4 voll. in 3, Romae, 1844.

Mundy, Thomas Maurice, *The Union of Parishes,* The Catholic University of America Canon Law Studies, n. 204, Washington, D. C.: The Catholic University of America Press, 1945.

Navarrus, (Martinus de Azpilcueta), *Opera Omnia,* 6 voll., Venetiis, 1618-1621.

Nebreda, Eulogius, C. M. F., *De Loci Ordinariorum Iuribus circa Pia Legata Donationesve tum Religiosis tum eorum Ecclesiis etiam Paroecialibus Facta,* Romae: Typ. Polyg. "Cuore di Maria," 1926.

Panormitanus (Abbas, Nicolaus de Tudeschis), *Commentaria in Quinque Libros Decretalium,* 5 voll. in 7, Venetiis, 1588.

Pignatellus, Iacobus, *Consultationes Canonicae,* ed. ultima, 10 tomi, Coloniae Allobrogum, 1700.

Pirhing, Enricus, *Ius Canonicum in Quinque Libros Decretalium Distributum,* 5 voll., Dilingae, 1674-1678.

Pistocchi, Marius, *De Re Beneficiali iuxta Canones,* Taurini: Marietti, 1928.

Prümmer, Dominicus M., O. P., *Manuale Iuris Canonici,* 3. ed., Friburgi Brisgoviae, 1922.

Regatillo, Eduardus F., S. J., *Cuestiones Canónicas,* 2 voll., Santander, 1927.

— *Ius Sacramentarium,* 2 voll., Santander: Sal Terrae, 1945-1946.

Reiffenstuel, Anacletus, O. F. M., *Ius Canonicum Universum,* ed. novissima, 7 voll., Parisiis, 1864-1870.

Riganti, Ioannes Baptista, *In Regulas, Ordinationes et Constitutiones Cancellariae Apostolicae,* 4 voll. in 2, Coloniae Allobrogum, 1751.

Rossi, J., *De Paroecia,* Romae: Fridericus Pustet, 1923.

Santamaria, F., *Comentarios al Código Canónico,* 6 voll., Madrid, 1920-1922.

Santi, Franciscus, *Praelectiones Iuris Canonici,* cura M. Leitner, 4. ed., 5 voll. in 3, Ratisbonae, 1904-1905.

Schaefer, Timotheus, O. F. M. Cap., *De Religiosis ad Normam Codicis Iuris Canonici,* 4. ed., Romae: Typis Polyglottis Vaticanis, 1947.

Schamlzgrueber, Franciscus, *Ius Ecclesiasticum Universum,* 5 voll. in 12, Romae, 1843-1845.

Smiddy, Thomas W. *A Manual for the Extraordinary Minister of Confirmation,* Milwaukee the Bruce Publishing Company, 1949.

Suarez, Franciscus, S. J., *Opera Omnia,* ed. nova, 24 voll., Parisiis, 1856-1878.

Thomassinus, L., *Vetus et Nova Ecclesiae Disciplina in Tres Tomos seu Partes Distributa,* 3 voll., Parisiis, 1691.

Van Espen, Bernardus, *Ius Ecclesiasticum Universum,* 10 voll., Venetiis, 1769.

Vermeersch A.—Creusen J., SS. JJ., *Epitome Iuris Canonici,* 6. ed., 3 tomi, Mechliniae-Romae: H. Dessain, 1937-1946, tom. I, 7. ed., 1949.

Vromant, G., C. I. C. M., *De Bonis Ecclesiae Temporalibus ad Usum praesertim Missionariorum et Religiosorum,* Louvain: Editions du Museum Lessianum, 1927.

Wernz, Franciscus, S. J., *Ius Decretalium ad usum Praelectionum in Scholis Textus Canonici sive Iuris Decretalium,* 1. ed., 6 voll. in 10, Romae-Prati, 1898-1914.

Wernz F.—Vidal P., SS. JJ., *Ius Canonicum ad Codicis Normam Exactum,* 7 voll. in 8, Romae: Apud Aedes Universitatis Gregorianae, 1923-1938. Vol. II (1943) et Vol. V (1946), 3. ed., a Ph. Aguirre recognita.

Articuli

Anonymus, "De Ecclesiis et Oratoriis Religiosorum," *Periodica,* II (1907), 1-8.

Bastnagel, Clement V., "Compatibility of Posts of Local Superior and Parish Vicar," *The Jurist*, X (1950), 52-55.

— "The Requirement of Consultation for Valid Actio," *The Jurist*, IX (1949), 365-395.

Berlière, D. Ursmer, O. S. B., "L'exercice du Ministère Paroissial par les Moines dans le Haut Moyen-Age," *Revue Benedictine*, XXXIX (1927), 227-250.

— "L'exercice du Ministère Paroissial par les Moines du XIIe au XVIIIe Siècle," *Revue Benedictine*, XXXIX (1927), 340-364.

Bondini, "Circa el Rendiconto del Parroco Religioso al Vescovo," *IME*, XXXVIII (1926), 335-347.

Cappello, Felix M., S. J., "De Vicario Substituto," *Periodica*, XIX (1930), 1*-10*.

Claeys Bouuaert, "De Vicarii Substituti Constitutione ac Munere," *Jus Pontificium*, VII (1927), 72-81.

Gómez, Manuel, "Casuística (Derecho Canónico)," *Christus*, IV (1939), 51-52.

Goyeneche, Servus, C. M. F., "Consultationes," *CpR*, III (1922), 263-272.

— "Consultationes," *CpR*, IV (1923), 179-183.

— "Consultationes," *CpR*, VI (1925), 148-153.

— "Consultationes," *CpR*, (1925), 484-491.

— "Consultationes," *CpR*, X (1929), 39-44.

— "Consultationes," *CpR*, X (1929), 177-183.

— "Consultationes," *CpR*, XIX (1938), 161-168.

Hilling, Nikolaus, "Ueber das Tributum Seminaristicum der Pfarreien und Quasipfarreien und deren juristiche Persönlichkeit (can. 1356)," *AKKR*, CXVII (1937), 143-146.

Larraona, Arcadius, C. M. F., "Commentarium Codicis," *CpR*, II (1921), 134-139.

— "Commentarium Codicis," *CpR*, XII (1931), 353-359.

— "Consultationes" *CpR*, II (1921), 181-186.

— "Consultationes," *CpR*, II (1921), 361-366.

Maroto, Philippus, C. M. F., "Annotationes," *CpR*, I (1920), 99-102.

— "Annotationes," *CpR*, VII (1926), 435-442.

— "Annotationes," *CpR*, XVI (1935), 215-222.

— "Consultationes" *CpR*, V (1924), 342-352.

Mayer, H. S., O. S. B., "Die nicht inkorporierte Klosterpfarrei," *AKKR*, CXII (1932), 468-481.

Morán, Sabino Alonso, O. P., "Derecho del Superior Religioso a Revisar las Cartas de sus Súbditos," *Revista Española de Derecho Canónico*, IV (1949), 161-172.

Nebreda, Eulogius, C. M. F., "Quaestiones Selectae de Iure Administrativo Ecclesiastico," *CpR*, VII (1926), 107-118; 191-198; 261-271; 317-333.

Petrinus, "A Contract Determining the Status of a Religious Parish," *The Jurist*, IX (1949), 65-86.

Piontek, Cyrillus, O. F. M., "De Paterna Ratione Procedendi in Amotione Parochi," *Jus Pontificium*, XV (1935), 33-34.

Pöschl, A., "Die Inkorporation und ihre geschichtlichen Grundlagen," *AKKR*, CVII (1927), 44-177, 497-560 et CVIII (1928), 24-86.

Scharnagl, A., "Die Inkorporation mit besonderer Berücksichtigung der Baupflicht," *Klerusblatt*, XVII (1936), 8-26.

S. R., "Ordinario e Religioso Parroco," *IME*, XLIV (1932), 139-142.

Vermeersch, A., S. J., "De Beneplacito Apostolico et Clausura in Missionibus," *Periodica*, XII (1923), (1)-(3).

Vitali, Ivo, O. F. M., "De Officiis et Iuribus Parochi Religiosi iuxta Normas a Iure Novissimo Latas," *The Eccl.* Rev., LXXV (1926), 176-180.

Vromant, G., C. I. C. M., "De Donis quae Missionariis sive Saecularibus sive Religiosis quandoque ab Extraneis Mittuntur," *Periodica*, XVIII (1929), 17*-24*.

— "De Regimine Paroeciarum et Quasi-Paroeciarum Religiosis Sodalibus Concreditarum," *Jus Pontificium*, XIII (1933), 274-284.

Periodica

American Ecclesiastical Review, The (1905-1943: *The Ecclesiastical Review*), Philadelphia, 1889-1943; Baltimore, 1944-

Archiv für katholisches Kinchenrecht, Innsbruck, 1857-1861; Mainz, 1862-

Christus, México, D. F., 1936-

Commentarium pro Religiosis (ab anno 1935: *Commentarium pro Religiosis et Missionariis*), Romae, 1920-

Jurist, The, Washington, D. C., 1941-

Jus Pontificium, Romae, 1921-1940.

Klerusblatt, Eichstätt, 1920-

Monitore Ecclesiastico, Il, Maratea-Roma, 1876-

Periodica de Re Canonica et Morali utili praesertim Religiosis et Missionariis (ab anno 1925: *Periodica de Re Canonica, Morali Liturgica*), Brugis, 1905-

Revista Española de Derecho Canónico, Madrid, 1946-

Revue Benedictine, Lille, rue Royale, 26, et Bruges, Belgique, 1884-

Encyclopediae

The Catholic Encyclopedia, 15 voll., Index et 2 Supplem., New York, 1907-1922.

Encyclopedia Italiana, 36 voll., 1929-1938.

Sigla

AAS.—*Acta Apostolicae Sedis.*
ADCPAL.—*Acta et Decreta Concilii Plenarii Americae Latinae.*
AKKR.—*Archiv fur katholisches Kirchenrecht.*
BOP.—*Bullarium FF. Ordinis Praedicatorum.*
Bruns.—*Canones Apostolorum et Conciliorum Saeculorum IV-VII.*
Bull. Rom.—*Bullarum Diplomatum et Privilegiorum Sanctorum Romanorum Pontificum Taurinensis Editio.*
Bull. Rom. Cont.—*Bullarii Romani Continuatio Summorum Pontificum.*
c.—canon seu caput (iuris antiqui).
cc.—canones seu capita (iuris antiqui).
C.—Causa (in Decreto Gratiani).
can.—canon (novi Codicis).
cann.—canones (novi Codicis).
Conc. Trident.—Concilium Tridentinum.
CpR.—*Commentarium pro Religiosis.*
D.—Distinctio (in Decreto Gratiani).
Fontes.—*Codicis Iuris Canonici Fontes.*
IME.—*Il Monitore Ecclesiastico.*
JE.—Jaffé, *Regesta Pontificum Romanorum* (ed. a P. Ewald, pro annis 590-882).
JK.—Jaffé, *op. cit.* (ed. a F. Kaltenbrunner, usque ad annum 590).
JL.—Jaffé, *op. cit.* (ed. a S. Loewenfeld, pro annis 882-1198).
Mansi.—*Sacrorum Conciliorum Nova et Amplissima Collectio.*
MBR.—*Magnum Bullarium Romanum.*
MGH, Conc.—*Monumenta Germaniae Historica,* Legum Sectio III, *Concilia Aevi Karolini.*
MGH, Reg. Ep.—*Monumenta Germaniae Historica, Gregorii I Papae Registrum Epistolarum.*
MPL.—Migne, *Patrologia Latina.*
Periodica.—*Periodica de Re Canonica et Morali utili praesertim Religiosis et Missionariis.*
Potthast.—*Regesta Pontificum Romanorum ab anno 1198 usque ad annum* 1304.
S. C. C.—Sacra Congregatio Concilii.
S. C. Ep. et Reg.—Sacra Congregatio Episcoporum et Regularium.
S. R. C.—Sacrorum Rituum Congregatio.
S. R. R.—Sacra Romana Rota.
The Eccl. Rev.—*The American Ecclesiastical Review.*
Thes. Res.—*Thesaurus Resolutionum Sacrae Congregationis Concilii.*

INDEX RERUM ALPHABETICUS

Administratio bonorum,
- associationum fidelium, 161
- beneficii paroecialis, 54, 152-154
- ecclesiae paroecialis, 156-158
- fundationum et legatorum piorum, 159-161
- in commodum paroecianorum, 94, 161
- paroeciae qua talis, 54, 154-155

Ad nutum amovere: quid significet, 77-78

"Ad nutum S. Sedis" formula non derogat perpetuitati unionis, 42-43

Cappellanus associationis fidelium,
- a quo nominetur, 167
- quisnam sit, 167
- quodnam sit eius munus, 168-169

Compatibilitas officiorum Superioris localis et parochi, 107-109

Convenientia vel inconvenientia coniunctionis officiorum Sup. localis et parochi, 109-110

Distinctio,
- inter beneficium paroeciale, paroeciam qua talem et ecclesiam paroecialem, 52-54, 56-57
- inter ecclesiam et fabricam ecclesiae, 155-156

Dos beneficii: quommodo constituatur, 152

Ecclesiae,
- bona, 156
- definitio, 165
- fabrica, 165

Ecclesiae religiosae,
- notio lata, 115
- notio stricta, 114

Fructus beneficii paroecialis, mediante incorporatione pleno iure facta, fiunt religiosorum, 30-32, 39-40, 48-52, 58, 153

Functiones,
- conventuales, 116-117
- mixtae, 117-118
- parochis reservatae, 90-93
- paroeciales, 116

Fundationum et legatorum piorum,
- administratio bonorum, 159-161
- notio, 159

Iura parochorum,
- ad absolutionem casuum reservatorum, 95
- ad confessiones audiendas, 95
- ad Eucharistiam desumendam ab ecclesiis non paroecialibus, 95
- ad dispensationem concedendam abstinentiae et ieiunii, 95
- quoad praecedentiam, 96
- ut Superiores eos audiant quando agitur de praesentatione vicarii cooperatoris, 95

Ius Superioris localis ad parochiam regendam quando eius vacatio evenit, 120-121

Litterae parochi religiosi,
- quaenam examinari possint a Superioribus, 139
- quaenam inspectioni non subiiciantur, 139-140

Moderatoris associationis fidelium,
munus, 167
nominatio, 167-168

Nominatio vicarii actualis,
facienda a Superiore religioso, 71-72
facienda intra quatuor menses, 72
quid importet, 72

Obedientiae votum,
quid importet pro parocho religioso, 134-135
quid non importet, 135-136
Obligatio parochorum,
assistendi conferentiis de re morali, 99
celebrandi officia divina, cognoscendi, corrigendi et curandi fidelium, etc. 100-101
colligendi, recipiendi et administrandi eleemosynas, 94
custodiendi libros paroeciales, 94
emittendi professionem fidei, 100
Missam pro populo applicandi, 96-97
peragendi functiones non stricte paroeciales, 94
praedicandi verbum Dei et doctrinam christianam explicandi, 94
quoad administrationem Sacramentorum, 90-91, 100
residendi in paroeciam, 97-99
Observantia,
omnium regularum Instituti, 134
votorum ex parte parochi religiosi, 134
Officia religiosa a parocho religioso implenda,
clausura, 137
exercitia spiritualia, 136-137
recitatio Officii Divini in choro, 138-139
vita communis, 16-19, 136

Ordinarii loci iura,
amovendi parochum religiosum ab officio, 80
examinandi et approbandi parochum religiosum, 73-74
vigilandi parochum religiosum quoad universam animarum curam, 110-111
Ordinarii loci ius exigendi rationem administrationis, bonorum,
associationum fidelium, 161
ecclesiae non religiosae, 158
fundationum et legatorum piorum, 160-161
paroeciae qua talis, 54, 154
pro paroecianis acceptorum vel collectorum, 161
Ordo Missarum: a quo faciendum in paroecia religiosa, 162-163

Parochi,
definitio, xiv-xv
functiones exclusivae, 90-93
iura et officia, 90-101
potestas confirmandi, 94
Paroeciae,
bona, 54-55, 148-149
diversae acceptiones in Codice, 52
notio, xv-xvi
"Paroecia fit religiosa," quid significet, 47-48, 49
Parochus nequit vicarios punire vel corrigere, 128
debet autem eos instruere, dirigere et vigilare, 124, 128
Possessio beneficii a parocho religioso non capienda, 88-90
Praecepta,
parocho religioso non imponenda, 135
religioso parocho utiliter danda, 135-136

Quidquid monachus acquirit, monasterio acquirit, 149

Rector ecclesiae paroecialis,
quisnam sit, 114-161-164
eiusdem iura, 114, 161-64
Recursus contra amotionem a paroecia: a quo faciendus, 83-84

Status religiosi: non oppositio cum cura animarum, 16-19
Statuta constitutionum quoad egressum religiosorum e claustris: quommodo servanda sint a parocho religioso, 138-139

Superioris localis,
definitio, xiv
nomina tam in iure antiquo quam in Codice, xiv
iura et officia quoad curam animarum, 110-121
iura quoad nominationem parochi religiosi, 71-72
iura quoad remotionem parochi religiosi, 81
Superior localis potest,
accipere, etc. eleemosynas pro ecclesia paroeciali aedificanda, etc. 115-116
corrigere et visitare parochum religiosum, 111-112
curare ecclesiam paroecialem, 114-115
vigilare parochum religiosum, 113-114

Unionis pleno iure,
definitio, 40
effectio per fundationem, consuetudinem et praescriptionem, 43-45
effectus quoad spiritualia, 59-60
effectus quoad temporalia, 45-59
Unio paroeciae,
ad temporalia tantum, 41
plenissimo iure, 41
pleno iure, 41

Vicariae: nomina, 124
Vicarii actualis,
amotio ab officio, 80-82
examinatio et approbatio, 73-74
exclusivum ius exercendi curam animarum, 59, 88-101, 112, 113, 119, 120, 154, 161, 166
institutio ab Ord. loci vel Vicario Capitulari facienda, 73-75
munus exclusive exercendum a religiosis in paroeciis pleno iure unitis, 19-22
nominatio, 71-72
notio, xv
Vicarii cooperatoris,
designatio, 59
munus, 127
subiectio parocho et Superiori locali, 125-128
Vigilantia Superioris localis,
quoad administrationem eleemosynarum, 118-119
quoad curam ipsam animarum, 110-113, 134

NOTAE BIOGRAPHICAE

Franciscus J. Gonzalez, natus in Uriangato, Gto., Mexico, die 25 iunii, anno 1924, scholas publicas elementares ibidem frequentavit. Incipienti anno 1937 ingressus est seminarium minus Provinciae Augustinianae S. Nicholai Tolentinatis, ubi per tres scholasticos annos Humanitatum, ut aiunt, studiis incubuit. Mense novembri anni 1939 in novitiatum dictae Provinciae admissus est et post eius professionem temporariam philosophicum curriculum incepit in civitate S. Ludovici Potosiensis ubi sita est studiorum domus eiusdem Provinciae Augustinianae. Postquam studia philosophica absolvit, in eadem studiorum domo cursum theologicum peregit. Sacerdotio initiatus est die 17 iulii, anno 1947. Adhuc eodem anno currente, mense septembri, Status Foederatos Americae Septentrionalis, iussu Superiorum, petiit ad studia superiora Iuris Canonici in Universitate Catholica Washingtoniensi prosequenda et ibi gradus Baccalaureatus et Prolytatus in Iure Canonico, annis 1948 et 1949 respective, adeptus est.

CANON LAW STUDIES *

1. FRERIKS, REV. CELESTINE A., C. PP. S., J. C. D., Religious Congregations in Their External Relations, 121 pp., 1916.
2. GALLIHER, REV. DANIEL M., O. P., J. C. D., Canonical Elections, 117 pp., 1917.
3. BORKOWSKI, REV. AURELIUS L., O. F. M., J. C. D., De Confraternitatibus Ecclesiasticis, 136 pp., 1918.
4. CASTILLO, REV. CAYO, J.C.D., Disertación Histórico-Canónica sobre la Potestad del Cabildo en Sede Vacante o Impedida del Vicario Capitular, 99 pp., 1919 (1918).
5. KUBELBECK, REV. WILLIAM J., S.T.B., J. C. D., The Sacred Penitentiaria and Its Relation to Faculties of Ordinaries and Priests, 129 pp., 1918.
6. PETROVITS, REV. JOSEPH, J.C., S.T.D., J.C.D., The New Church Law on Matrimony, X-461 pp., 1919.
7. HICKEY, REV. JOHN J., S.T.B., J. C. D., Irregularities and Simple Impediments in the New Code of Canon Law, 100 pp., 1920.
8. KLEKOTKA, REV. PETER J., S.T.B., J.C.D., Diocesan Consultors, 179 pp., 1920.
9. WANENMACHER, REV. FRANCIS, J.C.D., The Evidence in Ecclesiastical Procedure Affecting the Marriage Bond., 1920 (Printed 1935).
10. GOLDEN, REV. HENRY FRANCIS, J.C.D., Parochial Benefices in the New Code, IV-119 pp., 1921 (Printed 1925).
11. KOUDELKA, REV. CHARLES J., J.C.D., Pastors, Their Rights and Duties According to the New Code of Canon Law, 211 pp., 1921.
12. MELO, REV. ANTONIUS, O.F.M., J. C. D., De Exemptione Regularium, X-188 pp., 1921.
13. SCHAAF, REV. VALENTINE THEODORE, O.F.M., S.T.B., J.C.D., The Cloister, X-180 pp., 1921.
14. BURKE, REV. THOMAS JOSEPH, S.T.D., J.C.D., Competence in Ecclesiastical Tribunals, IV-117 pp., 1922.
15. LEECH, REV. GEORGE LEO, J.C.D., A Comparative Study of the Constitution "Apostolicae Sedis" and the "Codex Juris Canonici," 179 pp., 1922.

* All published numbers are available from the Catholic University of America Press, 620 Michigan Avenue, N.E., Washington 17, D. C., except the following: Nos. 1-114 inclusive, 116, 118, 120, 121, 122, 123, 136, 153, 162, 182 and 198. But the following numbers, now reissued, are obtainable from *The Jurist*, The Catholic University of America, Washington 17, D. C., namely: Nos. 5, 7, 11, 17, 18, 19, 26, 28, 30, 31, 34, 42, 44, 51, 52 and 61.

16. Motry, Rev. Hubert Louis, S.T.D., J.C.D., Diocesan Faculties According to the Code of Canon Law, II-167 pp., 1922.
17. Murphy, Rev. George Lawrence, J.C.D., Delinquencies and Penalties in the Administration and the Reception of the Sacraments, IV-121 pp., 1923.
18. O'Reilly, Rev. John Anthony, S.T.B., J.C.D., Ecclesiastical Sepulture in the New Code of Canon Law, II-129 pp., 1923.
19. Michalika, Rev. Wenceslas Cyril, O.S.B., J.C.D., Judicial Procedure in Dismissal of Clerical Exempt Religious, 107 pp., 1923.
20. Dargin, Rev. Edward Vincent, S.T.B., J.C.D., Reserved Cases According to the Code of Canon Law, IV-103 pp., 1924.
21. Godfrey, Rev. John A., S.T.B., J.C.D., The Right of Patronage According to the Code of Canon Law, 153 pp., 1924.
22. Hagedorn, Rev. Francis Edward, J.C.D., General Legislation on Indulgences, II-154 pp., 1924.
23. King, Rev. James Ignatius, J.C.D., The Administration of the Sacraments to Dying Non-Catholics, V-141 pp., 1924.
24. Winslow, Rev. Francis Joseph, O.F.M., J.C.D., Vicars and Prefects Apostolic, IV-149 pp., 1924.
25. Correa, Rev. Jose Servelion, S.T.L., J.C.D., La Potestad Legislativa de la Iglesia Católica, IV-127 pp., 1925.
26. Dugan, Rev. Henry Francis, A.M., J.C.D., The Judiciary Department of the Diocesan Curia, 87 pp., 1925.
27. Keller, Rev. Charles Frederick, S.T.B., J.C.D., Mass Stipends, 167 pp., 1925.
28. Paschang, Rev. John Linus, J.C.D., The Sacramentals According to the Code of Canon Law. 129 pp., 1925.
29. Piontek, Rev. Cyrilus, O.F.M., S.T.B., J.C.D., De Indulto Exclaustrationis necnon Saecularizationis XIII-289 pp., 1925.
30. Kearney, Rev. Richard Joseph, S.T.B., J.C.D., Sponsors at Baptism According to the code of Canon Law, IV-127 pp., 1925.
31. Bartlett, Rev. Chester Joseph, A.M., LL. B., J. C. D., The Tenure of Parochial Property in the United States of America, V-108 pp., 1926.
32. Kilker, Rev. Adrian Jerome, J.C.D., Extreme Unction, V-425 pp., 1926.
33. McCormick, Rev. Robert Emmett, J.C.D., Confessors of Religious, VIII-266 pp., 1926.
34. Miller, Rev. Newton Thomas, J.C.D., Founded Masses According to the Code of Canon Law, VII-93 pp., 1926.
35. Roelker, Rev. Edward G., S.T.D., J.C.D., Principles of Privilege According to the Code of Canon Law, XI-166 pp., 1926.
36. Bakalarczyk, Rev. Richardus, M.I.C., J.U.D., De Novitiatu, VIII-208 pp., 1927.

37. Pizzuti, Rev. Lawrence, O.F.M., J.U.L., De Parochis Religiosis, 1927. (Not Printed.).
38. Bliley, Rev. Nicholas Martin, O.S.B., J.C.D., Altars According to the Code of Canon Law, XIX-132 pp., 1927.
39. Brown, Mr. Brendan Francis, A.B., LL.M., J.U.D., The Canonical Juristic Personality with Special Reference to Its Status in the United States of America, V-212 pp., 1927.
40. Cavanaugh, Rev. William Thomas, C.P., J.U.D., The Reservation of the Blessed Sacrament, VIII-101 pp., 1927.
41. Doheny, Rev. William J., C.S.C., A.B., J. C. D., Church Property: Modes of Acquisition, X-118 pp., 1927.
42. Feldhaus, Rev. Aloysius H., C.PP.S., J.C.D., Oratories, IX-141 pp., 1927.
43. Kelly, Rev. James Patrick, A.B., J.C.D., The Jurisdiction of the Simple Confessor, X-208 pp., 1927.
44. Neuberger, Rev. Nicholas J., J.C.D., Canon 6 or the Relation of the Codex Juris Canonici to the Preceding Legislation, V-95 pp., 1927.
45. O'Keefe, Rev. Gerald Michael, J.C.D., Matrimonial Dispensations, Powers of Bishops, Priests, and Confessors, VIII-232 pp., 1927.
46. Quigley, Rev. Joseph A. M., A.B., J.C.D., Condemned Societies, 139 pp., 1927.
47. Zaplotnik, Rev. Johannes Leo, J.C.D., De Vicariis Foraneis, X-142 pp., 1927.
48. Duskie, Rev. John Aloysius, A.B., J.C.D., The Canonical Status of the Orientals in the United States, VIII-196 pp., 1928.
49. Hyland, Rev. Francis Edward, J.C.D., Excommunication, Its Nature, Historical Development and Effects, VIII-181 pp., 1928.
50. Reinmann, Rev. Gerald Joseph, O.M.C., J.C.D., The Third Order Secular of Saint Francis, 201 pp., 1928.
51. Schenk, Rev. Francis J., J.C.D., The Matrimonial Impediments of Mixed Religion and Disparity of Cult, XVI-318 pp., 1929.
52. Coady, Rev. John Joseph, S.T.D., J.U.D., A.M., The Appointment of Pastors, VIII-150 pp., 1929.
53. Kay, Rev. Thomas Henry, J.C.D., Competence in Matrimonial Procedure, VIII-164 pp., 1929.
54. Turner, Rev. Sidney Joseph, C.P., J.U.D., The Vow of Poverty, XLIX-217 pp., 1929.
55. Kearney, Rev. Raymond A., A.B., S.T.D., J.C.D., The Principles of Delegation, VII-149 pp., 1929.
56 Conran, Rev. Edward James, A.B., J.C.D., The Interdict, V-163 pp., 1930.
57. O'Neill, Rev. William H., J.C.D., Papal Rescripts of Favor, VII-218 pp., 1930.

58. Bastnagel, Rev. Clement Vincent, J.U.D., The Appointment of Parochial Adjutants and Assistants, XV-257 pp., 1930.
59. Ferry, Rev. William A., A.B., J.C.D., Stole Fees, V-136 pp., 1930.
60. Costello, Rev. John Michael, A.B., J.C.D., Domicile and Quasi-Domicile, VII-201 pp., 1930.
61. Kremer, Rev. Michael Nicholas, A.B., S.T.B., J.C.D., Church Support in the United States, VI-136 pp., 1930.
62. Angulo, Rev. Luis, C.M., J.C.D., Legislación de la Iglesia sobre la intención en la aplicación de la Santa Misa, VII-104 pp., 1931.
63. Frey, Rev. Wolfgang Norbert, O.S.B., A.B., J.C.D., The Act of Religious Profession, VIII-174 pp., 1931.
64. Roberts, Rev. James Brendan, A.B., J.C.D., The Banns of Marriage, XIV-140 pp., 1931.
65. Ryder, Rev. Raymond Aloysius, A.B., J.C.D., Simony, IX-151 pp., 1931.
66. Campagna, Rev. Angelo, Ph.D., J.U.D., Il Vicario Generale del Vescovo, VII-205 pp., 1931.
67. Cox, Rev. Joseph Godfrey, A.B., J.C.D., The Administration of Seminaries, VI-124 pp., 1931.
68. Gregory, Rev. Donald J., J.U.D., The Pauline Privilege, XV-165 pp., 1931.
69. Donohue, Rev. John F., J.C.D., The Impediment of Crime, VII-110 pp., 1931.
70. Dooley, Rev. Eugene A., O.M.I., J.C.D., Church Law on Sacred Relics, IX-143 pp., 1931.
71. Orth, Rev. Clement Raymond, O.M.C., J.C.D., The Approbation of Religious Institutes, 171 pp., 1931.
72. Pernicone, Rev. Joseph M., A.B., J.C.D., The Ecclesiastical Prohibition of Books, XII-267 pp., 1932.
73. Clinton, Rev. Connell, A.B., J.C.D., The Paschal Precept, IX-108 pp., 1932.
74. Donnelly, Rev. Francis B., A.M., S.T.L., J.C.D., The Diocesan Synod, VIII-125 pp., 1932.
75. Torrente, Rev. Camilo, C.M.F., J.C.D., Las Procesiones Sagradas, V-145 pp., 1932.
76. Murphy, Rev. Edwin J., C.PP.S., J.C.D., Suspension Ex Informata Conscientia, XI-122 pp., 1932.
77. MacKenzie, Rev. Eric F., A.M., S.T.L., J.C.D., The Delict of Heresy in its Commission, Penalization, Absolution, VII-124 pp., 1932.
78. Lyons, Rev. Avitus E., S.T.B., J.C.D., The Collegiate Tribunal of First Instance, XI-147 pp., 1932.
79. Connolly, Rev. Thomas A., J.C.D., Appeals, XI-195 pp., 1932.
80. Sangmeister, Rev. Joseph V., A.B., J.C.D., Force and Fear as Precluding Matrimonial Consent, V-211 pp., 1932.
81. Jaeger, Rev. Leo A., A.B., J.C.D., The Administration of Vacant

and Quasi-Vacant Episcopal Sees in the United States, IX-229 pp., 1932.

82. RIMLINGER, REV. HERBERT T., J.C.D., Error Invalidating Matrimonial Consent, VII-79 pp., 1932.
83. BARRETT, REV. JOHN D. M., S.S., J.C.D., A Comparative Study of the Councils of Baltimore and the Code of Canon Law, IX-223 pp., 1932.
84. CARBERRY, REV. JOHN J., PH.D., S.T.D., J.C.D., The Juridical Form of Marriage, X-177 pp., 1934.
85. DOLAN, REV. JOHN L., A.B., J.C.D., The Defensor Vinculi, XII-157 pp., 1934.
86. HANNAN, REV. JEROME D., A.M., S.T.D., LL.B., J.C.D., The Canon Law of Wills, IX-517 pp., 1934.
87. LEMIEUX, REV. DELISE A., A.M., J.C.D., The Sentence in Ecclesiastical Procedure, IX-131 pp., 1934.
88. O'ROURKE, REV. JAMES J., A.B., J.C.D., Parish Registers, VII-109 pp., 1934.
89. TIMLIN, REV. BARTHOLOMEW, O.F.M., A.M., J.C.D., Conditional Matrimonial Consent, X-381 pp., 1934.
90. WAHL, REV. FRANCIS X., A.B., J.C.D., The Matrimonial Impediments of Consanguinity and Affinity, VI-125 pp., 1934.
91. WHITE, REV. ROBERT J., A.B., LL.B., S.T.B., J.C.D., Canonical Ante-Nuptial Promises and the Civil Law, VI-152 pp., 1934.
92. HERRERA, REV. ANTONIO PARRA, O.C.D., J.C.D., Legislación Eclesiástica sobre el Ayuno y la Abstinencia, XI-191 pp., 1935.
93. KENNEDY, REV. EDWIN J., J.C.D., The Special Matrimonial Process in Cases of Evident Nullity, X-165 pp., 1935.
94. MANNING, REV. JOHN J., A.B., J.C.D., Presumption of Law in Matrimonial Procedure, XI-111 pp., 1935.
95. MOEDER, REV. JOHN M., J.C.D., The Proper Bishop for Ordination and Dismissorial Letters, VII-135 pp., 1935.
96. O'MARA, REV. WILLIAM A., A.B., J.C.D., Canonical Causes for Matrimonial Dispensations, IX-155 pp., 1935.
97. REILLY, REV. PETER, J.C.D., Residence of Pastors, IX-81 pp., 1935.
98. SMITH, REV. MARINER T., O.P., S.T.Lr., J.C.D., The Penal Law for Religious, VIII-169 pp., 1935.
99. WHALEN, REV. DONALD W., A.M., J.C.D., The Value of Testimonial Evidence in Matrimonial Procedure, XIII-297 pp., 1935.
100. CLEARY, REV. JOSEPH F., J.C.D., Canonical Limitations on the Alienation of Church Property, VIII-141 pp., 1936.
101. GLYNN, REV. JOHN C., J.C.D., The Promoter of Justice, XX-337 pp., 1936.
102. BRENNAN, REV. JAMES H., S.S., M.A., S.T.B., J.C.D., The Simple Convalidation of Marriage, VI-135 pp, 1937.

103. Brunini, Rev. Joseph Bernard, J.C.D., The Clerical Obligations of Canons 139 and 142, X-121 pp., 1937.
104. Connor, Rev. Maurice, A.B., J.C.D., The Administrative Removal of Pastors, VIII-159 pp., 1937.
105. Guilfoyle, Rev. Merlin Joseph, J.C.D., Custom, XI-144 pp., 1937.
106. Hughes, Rev. James Austin, A.B., A.M., J.C.D., Witnesses in Criminal Trials of Clerics, IX-140 pp., 1937.
107. Jansen Rev. Raymond J., A.B., S.T.L., J.C.D., Canonical Provisions for Catechetical Instruction, VII-153 pp., 1937.
108. Kealy, Rev. John James, A.B., J.C.D., The Introductory Libellus in Church Court Procedure, XI-121 pp., 1937.
109. McManus, Rev. James Edward, C.SS.R., J.C.D., The Administration of Temporal Goods in Religious Institutes, XVI-196 pp., 1937.
110. Moriarty, Rev. Eugene James, J.C.D., Oaths in Ecclesiastical Courts, X-115 pp., 1937.
111. Rainer, Rev. Eligius George, C.SS.R., J.C.D., Suspension of Clerics, XVII-249 pp., 1937.
112. Reilly, Rev. Thomas F., C.SS.R., J.C.D., Visitation of Religious, VI-195 pp., 1938.
113. Moriarty, Rev. Francis E., C.SS.R., J.C.D., The Extraordinary Absolution from Censures, XV-334 pp., 1938.
114. Connolly, Rev. Nicholas P., J.C.D., The Canonical Erection of Parishes, X-132 pp., 1938.
115. Donovan, Rev. James Joseph, J.C.D., The Pastor's Obligation in Prenuptial Investigation, XII-322 pp., 1938.
116. Harrigan, Rev. Robert J., M.A., S.T.B., J.C.D., The Radical Sanation of Invalid Marriages, VIII-208 pp., 1938.
117. Boffa, Rev. Conrad Humbert, J.C.D., Canonical Provisions for Catholic Schools, VII-211 pp., 1939.
118. Parsons, Rev. Anscar John, O.M.Cap., J.C.D., Canonical Elections, XII-236 pp., 1939.
119. Reilly, Rev. Edward Michael, A.B., J.C.D., The General Norms of Dispensation, XII-156 pp., 1939.
120. Ryan, Rev. Gerald Aloysius, A.B., J.C.D., Principles of Episcopal Jurisdiction, XII-172 pp., 1939.
121. Burton, Rev. Francis James, C.S.C., A.B., J.C.D., A Commentary on Canon 1125, X-222 pp., 1940.
122. Miaskiewicz, Rev. Francis Sigismund, J.C.D., Supplied Jurisdiction According to Canon 209, XII-340 pp., 1940.
123. Rice, Rev. Patrick William, A.B., J.C.D., Proof of Death in Prenuptial Investigation, VIII-156 pp., 1940.
124. Anglin, Rev. Thomas Francis, M.S., J.C.D., The Eucharistic Fast, VIII-183 pp., 1941.
125. Coleman, Rev. John Jerome, J.C.D., The Minister of Confirmation, VI-153 pp., 1941.

126. Downs, Rev. John Emmanuel, A.B., J.C.D., The Concept of Clerical Immunity, XI-163 pp., 1941.
127. Esswein, Rev. Anthony Albert, J.C.D., Extrajudicial Penal Powers of Ecclesiastical Superiors, X-144 pp., 1941.
128. Farrell, Rev. Benjamin Francis, M.A., S.T.L., J.C.D., The Rights and Duties of the Local Ordinary Regarding Congregations of Women Religious of Pontifical Approval, V-195 pp., 1941.
129. Feeney, Rev. Thomas John, A.B., S.T.L., J.C.D., Restitutio in Integrum, VI-169 pp., 1941.
130. Findlay, Rev. Stephen William, O.S.B., A.B., J.C.D., Canonical Norms Governing the Deposition and Degradation of Clerics, XVII-279 pp., 1941.
131. Goodwine, Rev. John, A.B., S.T.L., J.C.D., The Right of the Church to Acquire Property, VIII-119 pp., 1941.
132. Heston, Rev. Edward Louis, C.S.C., Ph.D., S.T.D., J.C.D., The Alienation of Church Property in the United States, XII-222 pp., 1941.
133. Hogan, Rev. James John, A.B., S.T.L., J.C.D., Judicial Advocates and Procurators, XIII-200 pp., 1941.
134. Kealy, Rev. Thomas M., A.B., Litt. B., J.C.D., Dowry of Women Religious, IX-152 pp., 1941.
135. Keene, Rev. Michael James, O.S.B., J.C.D., Religious Ordinaries and Canon 198, V-164 pp., 1941 (printed 1942).
136. Kerin, Rev. Charles A., S.S., M.A., S.T.B., J.C.D., The Privation of Christian Burial, XVI-279 pp., 1941.
137. Louis, Rev. William Francis, M.A., J.C.D., Diocesan Archives, X-101 pp., 1941.
138. McDevitt, Rev. Gilbert Joseph, A.B., J.C.D., Legitimacy and Legitimation, X-247 pp., 1941.
139. McDonough, Rev. Thomas Joseph, A.B., J.C.D., Apostolic Administrators, X-217 pp., 1941.
140. Meier, Rev. Carl Anthony, A.B., J.C.D., Penal Administrative Procedure Against Negligent Pastors, XI-240 pp., 1941.
141. Schmidt, Rev. John Rogg, A.B., J.C.D., The Principles of Authentic Interpretation in Canon 17 of the Code of Canon Law, XII-331 pp., 1941.
142. Slafkosky, Rev. Andrew Leonard, A.B., J.C.D., The Canonical Episcopal Visitation of the Diocese, X-197 pp., 1941.
143. Swoboda, Rev. Innocent Robert, O.F.M., J.C.D., Ignorance in Relation to the Imputability of Delicts, IX-271 pp., 1941.
144. Dubé, Rev. Arthur Joseph, A.B., J.C.D., The General Principles for the Reckoning of Time in Canon Law, VIII-299 pp., 1941.
145. McBride, Rev. James T., A.B., J.C.D., Incardination and Excardination of Seculars, XX-585 pp., 1941.

146. Król, Rev. John T., J.C.D., The Defendant in Ecclesiastical Trials, XII-207 pp., 1942.
147. Comyns, Rev. Joseph J., C.SS.R., A.B., J.C.D., Papal and Episcopal Administration of Church Property, XIV-155 pp., 1942.
148. Barry, Rev. Garrett Francis, O.M.I., J.C.D., Violation of the Cloister, XII-260 pp., 1942.
149. Bolduc, Rev. Gatien, C.S.V., A.B., S.T.L., J.C.D., Les Études dans les Religions Cléricales, VIII-155 pp., 1942.
150. Boyle, Rev. David John, M.A., J.C.D., The Juridic Effects of Moral Certitude on Pre-Nuptial Guarantees, XII-188 pp., 1942.
151. Canavan, Rev. Walter Joseph, M.A., Litt.D., J.C.D., The Profession of Faith, XII-143 pp., 1942.
152. Desrochers, Rev. Bruno, A.B., Ph.L., S.T.B., J.C.D., Le Premier Concile Plénier de Québec et le Code de Droit Canonique, XIV-186 pp., 1942.
153. Dillon, Rev. Robert Edward, A.B., J.C.D., Common Law Marriage, X-148 pp., 1942.
154. Dodwell, Rev. Edward John, Ph.D., S.T.B., J.C.D., The Time and Place for the Celebration of Marriage, X-156 pp., 1942.
155. Donnellan, Rev. Thomas Andrew, A.B., J.C.D., The Obligation of the Missa pro Populo, VII-131 pp., 1942.
156. Eltz, Rev. Louis Anthony, A.B., J.C.D., Cooperation in Crime, XII-208 pp., 1942.
157. Gass, Rev. Sylvester Francis, M.A., J.C.D., Ecclesiastical Pensions, XI-206 pp., 1942.
158. Guiniven, Rev. John Joseph, C.SS.R., J.C.D., The Precept of Hearing Mass, XIV-188 pp., 1942.
159. Gulczynski, Rev. John Theophilus, J.C.D., The Desecration and Violation of Churches, X-126 pp., 1942.
160. Hammill, Rev. John Leo, M.A., J.C.D., The Obligations of the Traveler According to Canon 14, VIII-204 pp., 1942.
161. Haydt, Rev. John Joseph, A.B., J.C.D., Reserved Benefices, XI-148 pp., 1942.
162. Huser, Rev. Roger John, O.F.M., A.B., J.C.D., The Crime of Abortion in Canon Law, XII-187 pp., 1942.
163. Kearney, Rev. Francis Patrick, A.B., S.T.L., J.C.D., The Principles of Canon 1127, X-162 pp., 1942.
164. Linahen, Rev. Leo James, S.T.L., J.C.D., De Absolutione Complicis in Peccato Turpi, V-114 pp., 1942.
165. McCloskey, Rev. Joseph Aloysius, A.B., J.C.D., The Subject of Ecclesiastical Law According to Canon 12, XVII-246 pp., 1942 (printed 1943).
166. O'Neill, Rev. Francis Joseph, C.SS.R., J.C.D., The Dismissal of Religious in Temporary Vows, XIII-220 pp., 1942.

167. Prince, Rev. John Edward, A.B., S.T.B., J.C.D., The Diocesan Chancellor, X-136 pp., 1942.
168. Riesner, Rev. Albert Joseph, C.SS.R., J.C.D., Apostates and Fugitives from Religious Institutes, IX-168 pp., 1942.
169. Stenger, Rev Joseph Bernard, J.C.D., The Mortgaging of Church Property, 186 pp., 1942.
170. Waldron, Rev. Joseph Francis, A.B., J.C.D., The Minister of Baptism, XII-197 pp., 1942.
171. Willett, Rev. Robert Albert, J.C.D., The Probative Value of Documents in Ecclesiastical Trials, X-124 pp., 1942.
172. Woeber, Rev. Edward Martin, M.A., J.C.D., The Interpellations, XII-161 pp., 1942.
173. Benko, Rev. Matthew Aloysius, O.S.B., M.A., J.C.D., The Abbot *Nullius*, XVI-148 pp., 1943.
174. Christ, Rev. Joseph James, M.A., S.T.L., J.C.D., Dispensation from Vindicative Penalties, XIV-285 pp., 1943.
175. Clancy, Rev. Patrick M. J., O.P., A.B., S.T.Lr., J.C.D., The Local Religious Superior, X-229 pp., 1943.
176. Clarke, Rev. Thomas James, J.C.D., Parish Societies, XII-147 pp., 1943.
177. Connolly, Rev. John Patrick, S.T.L., J.C.D., Synodal Examiners and Parish Priest Consultors, X-223 pp., 1943.
178. Drumm, Rev. William Martin, A.B., J.C.D., Hospital Chaplains, XII-175 pp., 1943.
179. Flanagan, Rev. Bernard Joseph, A.B., S.T.L., J.C.D., The Canonical Erection of Religious Houses, X-147 pp., 1943.
180. Kelleher, Rev. Stephen Joseph, A.B., S.T.B., J.C.D., Discussions with Non-Catholics: Canonical Legislation, X-93 pp., 1943.
181. Lewis, Rev. Gordian, C.P., J.C.D., Chapters in Religious Institutes, XII-169 pp., 1943.
182. Marx, Rev. Adolph, J.C.D., The Declaration of Nullity of Marriages Contracted Outside the Church, X-151 pp., 1943.
183. Matulenas, Rev. Raymond Anthony, O.S.B., A.B., J.C.D., Communication, a Source of Privileges, XII-225 pp., 1943.
184. O'Leary, Rev. Charles Gerard, C.SS.R., J.C.D., Religious Dismissed After Perpetual Profession, X-213 pp., 1943.
185. Power, Rev. Cornelius Michael, J.C.D., The Blessing of Cemeteries, XII-231 pp., 1943.
186. Shuler, Rev. Ralph Vincent, O.S.A., J.C.D., Privileges of Religious to Absolve and Dispense, XII-195 pp., 1943.
187. Ziolkowski, Rev. Thaddeus Stanislaus, A.B., J.C.D., The Consecration and Blessing of Churches, XII-151 pp., 1943.
188. Heneghan, Rev. John Joseph, S.T.D., J.C.D., The Marriages of Unworthy Catholics: Canons 1065 and 1066, XVI-213 pp., 1944.

189. Goldsmith, Rev. J. William, B.C.S., S.T.L., J.C.D., The Competence Institutions.

190. Ciesluk, Rev. Joseph Edward, Ph.B., S.T.L., J.C.D., National Parishes in the United States, VI-178 pp., 1944.

191. Coburn, Rev. Vincent Paul, A.B., J.C.D., Marriages of Conscience, XII-172 pp., 1944.

192. Connors, Rev. Charles Paul, C.S.Sp., A.B., J.C.D., Extra-Judicial Procurators in the Code of Canon Law, X-94 pp., 1944.

193. Coyle, Rev. Paul Raymond, A.B., J.C.D., Judicial Exceptions, X-142 pp., 1944.

194. Fair, Rev. Bartholomew Francis, A.B., S.T.L., J.C.D., The Impediment of Abduction, XII-122 pp., 1944.

195. Gallagher, Rev. Thomas Raphael, O.P., A.B., S.T.Lr., J.C.D., The Examination of the Qualities of the Ordinand, X-166 pp., 1944.

196. Gannon, Rev. John Mark, S.T.L., J.C.D., The Interstices Required for the Promotion to Orders, XII-100 pp., 1944.

197. Goldsmith, Rev. J. William, B.C.S., S.T.L., J.C.D., The Competence of Church and State Over Marriages—Disputed Points, X-128 pp., 1944.

198. Goodwine, Rev. Joseph Gerard, A.B., S.T.B., J.C.D., The Reception of Converts, XIV-326 pp., 1944.

199. Kowalski, Rev. Romuald Eugene, O.F.M., A.B., J.C.D., Sustenance of Religious Houses of Regulars, X-174 pp., 1944.

200. McCoy, Rev. Alan Edward, O.F.M., J.C.D., Force and Fear in Relation to Delictual Imputability and Penal Responsibility, XII-160 pp., 1944.

201. McDevitt, Rev. Vincent John, Ph.B., S.T.L., J.C.L., Perjury.

202. Martin, Rev. Thomas Owen, Ph.D., S.T.D., J.C.D., Adverse Possession, Prescription and Limitation of Actions: The Canonical "Praescriptio," XX-208 pp., 1944.

203. Miklosovic, Rev. Paul John, A.B., J.C.L., Attempted Marriages and Their Consequent Juridic Effects.

204. Mundy, Rev. Thomas Maurice, A.B., S.T.L., J.C.D., The Union of Parishes, X-164 pp., 1944.

205. O'Dea, Rev. John Coyle, A.B., J.C.D., The Matrimonial Impediment of Nonage, VIII-126 pp., 1944.

206. Olalia, Rev. Alexander Ayson, S.T.L., J.C.D., A Comparative Study of the Christian Constitution of States and the Constitution of the Philippine Commonwealth, XII-136 pp., 1944.

207. Poisson, Rev. Pierre-Marie. C.S.C., A.B., Ph.L., Th.L., J.C.L., Droits Patrimoniaux des Maisons et des Eglises Religieuses.

208. Stadalnikas, Rev. Casimir Joseph, M.I.C., J.C.D., Reservation of Censures, X-141 pp., 1944.

209. Sullivan, Rev. Eugene Henry, S.T.L., J.C.D., Proof of the Reception of the Sacraments, X-165 pp., 1944.

210. VAUGHAN, REV. WILLIAM EDWARD, J.C.D., Constitutions for Diocesan Courts, X-210 pp., 1944.
211. PARO, REV. GINO, S.T.D., J.C.D., The Right of Papal Legation, X-221 pp., 1944 (printed 1947).
212. BALZER, REV. RALPH FRANCIS, C.P., J.C.D., The Computation of Time in a Canonical Novitiate, X-227 pp., 1945.
213. DOUGHERTY, REV. JOHN WHELAN, A.B., S.T.L., J.C.D., De Inquisitione Speciali, XII-195 pp., 1945.
214. DZIOB, REV. MICHAEL WALTER, J.C.D., The Sacred Congregation for the Oriental Church, XII-181 pp., 1945.
215. EIDENSCHINK, REV. JOHN ALBERT, O.S.B., B.A., J.C.D., The Election of Bishops in the Letters of Pope Gregory the Great, VIII-200 pp., 1945.
216. GILL, REV. NICHOLAS, C.P., J.C.D., The Spiritual Prefect in Clerical Religious Houses of Study, X-140 pp., 1945.
217. HYNES, REV. HARRY GERARD, S.T.L., J.C.D., The Privileges of Cardinals, XII-183 pp., 1945.
218. McDEVITT, REV. GERALD VINCENT, S.T.L., J.C.D., The Renunciation of an Ecclesiastical Office, XIV-179 pp., 1945.
219. MANNING, REV. JOSEPH LEROY, J.C.D., The Free Conferral of Offices, VII-116 pp., 1945.
220. MEYER, REV. LOUIS G., O.S.B., A.B., S.T.B., J.C.D., Alms-gathering by Religious, XII-163 pp., 1945
221. O'DONNELL, REV. CLETUS FRANCIS, M.A., J.C.D., The Marriage of Minors, XII-268 pp., 1945.
222. PRUNSKIS, REV. JOSEPH, J.C.D., Comparative Law, Ecclesiastical and Civil, in Lithuanian Concordat, X-161 pp., 1945.
223. SWEENEY, REV. FRANCIS PATRICK, C.SS.R., J.C.D., The Reduction of Clerics to the Lay State, X-199 pp., 1945.
224. VOGELPOHL, REV. HENRY JOHN, J.C.D., The Simple Impediments to Holy Orders, XVI-190 pp., 1945.
225. BROCKHAUS, REV. THOMAS AQUINAS, O.S.B., J.C.D., Religious who are known as *Conversi*, X-127 pp., 1945.
226. GRIESE, REV. ORVILLE NICHOLAS, S.T.D., J.C.D., The Marriage contract and the Procreation of Offspring, XVI-224 pp., 1946.
227. BOUDREAUX, REV. WARREN LOUIS, J.C.D., The *"ab acatholicis nati"* of Canon 1099, § 2, XII-110 pp., 1946.
228. BOWE, REV. THOMAS JOSEPH, A.B., J.C.D., Religious Superioresses, VIII-206 pp., 1946.
229. DIEDERICHS, REV. MICHAEL FERDINAND, S.C.J., J.C.D., The Jurisdiction of the Latin Ordinaries over their Oriental Subjects, XIV-153 pp., 1946.
230. DINGMAN, REV. MAURICE JOHN, A.B., S.T.L., J.C.L., The Plaintiff in Contentious Trials.

231. Frison, Rev. Basil, C.M.F., M.Mus., J.C.D., The Retroactivity of Law, X-221 pp., 1946.
232. Galvin, Rev. William Anthony, M.A., J.C.D., The Administrative Transfer of Pastors, XII-288 pp., 1946.
233. Goracy, Rev. Joseph C., J.C.L., The Diriment Matrimonial Impediment of Major Orders.
234. Hale, Rev. Joseph Francis, M.A., S.T.L., J.C.D., The Pastor of Burial, X-247 pp., 1946 (printed 1949).
235. Henry, Rev. Joseph Arthur, A.B., J.C.D., The Mass and Holy Communion: Interritual Law. XII-138 pp., 1946.
236. Linenberger, Rev. Herbert, C.PP.S., J.C.D., The False Denunciation of an Innocent Confessor, VIII-205 pp., 1946 (printed 1949).
237. Lowry, Rev. James Martin, A.B., J.C.D., Dispensation from Private Vows, XII-266 pp., 1946.
238. Lynch, Rev. George Edward, A.B., S.T.L., J.C.D., Coadjutors and Auxiliaries of Bishops, X-107 pp., 1946 (printed 1947).
239. Lynch, Rev. Timothy, M.S.SS.T., J.C.D., Contracts between Bishops and Religious Congregations, XIII-232 pp., 1946.
240. McClunn, Rev. Justin David, A.B., S.T.L., J.C.D., Administrative Recourse, VII-142 pp., 1946.
241. Lohmuller, Rev. Martin Nicholas, A.B., J.C.D., The Promulgation of Law, XII-140 pp., 1947.
242. McGrath, Rev. James, A.B., J.C.D., The Privilege of the Canon, XII-156 pp., 1946.
243. Marbach, Rev. Joseph Francis, A.B., J.C.D., Marriage Legislation for the Catholics of the Oriental Rites in the United States and Canada, XIV-314 pp., 1946.
244. Shimkus, Rev. Bernard Aloysius, A.B., J.C.L., The Determination and Transfer of Rite.
245. Smith, Rev. Vincent Michael, A.B., S.T.L., J.C.L., Ignorance Affecting Matrimonial Consent.
246. Wachtrle, Rev. Paul Anthony, A.B., J.C.L., The Baptism of the Children of Non-Catholics.
247. Crotty, Rev. Matthew Michael, J.C.D., The Recipient of First Holy Communion, X-142 pp., 1947.
248. Eagleton, Rev. George, J.C.D., The Quinquennial Faculties, Formula IV, XIV-199 pp., 1947 (printed 1948).
249. Gibbons, Rev. Marion Leo, C.M., J.C.L., Domicile of the Wife Unlawfully Separated from Her Husband, XIV-171 pp., 1947.
250. Kelly, Rev. Bernard M., S.T.L., J.C.D., The Functions Reserved to Pastors, XII-141 pp., 1947.
251. Kilcullen, Rev. Thomas J., LL.M., J.C.D., The Collegiate Moral Person as Party Litigant, X-150 pp., 1947.
252. Lafontaine, Rev. Germain Joseph, W.F., J.C.D., Relations Canoniques entre le Missionaire et Ses Superieurs, X-117 pp., 1947.

253. LANE, REV. LORAS THOMAS, A.B., S.T.L., J.C.D., Matrimonial Procedure in the Ordinary Court of Second Instance, XVI-184 pp., 1947.
254. LOVER, REV. JAMES FRANCIS, C.SS. R., J.C.D.. The Master of Novices, X-168 pp., 1947.
255. MCNICHOLAS, REV. TIMOTHY JOSEPH, J.C.D., The *Septimae Manus* Witness, XII-133 pp., 1947 (printed 1949).
256. MAROSITZ, REV. JOSEPH JOHN, M.S.C., J.C.D., Obligations and Privileges of Religious Promoted to the Episcopal or Cardinalitial Dignities, XII-180 pp., 1947.
257. MURPHY, REV. FRANCIS JOSEPH, J.C.D., Legislative Powers of the Provincial Council, XII-158 pp., 1947.
258. O'BRIEN, REV. ROMAEUS WILLIAM, O.Carm., J.C.D., The Provincial Superior in Religious Orders of Men, X-294 pp., 1947.
259. PFALLER, REV. BENEDICT ANTHONY, O.S.B., J.C.D., *The ipso facto* Effected Dismissal of Religious, XII-225 pp., 1947.
260. POPEK, REV. ALPHONSE SYLVESTER, J.C.D., The Rights and Obligations of Metropolitans, XX-460 pp., 1947.
261. RISTUCCIA, REV. BERNARD JOSEPH, C.M., J.C.D., Quasi-Religious, XVI-318 pp., 1947 (printed 1949).
262. SONNTAG, REV. NATHANIEL LOUIS, O.F.M.Cap., J.C.D., Censorship of Special Classes of Books, XII-147 pp., 1947.
263. STADLER, REV. JOSEPH NICHOLAS, J.C.D., Frequent Holy Communion, X-158 pp., 1947.
264. SZAL, REV. IGNATIUS JOSEPH, J.C.D., The Communication of Catholics with Schismatics, XII-217 pp., 1947.
265. WAGNER, REV. URBAN S., O.F.M. Conv., J.C.D., Parochial Substitute Vicars and Supplying Priests, IX-126 pp., 1947.
266. QUINN, REV. JOSEPH, M.A., J.C.D., Documents Required for the Reception of Orders, XIV-207 pp., 1948.
267. BENNINGTON, REV. JAMES CLEMENT, A.B., J.C.L., The Recipient of Confirmation.
268. BLAHER, REV. DAMIAN JOSEPH, O.F.M., A.B., J.C.D., The Ordinary Processes in Causes of Beatification and Canonization, XVI-290 pp., (printed 1949).
269. CLUNE, REV. ROBERT BELL, B.A., J.C.L., The Judicial Interrogation of the Parties.
270. COURTEMANCHE, REV. BASIL F., B.A., J.C.L., The Total Simulation of Matrimonial Consent.
271. DLOUHY, REV. MAUR JOHN, O.S.B., A.B., J.C.L., The Ordination of Exempt Religious.
272. DONOVAN, REV. JOHN THOMAS, PH.B., S.T.L., J.C.D., The Clerical Obligation of Canons 138 and 140, XII-209 pp., 1948.

273. Freking, Rev. Frederick W., A.B., S.T.B., J.C.D., The Canonical Installation of Pastors, XII-210 pp., 1948.
274. Fulton, Rev. Thomas B., J.C.L., Prenuptial Investigation.
275. Godley, Rev. James P., J.C.D., Time and Place for the Celebration of Mass, X-206 pp., 1948 (printed 1949).
276. Kane, Rev. Thomas A., A.B., B.S., J.C.D., The Jurisdiction of the Patriarchs of the Major Sees in Antiquity and in the Middle Age, XII-153 pp., 1948 (printed 1949).
277. Kennedy, Rev. Andrew A., J.C.L., The Annual Pastoral Report to the Local Ordinary.
278. Konrad, Rev. Joseph George, J.C.D., Transfer of Religious to Another Community, VIII-284 pp., 1948 (printed 1949).
279. Kress, Rev. Alphonse, J.C.L., Contumacy in Ecclesiastical Trials.
280. McCartney, Rev. Marcellus Anthony, O.F.M., M.A., J.C.D., Faculties of Regular Confessors, XII-164 pp., 1948 (printed 1949).
281. McCaslin, Rev. Edward Patrick, M.A., S.T.L., J.C.L., The Division of Parishes.
282. McElroy, Rev. Francis J., A.B., J.C.L., The Privileges of Bishops.
283. Quinn, Rev. Stephen, M.S.SS.T., J.C.D., Relation Between the Local Ordinary and Religious of Diocesan Approval, XII-153 pp., 1948. (printed 1949).
284. Schneider, Rev. Edelhard Louis, S.D.S., B.A., J.C.D., The Status of Secularized Ex-Religious Clerics, X-155 pp., 1948.
285. Thompson, Chester J., A.B., J.C.L., The Simple Removal from Office.
286. O'Brien, Rev. Kenneth R., A.B., J.C.D., The Nature of Support of Diocesan Priests in the United States, XVI-162 pp., 1949.
287. Metz, Rev. John E., S.T.L., J.C.D., The Recording Judge in the Ecclesiastical Collegiate Tribunal, X-130 pp., 1949.
288. Reinhardt, Rev. Marion J., S.T.L., J.C.D., The Rogatory Commission, XIII-182 pp., 1949.
289. Ortega Uhiuk, Rev. Juan, S.J., J.C.L., De Delicto Sollicitationis.
290. Casey, Rev. James V., J.C.D., A Study of Canon 2222 § 1, XII-127 pp., 1949.
291. Allgeier, Rev. Joseph L., J.C.D., The Canonical Obligation of Preaching in Parish Churches, X-115 pp., 1949 (printed 1950).
292. Cahill, Rev. Daniel R., J.C.D., The Custody of the Holy Eucharist, XVI-178 pp., 1950.
293. Carr, Rev. Aiden, O.F.M. Conv., S.T.D., J.C.L., Vocation to the Priesthood: Its Canonical Concept.
294. Knopke, Rev. Roch F., O.F.M., J.C.D., Reverential Fear in Matrimonial Cases in Asiatic Countries: Rota Cases, XII-112 pp., 1949.
295. Lavelle, Rev. Howard D., J.C.D., The Obligation of Holding Sacred Missions in Parishes, XVI-142 pp., 1949.

296. MICKELLS, REV. ANTHONY B., J.C.L., The Constitutive Elements of Parishes.
297. NOONE, REV. JOHN J., J.C.D., Nullity in Judicial Acts, X-147 pp., 1950.
298. SHEEHAN, REV. DANIEL E., J.C.L., The Minister of Holy Communion.
299. STATKUS, REV. FRANCIS J., J.C.L., The Minister of the Last Sacraments.
300. COOK, REV. JOHN P., J.C.L., Ecclesiastical Communities and Their Ability to Induce Legal Customs.
301. FAZZALARO, REV. FRANCIS J., J.C.D., The Place for the Hearing of Confessions, X-150 pp., 1949 (printed 1950).
302. HANNAN, REV. PHILIP M., J.C.D., The Canonical Concept of *congrua sustentatio* for the Secular Clergy, XII-237 pp., 1950.
303. QUINN, REV. HUGH G., S.T.L., J.C.L., The Particular Penal Precept.
304. GALLAGHER, REV. JOHN F., J.C.L., The Matrimonial Impediment of Public Propriety.
305. WELSH, REV. THOMAS J., J.C.L., The Use of the Portable Altar.
306. WATERS, REV. JOSEPH L., S.S.J., J.C.L., The Probation in Societies of Quasi-Religious.
307. REGAN, REV. MICHAEL J., J.C.L., Canon 16.
308. BYRNE, REV. HARRY J., J.C.L., Investment of Church Funds.
309. GALLAGHER, REV. THOMAS V., J.C.L., The Rejection of Judicial Witnesses and Testimony.
310. CHATHAM, REV. JOSIAH G., Ph. D., S.T.L., J.C.L., Force and Fear as Invalidating Marriage: The Element of Injustice.
311. BROWN, REV. JAMES VICTOR, O.R.S.A., J.C.L., The Invalidating Effects of Force, Fear, and Fraud upon the Canonical Novitiate.
312. DUERR, REV. CHARLES J., B.A., J.C.L., The Judicial Notary.
313. GONZÁLEZ, REV. FRANCISCO J., O.S.A., J.C.L., De Parocho Religioso Eiusque Superiore Locali.
314. HANNON, REV. JAMES J., J.C.L., Holy Viaticum.
315. SADLOWSKI, REV. ERWIN L., J.C.L., The Sacred Furnishings of Churches.
316. SEGO, REV. ARTHUR A., J.C.L., Dispensation from the Interpellations.
317. WATERHOUSE, REV. JOHN M., J.C.L., The Power of the Local Ordinary to Impose a Matrimonial Bond.
318. FREIN, REV. EUGENE B., J.C.L., The Discretionary Power of the Defender of the Matrimonial Bond.
319. CARTON, REV. GEORGE A., J.C.L., The Time Factor in the Gaining of Indulgences.
320. WALSH, REV. JOHN J., C.S.SP., J.C.L., The Jurisdiction of the Interritual Confessor in the United States and Canada.
321. UNTERKOEFLER, REV. ERNEST L., S.T.L., J.C.L., The Presiding Judge in Matrimonial Causes of First Instance.

www.ingramcontent.com/pod-product-compliance
Lightning Source LLC
LaVergne TN
LVHW050241080826
844660LV00012B/577

* 9 7 8 0 8 1 3 2 2 4 8 8 6 *